QIANZHI XUEXI DIANXING
KELI PINGXI

前置学习典型
课例评析

主　编　朱家彦
副主编　王加龙　刘　勃　万学芬

中国出版集团　现代出版社

图书在版编目（CIP）数据

前置学习典型课例评析/ 朱家彦主编. -- 北京：现代出版社，2023.8

ISBN 978-7-5231-0503-0

Ⅰ.①前… Ⅱ.①朱… Ⅲ.①高中－教育模式－研究－中国 Ⅳ.①G632.0

中国国家版本馆CIP数据核字(2023)第152317号

前置学习典型课例评析

主　　编	朱家彦
责任编辑	刘　刚
出版发行	现代出版社
地　　址	北京安定门外安华里504号
邮政编码	100011
电　　话	010-64267325　010-64245264（兼传真）
网　　址	www.1980xd.com
印　　刷	四川科德彩色数码科技有限公司
开　　本	787mm×1092mm　1/16
印　　张	18
字　　数	409千字
版　　次	2023年8月第1版　2023年8月第1次印刷
书　　号	ISBN 978-7-5231-0503-0
定　　价	79.00元

版权所有，翻印必究；未经许可，不得转载

课堂也要"放管服"（代序）

课堂是育人的主渠道，时代对人的要求变了，作为育人主渠道的课堂得与时俱进。《中共中央国务院关于深化教育教学改革全面提高义务教育质量的意见》（2019年6月23日）指出："优化教学方式。坚持教学相长，注重启发式、互动式、探究式教学，教师课前要指导学生做好预习，课上要讲清重点难点、知识体系，引导学生主动思考、积极提问、自主探究。"

《国务院办公厅关于新时代推进普通高中育人方式改革的指导意见》（国办发〔2019〕29号）要求："积极探索基于情境、问题导向的互动式、启发式、探究式、体验式等课堂教学，注重加强课题研究、项目设计、研究性学习等跨学科综合性教学，认真开展验证性实验和探究性实验教学。"

可是，改革课堂是一件极不容易的事情。课堂文化传统是教师"讲"、学生"听"。教师当年做学生的时候，就是听教师"讲"过来的，教师做了教师后又给学生继续讲下去，早已经讲习惯了。现在要启发、要探究、要参与、要合作，一时间不容易适应，或者有的教师干脆就不主动适应，找出各种理由抵触、反对。

课堂改革势在必行，因此贵州省六盘水市第三中学选择了渐进式推进。从2017年开始，连续七年印发文件，聚焦课堂抓改革，小步走、不停步，逐步深化、逐步拓展，初步形成了"前置学习、以学定教"的课堂范式，产生了一批有代表性的教师，形成了一批有代表性的课例，有效促进了教学质量提升。通过参加全国课改实验区课堂交流展示、中西部协作教育交流、贵州省教学活动交流和六盘水市教研活动等，在区域内外产生了比较广泛的影响。

为什么会提出"前置学习"？首先，基于改变教师传统的相对比较固化的课堂教学组织结构，结构被改变了，教师一讲到底、一灌到底的方式也就随之改变了；其次，是让学生动起来，前置学习是任课教师指导下的学生自主学习，是在学生自主学习的基础上，同伴对解决问题的讨论交流；再次，是提高课堂教学效率，前置学习是学生通过自主学习、合作学习，把能学懂弄通的内容学懂弄通，把学不懂弄不通的东西反馈给老师，上交给课堂，教师基于这样的学情授业解惑的学习；最后是贯彻落实新课程、新教材、新高考改革理念，应对大单元教学、跨学科学习等应时而生的学习方式。

认真学习中央文件精神，结合学校工作实际，有一些体会与同仁们讨论——课堂也需要"放管服"。课堂需要"放"，放点空间给学生，留点时间给学生，让学生在自主、合作中去成长，去更好地生成核心素养。"放"的同时，课堂需要"管"。如何管？不是又把空间、时间收回来，而是放给学生的空间、时间需要引导，引导学生主动思考、积极提问、自主探究。"放"和"管"的同时，课堂还需要做好"服务"，学生把困惑上交到课堂来了，老师得扛起责任，释好疑，解好惑。把"放管服"的工作做好了，学生的积极性一定可以更好地被激发，课堂效率一定会显著提高，教师一定会在被需要中提升幸福指数。

2019年2月，中共中央、国务院印发的《中国教育现代化2035》强调："创新人才培养方式，推行启发式、探究式、参与式、合作式等教学方式以及走班制、选课制等教学组织模式，培养学生创新精神与实践能力。"

课堂改革永远在路上，愿与同行们交流！

朱家彦

2023年1月14日

目 录
CONTENTS

课堂也要"放管服"（代序） ……………………………………（001）

政 治

《消费及其类型》课例评析………………………………………（002）
《伟大的改革开放》课例评析……………………………………（009）
《价值的创造与实现》课例评析…………………………………（019）

语 文

《遵循文体规律，开启科学之旅》（第1课时）课例评析………（028）
《拿来主义》课例评析……………………………………………（040）
《差序格局》课例评析……………………………………………（046）
《品长征故事，扬长征精神》课例评析…………………………（053）
《读〈乡土中国〉思何去何来》课例评析………………………（061）
《小说的叙述人称与叙述视角》课例评析………………………（068）

数 学

《双曲线及其标准方程》课例评析………………………………（082）
《幂函数》课例评析………………………………………………（090）
《二维形式的柯西不等式》课例评析……………………………（100）
《几何概型》课例评析……………………………………………（106）

外 语

The world of science understanding ideas：The new age of invention
　　课例评析 …………………………………………………（118）
Describing a place 课例评析 ……………………………………（127）
Classroom record 课例评析 ……………………………………（135）
Animals in danger Grammar：Review of attributive clause 课例
　　评析 ………………………………………………………（145）
Learn to describe and design your own restaurant 课例评析 …（162）
《学校案内》课例评析……………………………………………（169）

物 理

《篮球运动中的部分力学问题分析》课例评析 …………………………………（180）
《力的正交分解的应用》课例评析 ……………………………………………（188）

化 学

《电解池》（第1课时）课例评析 ………………………………………………（198）

生 物

《染色体变异》（第1课时）课例评析 …………………………………………（210）
《降低化学反应活化能的酶》课例评析 ………………………………………（221）

历 史

《商鞅变法》课例评析 …………………………………………………………（234）

地 理

《喀斯特地貌》课例评析 ………………………………………………………（244）
《我国区域发展战略》课例评析 ………………………………………………（249）

附 录

高中生的个性化学习模式——前置学习、以学定教 …………………………（258）
教会学生学习：基于"前置学习、以学定教"模式的教学实践
　　——以《平面向量基本定理》教学为例 …………………………………（264）
基于前置学习下微课介入地理知识建构的时效性 ……………………………（271）
我的前置学习教学主张 …………………………………………………………（274）

政　治

《消费及其类型》课例评析

授课地点：六盘水市第三中学
授课时间：2021 年 5 月 13 日
授课教师：白亦红
点评教师：王加龙

教学设计思路

（一）前置学习任务布置

自主构建本节课的思维导图，自主完成导学案议题中的相关问题。

（二）前置学习设计理念

本节课的前置学习任务一是引导学生在课前自主构建思维导图，旨在帮助学生在复习中重点掌握基础知识，构建完整的知识体系；二是引导学生自主完成导学案议题中的相关问题，旨在让学生掌握复习中遇到的重点和难点，增强复习的目的性。

教学过程

一、热点导入

师：随着北京冬奥会正式开幕，吉祥物冰墩墩冲上热搜，15 分钟内 5000 个冰墩墩就被抢购一空，可谓"一墩难求"。从消费的角度看，"一墩难求"的原因是什么？带着这个问题，今天我们共同来探究《消费及其类型》。

二、本节课的目录

师：本节课我们将从六个角度进行探究：1. 考纲考情核心素养；2. 构建知识体系；3. 核心考点精析；4. 时政链接；5. 易错点归零；6. 高考题碰对碰。

师：首先，我们来学习本节课的考纲考情核心分析：

	考纲	考情	核心素养
消费及其类型	①影响消费水平的因素 ②消费类型 ③消费结构	2018高考Ⅰ卷38题 2016高考Ⅰ卷15题 2019高考Ⅱ卷13题 2021全国乙卷38题	政治认同：通过家庭生活水平提高，拥护党的领导 科学精神：树立正确的消费观 法治意识：通过合法途径和渠道增加收入，提高消费水平

【通过"冰墩墩—墩难求"情境引发学生思考："一墩难求"的原因是什么？带着对这个问题的思考进入课堂状态，激发了学生的求知欲。白老师开门见山，展示本课学习目标，紧扣考纲考情，明确素养目标，合理采取"目标导学"教学方法，课堂围绕实现学习目标而推进，以目标为导向，组织有助于调动学习积极性的教学活动，使师生在交流探究中完成教学任务，以确保课堂目标的全面落实，促进学生自学能力、思维能力、核心素养的发展】

三、知识体系构建（前置学习检测）

师：下面首先请同学们展示课前预习成果。

学生展示预习思维导图，提出不同的见解。

教师引导学生结合课上讨论及今天所学内容，补充完善思维导图。

师：老师仔细研究了你们课前提交的问题反馈单，发现疑难问题主要有三个：1.什么是消费结构？2.如何使理论联系实际，运用影响消费的因素及提高消费水平的措施知识点解决实际问题。3.高考题做题技巧。今天就此三个难点进行探究。

【白老师在课前安排了前置学习任务，通过任务驱动，让学生通过思维导图的方式构建知识体系，课上相互补充完善。同时，通过共性展示交流，老师发现了学生的共性问题，确定了教学的重点和方向。紧紧围绕三个问题展开探究，能浓缩教学内容，让每个学生有准备地进入课堂学习。假如在教学前，学生对所学内容一无所知，就做不到先做后学、先会后学，更不可能做到先学后教。通过"前置性作业"的布置，让学生先学起来，对课堂充满自信心，能大大提高课堂教学效果】

四、核心考点精析

师：首先进行我们的议题一：从消费的角度而言，冰墩墩"一墩难求"的原因是什么？（展示情境）随着我国经济的发展，综合国力的提升，在党的领导、人民的支持下，成功举办了冬奥会。吉祥物冰墩墩也冲上热搜，冰墩墩所展示的坚强、纯洁、敦厚形象深入人心；看到别人在追捧和购买冰墩墩，有人会觉得自己要是不追捧的话，就会有些不合群；冰墩墩无论是国宝造型还是冰感外壳，都给人以足够的美感、品质感；有些冰墩墩的价格高达几万元，许多人望而却步；冰墩墩的专有权归属于北京冬奥组委，未经授权不能生产，侵权必究，生产厂家少，供给量少。

议学活动一：结合上述材料，运用消费的知识，分析冰墩墩"一墩难求"的原因。

师：请同学们以小组合作的方式，结合上述材料，运用消费的知识，探究分析冰墩墩"一墩难求"的原因。

生：经济的发展，收入的提高。
生：价格影响消费。
生：冬奥会的举办有利于提高我国文化实力、文化自信力。
生：供给少，商品的质量高。
师：同学们刚刚从经济、收入、价格、生产等角度对冰墩墩"一墩难求"的原因进行了分析，接下来我们一起归纳影响消费的因素及其措施。

影响消费水平的因素及其措施：

因素	关系	措施
经济发展水平（根本因素）	生产决定消费	发展经济，保持经济稳定增长，增加居民收入
居民收入，收入是消费的基础和前提（主要因素）	当前可支配收入	保持经济增长，提高收入，扩大就业（有钱花，消费能力）
	未来收入预期	发展经济，提高居民收入预期，完善社会保障制度（敢花钱，消费信心）
	社会收入差距	加强宏观调控，调节收入分配，维护社会公平
商品价格	物价影响人们的购买力，引起消费量的变化	加强宏观调控，稳定物价
宏观政策	财政、货币政策影响社会总需求和居民消费需求	制定适当的财政政策、货币政策
其他因素	消费方式、市场环境、商品性能质量等	创建方便、快捷的支付方式，完善消费体制机制，规范市场秩序，改善消费环境，提高产品质量等（想消费，消费意愿）
消费观念	消费心理影响消费行为	树立正确的消费观

师：接下来请同学们结合课前预习展示消费类型。
学生展示消费类型：

依据	消费类型	特点
按消费目的	生存资料消费	最基本的消费
	发展资料消费	提高自身素质，全面发展
	享受资料消费	身心愉悦，丰富物质和精神生活
按交易方式分类	贷款消费	预支未来收入进行消费
	租赁消费	不变更商品的所有权

师：同学们归纳得很好，接下来提醒大家注意：衣食住行的消费≠生存资料消费；不能认为发展资料消费、享受资料消费可以取代生存资料消费。

正确认识贷款消费和超前消费：关键是看借贷时是否充分和科学地考虑了自己的收入预期；如果借贷是建立在自己的收入能力或经济承受能力范围内就属于适度消费。

【前置学习的反馈，有学生的讨论、展示，有老师的点评、点拨，最后突破本科难点：影响消费水平的因素及其措施。通过前置学习，每个学生都有了自主探索、独立思考的体验与感悟，学习起点明显高于未经过前置学习的学习起点。交流中，学生思路开阔，个性张扬。通过前置学习，他们就有更充分的时间、更广阔的空间去探究具有思考价值而又富有挑战性的问题】

五、时政链接

师：通过前面的学习，我们对本节课的知识点有了全面的了解，接下来我们来探究时政链接，学会理论联系实际。

教师展示议学活动二：请同学们结合2021年《政府工作报告》探究如何扩大内需。

生：生产发展，经济发展，稳就业，增加居民可支配收入。

生：健全社会保障体系，提升未来收入预期，增强消费信心。

生：缩小收入差距。

师：结合同学们的分析，我们通过找材料中的关键词来归纳。生产发展、经济发展的质量效益不断提升；稳就业，增加居民可支配收入；健全社会保障体系，提升未来收入预期，增强消费信心；收入差距缩小，社会总体消费水平提升；规范市场秩序，改善消费环境，增强消费欲望。

师：接下来在议学活动二的基础上，我们来探究议学活动三：请你基于2021年《政府工作报告》，为加快培育完整内需体系、全面促进消费提出建议。

生：企业。（产品的质量、企业信誉等）

生：个人。（消费观、合法增收）

师：从三个角度归纳扩大消费的措施：国家（发展经济、宏观调控、收入公平、社会保障、消费环境等）；企业（产品的质量、企业信誉等）；个人（消费观、合法增收）。接下来我们就本节课的易错点进行探究。

【学生在掌握消费基本知识之后，白老师组织了基于前置学习基础上的课堂探究：请同学们结合2021年《政府工作报告》探究如何扩大内需，如何全面促进消费。有了前置学习的知识储备，课堂上交流时的深度与广度自然就得到了保证。这样的交流，不仅使每个学生都有机会展示自我，更能引起学生对问题不同侧面的再认识和再思考，体验到解决问题的多样性策略。同时，通过对他人观点的思考与批判，引起学生新的认知冲突与认同，从而自觉地对自我认知系统进行修正和补充，以达到思维的深入和发展】

六、易错点归零

教师展示易错点：1. 居民家庭收入水平决定着居民消费水平。2. 伴随居民工资水平的提高，居民恩格尔系数逐年提高。3. 实施紧缩性财政政策有利于扩大消费需求。4. 伴随居民消费水平的提高，享受资料消费逐步代替生存资料消费。

生：当前消费类型发展和享受资料代替生存资料消费。

生：紧缩性财政政策有利于缩小消费需求，逆向调节。

生：生产决定消费，经济发展水平决定消费水平。

师：刚才，同学说"当前消费类型由生存资料消费向发展和享受资料消费转化"，这种说法对吗？生存资料是人类生活必需的，随着经济的发展，生活水平的提高，对发展和享受资料的消费在增多，但不能代替生存资料消费（课堂生成问题）。

七、高考题碰对碰

师：接下来我们就今天探究的内容进行当堂检查，高考题碰对碰。

教师展示高考真题（2021·湖南卷）："十三五"期间，我国居民收入水平稳步提高，恩格尔系数整体持续下降，服务消费迅速增长，绿色、智能、健康类商品销售日益红火，居民消费向个性化、多样化转变。由此可以推断出（　　）

①居民收入持续增长使食品消费支出不断减少
②服务消费迅速增长能促进消费结构不断优化
③居民消费观念的变化是消费升级的关键因素
④消费升级能为塑造新的经济增长点提供引领

A．①③　　　　B．①④　　　　C．②③　　　　D．②④

生：恩格尔系数持续下降，食品消费支出占家庭总支出的比重下降，并不是食品消费支出减少。

生：生产决定消费，消费升级的关键因素是生产的发展。

教师展示高考真题（2019·全国Ⅱ）：2018年，全国居民人均消费支出19853元，同比增长6.2%；全国社会消费品零售总额同比增长9.0%；最终消费支出对国内生产总值增长的贡献率为76.2%，比上年提高17.4个百分点；基本必需品消费支出占比下降，通信器材类和化妆品类的消费支出分别同比增长11.7%和13.5%。上述信息表明（　　）

①消费成为拉动经济增长的首要因素
②居民消费结构改善，恩格尔系数下降
③消费品供给丰富，产业结构日趋优化
④高档品消费增加，居民消费趋于理性

A．①②　　　　B．①④　　　　C．②③　　　　D．③④

生：产业结构没体现，高档品消费增加，居民消费不一定趋于理性。

师：什么叫产业结构，是指国民经济各生产部门之间，以及每个生产部门组成部分之间存在的生产联系和比例关系。

教师展示高考真题（2021年·全国甲卷38题）：

阅读材料，完成下列要求。(14分)

2020年，尽管受新冠疫情冲击，我国GDP仍迈上百万亿元新台阶，其中，最终消费支出占GDP的比重达到54.3%，消费仍是经济稳定运行的压舱石。但在拉动经济增长的消费、投资、出口"三驾马车"中，消费恢复相对缓慢，全年社会消费品零售总额同比下降3.9%，对经济增长呈负向拉动。

2021年3月，我国"十四五"规划和2035年远景目标纲要提出深入实施扩大内需战略，建设消费需求旺盛的强大国内市场。在全国各地召开的两会上，多地设定了

2021年社会消费品零售总额增速目标，提出了许多拉动消费的具体政策与举措，着力让老百姓能消费、愿消费。

联系材料并运用经济生活知识，说明如何着力让老百姓能消费、愿消费。

学生谈论分析问题，提取材料的有效信息。

生：分析做题技巧第一步：问题逻辑可视化，能消费：有消费的能力；愿消费：有消费的意愿。怎么说明，①回忆影响消费的因素；②分析题眼，"老百姓能消费"强调收入，"愿意消费"强调消费体验、提高消费质量等。

生：我们结合今天学的理论知识，谈谈影响消费的因素及措施。

生：提取材料关键信息，受新冠疫情冲击，消费恢复相对缓慢，所以要大力促进就业，稳定居民收入预期，增强消费信心；2021年3月，我国"十四五"规划和2035年远景目标纲要提出，深入实施扩大内需战略，建设消费需求旺盛的强大国内市场。所以推进供给侧结构性改革，优化消费环境，促进高质量消费；发展新业态、新模式，提升传统消费，培育新型消费。

生：许多拉动消费的具体政策与举措，着力让老百姓能消费、愿消费。完善、充实社会保障，提高居民可支配收入，扩大消费需求。

师：通过同学们的分析，你们学会了主观题基本的答题技巧，老师为大家展示高考答案，大家结合标准答案，修改、完善自己的答案。

【今天的高考是考素养，对教学的导向就是教素养、学素养。白老师利用高考真题来检验学生学习的情况，及时锻炼了学生用所学知识分析解决问题的能力，同时教授了高考题答题技巧，恰当地处理了"教—学—评"的关系。导学教学模式下的"当堂训练"使教师及时地获得信息反馈，了解学生学习的情况和进展程序，发现学生的知识薄弱点，然后及时补漏】

八、课后检测

结合2022年《政府工作报告》说明我国当前扩大内需的措施，同学们课下探究。

❀ 教学反思

在教学方法上，采用新课改背景下大单元教学模式和议题式教学理念，运用情境教学法，引导学生自主探究，学生参与度较高。课前思维导图，激发学生自主学习的能力，培养学生公共参与核心素养。利用课前导学案，通过议题式教学，设置问题，引导学生自行研究、相互补充，从而培养学生获取和解读信息、调动和运用知识、描述和阐述事物、论证和探究问题的能力，培养学生的政治认同、科学精神、法治意识核心素养，准确把握和理解重难点知识；易错点归零、高考题碰对碰部分，通过小组辨析和讨论来评价学生目标达成度；培养学生公共参与素养。教学过程循序渐进，既让学生巩固基础知识，同时运用议题式教学、情境教学、通过小组合作探究，深化对本节课重难点的理解和运用。

不足之处：从课堂效果和学生表现的情况看，本节课还是有许多需要改进的部分：1. 高考政治核心素养的渗透与落实还有待进一步提高；2. 大单元教学模式不够突出；3. 课堂教学内容，容量不能太大，内容设置要恰当。

◆ 点评

通观本课教学，主要呈现以下特点：

一是充分运用了前置学习教学法，坚持先学后教、以学定教、以教促学、少教多学的原则，按照前置学习的课堂结构，通过课堂展示前置作业、合作探究、展现提升、点拨归纳四环节开展教学。通过学生课前预习，课上展示本节课的思维导图，教师通过对学生课前问题反馈单进行梳理，整理出学生在预习中遇到的疑难点，也是下一环节的重难点内容。对于学生熟悉的知识点，教师在学生归纳的基础上，重点点拨学生在预习中存在的问题，突出以学生为主体、以教师为主导的作用。

二是体现新课改背景下大单元教学模式和议题式教学理念，充分运用小组合作探究。教学中突出大单元教学理念，把消费及其类型放在整个生产与消费的环节，从生产和消费的各个角度分析影响消费的因素及措施，拓展学生的思维，培养学生综合分析问题的能力。运用议题式教学，设置问题，引导学生探究，通过课堂展示的方式调动学生的学习积极性，发挥学生的主体地位，然后教师小结，补充修正知识点，进行情感升华。通过生生互动、师生互动、学生互助讨论得出答案，锻炼学生获取有效信息的能力，运用知识点解决问题的能力，完成重点知识点讲解。

三是注重教学中课堂生成问题。教学中教师对学生表达不正确、不确切的问题，要及时点拨、纠正。本课教学过程中，学生对消费类型理解不准确，认为发展、享受资料消费可以代替生存资料消费，教师给予了及时的纠正。学生对产业结构不了解，教师及时进行知识补充和拓展，让学生能够对知识点进行清晰的理解和运用。

《伟大的改革开放》课例评析

> 授课地点：六盘水市第三中学
> 授课时间：2022 年 10 月 31 日
> 授课教师：夏楠韦
> 点评教师：王加龙

教学设计思路

（一）前置学习任务布置

1. 知识学习任务

（1）导学归纳 1：改革开放的进程

时期	开启标志	对内改革	对外开放
初期 （　　）			
新时期 （　　）			
深化阶段 （　　）			

（2）导学归纳 2：改革开放的意义

①改变四个面貌：

②实现三个伟大飞跃：

③一个重要法宝：

④一个必由之路：

⑤两个必经之路：

2. 阅读材料任务

设置两段情境材料（见实录部分），设置以下议题：

（1）议题一：1984 年——一个小厂长的追忆；（2）议题二：2020 年——一位学者的赞叹

3. 预学升华任务

年份	2022 年	2025 年	2035 年	2049 年
标志事件	二十大	中国制造 2025	基本建成现代化强国	全面建成现代化强国
你的年龄				
你的理想				

畅想未来，描述自己的理想，写一个梦想职业，写一个期许愿望，写一份行动计划，随机抽取拼凑出一份完整表格。

（二）前置学习设计理念

开展前置学习的目的是落实学科核心素养，而评价落实成效，需要专注于学科核心素养的行为表现，利用"求同"取向与"求异"取向相结合的验证思路，对落实成效展开过程性评价与成果性评价统一的评价方式。

"求同"取向是展开教学评价的前提，教师需要将课程目标规定的素养落实路径，同议题设计的基本观点相统一，制定涵盖多个层面的、统一的评价标准。而"求异"取向则是教学评价达成的依据，是教师基于引导学生学习走向多元化、个性化，得出评价的过程。两者共同构成了"有统一标准，无统一答案"的评价体系，这是符合活动型学科课程设立之初的教学理念。在验证的基础上，对课堂有着更为完整全面的评价是最重要的，只有这样，才能真正做到互通有无而多元并存。

注重教学过程与教学成果两个方面的评价，前者侧重评价学生达成基本观点的过程，后者则侧重评价实现教学设计的效果，是对教学价值在活动与议题两个层面的分别体现。在过程性评价中，观察对象包括学生的思维过程与习得方式等主要学习行为，是在活动表现的内外反思中逐渐形成的结论，是教师判断学科核心素养落实情况，展开教学改进与训练增加的依据。在过程性评价中，教师身处旁观者地位，也身处参与者地位，分别对应生生与师生的关系中，所形成的评价分析往往更为多元，需要做必要的记录与分析。因此，过程性评价的制定不能离开议题的基本观点，要在统一的活动维度下制定。在成果性评价中，观察对象主要是学生的议题成果，这是学生在议题中心教学中经过辨析式学习最终得到的，体现自身学科核心素养的水平层次。教师在面对成果时，往往意味着对议题展开与素养培育的成效有了直观了解，并能够对应学科核心素养不同水平层次的表现，作出有参考依据的结论。但结果不是全部，成果性评价依然需要与过程性评价达成联系，凸显教学设计的全过程。

 教学重难点

（一）教学重点

1. 改革开放的阶段性特征；
2. 改革开放的意义。

（二）教学难点

1. 把握每个阶段改革开放对市场认识的特点；
2. 关注改革开放如何体现中国特色社会主义独特优势。

教情学情分析

（一）教情分析

学生在完成前两课的学习后，对社会主义史有了基础认知，这是符合马克思主义哲学教学规律的。但同时受限于学科学习本身极强的思辨性特征与感悟性学习特点，教师要想帮助学生真正内化这些形而上的规律认识，产生能作用于政治认同的思维方式，必然要有知识迁移示范的情境与感悟的内化。

（二）学情分析

学生在哲学学习中有一项共性问题，那就是如何把专业晦涩的语言文字转化成为现实可理解的行为观察。显然教师必须围绕共性问题搭建本课的基础框架，即"情境构建—问题展示—解决方案归纳—总结规律"，只有这样，才能进一步帮助学生解决课堂知识细节不清与预学生成疑问等个性问题。学生要充分参与，更要在教师组织的多种知识应用场景下熟悉哲学思维，最终完成思维方式进化。

【夏老师对教学目标、教学重点、教学难点有准确把握，对教情学情有全面的分析，并基于以上分析，确定本节课的教学思路：围绕共性问题搭建本课的基础框架，即"情境构建—问题展示—解决方案归纳—总结规律"，只有这样才能进一步帮助学生解决课堂知识细节不清与预学生成疑问等个性问题。这样，教学思路做到了心中有学生，心中有教学思路】

学科核心素养分析

通过原理学习与情境感悟，感受理论科学性，厚植对中国共产党领导的认同

核心素养

政治认同

科学精神

公共参与

关注议题涉及情境，通过课前预学关注到相关事件，提高对时政的关心度，杜绝政治冷感

利用情境学习，提高自身看待事物的思辨能力与逻辑能力

政治

一、议题设计

（一）课程议题

信说了什么——回顾改革开放的伟大历程。

（二）议题确立依据

信是人们交流的工具，而改革开放是中国与世界交流的契机。改革开放以来，无数的人用他们的信告诉了我们一段复兴的历史，而中国也利用改革开放向世界寄出了和平与发展的信，向世界摊开一幅名为中国特色社会主义的史诗画卷。议题将用来信的方式，先回顾改革开放不同阶段的发展特点，再探讨改革开放的意义。利用信件穿插教学过程，更好地营造思政情境。

【议题式教学已成为新时代思想政治课教学改革的价值导向，成为学科素养培育的主要形式和渠道。夏老师通过议题的设置和讨论展开教学，统领学科课程的内容，又展示价值判断的基本观点；既具有开放性、引领性，又体现教学重点、针对学习难点。将教学中的重点、难点转化为可以讨论的议题，通过对议题的讨论、解决来达成学科素养目标的实现】

二、教学过程

（一）导课（5分钟）

1. 引入

师：同学们，信是人们最为真挚的情感与表达，今天我们的课堂就从一封信开始说起。这封信可不一般，是一封来自党的二十大的报告信，那么信里说了什么呢？我们一起来看看。

2. 介绍本课议题：信说了什么——回顾改革开放的伟大历程

师：同学们，不言而喻，数字彰显了一切，这正是自党的十八大以来，我们取得的非凡成就。可以说正是在党和国家的领导下，深化改革开放取得重大成就，那么这场深刻影响着中国人民的改革开放是怎样的一场社会革命？我们应该如何看待它所取得的成就？接下来让我们进入本课的学习。

3. 列出本课学习目标

（二）正课（35分钟）

1. 议题一：1984年——一个小厂长的追忆

（1）前置导学归纳

①归纳问题：改革开放的三个阶段开启标志与内容。

②学生示范与纠错印证。

生A：我们小组总结归纳的成果是，1978年到1992年、1992年到2013年、2013年至今为改革开放的三个阶段，其中，第一阶段是对内改革与对外开放，第二阶段是在十六届三中全会上明确了开展深化改革开放和加入WTO，第三阶段是开启自贸区建设。

师：好，有同学要补充吗？

生B：我们小组认为，第二阶段应该不只是刚才同学展示的，还包括十四届三中全会的中国特色社会主义市场经济确立。

师：不急着结束，你既然提到了刚才那组关于社会主义市场经济体制改革总结有一定缺漏，那么你觉得这个阶段还包括其他对市场经济体制的探索吗？

生B：还包括1992年的南方谈话和党的十四大。

师：非常不错！同学们之前预学时就有人曾表达对中国特色社会主义市场经济探索的疑惑，不太清楚实践开端，但今天我们的这个小组告诉我们，这个开端的确切时间是在什么时候？

生：1992年。

师：还有补充的吗？

生C：我觉得，在第三阶段，我们还开启了体制改革……

生A：（抢答）我们刚才忘记补充了。

师：倾听也是美德。

生C：所以我们认为第三阶段还应该在对内改革中加入深化体制改革。

师：（面向生A）你可以发言了。

生A：我们组刚才忘说了，第三阶段应该还有体制改革的，我们还可以补充一点，这个体制改革反映了经济基础决定上层建筑，上层建筑对经济基础具有反作用，所以改革是在这个规律下开展的。

师：看来倾听也可以带来思考，而且是绝佳的思考结果。

生A：对！

教师总结：

时期	开启标志	对内改革	对外开放
初期	十一届三中全会	农村：家庭联产承包责任制 城市：企业改革	设立经济特区 设立沿海开放城市
新时期	党的十二大	建立中国特色社会主义市场经济体制	加入WTO
深化阶段	十八届三中全会	作出深化改革开放决定 深化体制改革	开放自贸区

【本课处理的第一个关键知识点是，让学生了解改革开放的三个阶段开启标志与内容，回顾改革开放的伟大历程，从而感悟改革开放以来我国翻天覆地的变化，对改革开放伟大决策的认同。按照常规思路，教师通常采用讲授法，利用视频、图片、思维导图的方式来呈现改革开放的发展历程。这节课，夏老师突破常规，利用"任务前置，学案导学"的方式，设置"改革开放的三个阶段开启标志与内容"表格，让学生在课前自学完成，通过课前自主研读教材、查阅资料，获得对改革开放辉煌历程的认知，也使这个认知更加深刻。这样，在课堂上的任务就是，组织学生进一步通过展示、汇报、交流，激发思考，完善认知，教师跳出大量烦琐的讲解，转而重点关注学生的表

达、思维,及时肯定学生的自学成果,及时纠正学生的知识性错误。随后,夏老师通过一个表格,展示了改革开放的三个阶段开启标志与内容,对学生的讨论进行小结和回应。这样,既尊重了学生的主体作用,又发挥了教师的主导作用,学生的自主习得使知识掌握更加牢固】

(2) 习题练习

改革开放这场中国的第二次革命,不仅深刻改变了中国,也深刻影响了世界。某同学经过学习,不仅对改革开放的历程有了深刻认识,而且对改革开放的不同阶段作出了简短概括,请你根据时间节点进行排序(　　)。

①乡土星火,农村改革先突破

②治理整顿,南方谈话春风再出发

③特区先行,南下深圳开窗口

④民心思变,邓公顺应时势开全会

A. ③-①-②-④　　　　　　　B. ②-①-④-③

C. ①-④-③-②　　　　　　　D. ④-①-③-②

师:谁来展示一下思路?

生 A:我觉得可以先从判断事件开始。这四个选项分别对应:家庭联产承包责任制、南方谈话、设立深圳特区与召开十一届三中全会。接下来找时间点就行了,所以这道题选 D。

师:其他同学有别的看法吗?

学生无人举手。

师:看来大家对这部分的知识掌握都相当到位,刚才发言的同学也为我们展现了这类问题的正确解法,那就是先找出标志事件,再找到对应时间。当然这类问题也有很多变化,比如将时间排序变成同类意义归纳,期待未来我们继续探索。

【学完第一个知识点后,夏老师乘势跟进,当即检测,在习题检测过程中也不是由教师直接分析,而是让学生进行解答和分析。就这个问题来说,第一个学生解答正确,教师进行肯定即可。一般情况下,如果我们设置的问题具有一定难度或争议性,就可能会引起学生意见的分歧,那么,可以就此引导其他学生参与讨论、相互补充,教师及时点评,这样一来,学生的认识更加深刻】

(3) 情境展示

①议题材料

第一封来信——1984 年的海尔致全体员工管理规定之一"不准在车间里大小便"。

这看似啼笑皆非的规定是 20 世纪 80 年代初到海尔的张瑞敏最为严格的纪律要求。1984 年,初到青岛电冰箱厂的张瑞敏不仅发现工厂负债累累,好几个月发不出工资,而且工厂里臭气熏天,只有一条烂泥路,每逢下雨天,"必须用绳子把鞋绑起来,不然就陷进烂泥中了"。除此之外,工人们上班打着瞌睡,想来就来、想走便走,旷工之严重,甚至到了"10 点钟时随便在大院里扔一个手榴弹也炸不死人"的地步。

为了整顿生产秩序,张瑞敏推出了 13 条规章制度——《青岛电冰箱总厂劳动纪律管理规定》,其中第十条规定"不准在车间随地大小便"。今天很多人看到这些规定会觉得好笑,觉得不可思议,但当时恰恰是这些规定,让厂里环境发生了翻天覆地的变化，也让我们看到了一个属于中国的家电奇迹登上世界舞台。

②思考问题

结合导学归纳的知识点，思考海尔的成功说明了改革开放给企业管理的经营思路带来了怎样的转变？

③学生议题思考，教师讨论指导

师：谁来展示一下你的思路？

生A：我们小组认为，海尔的成功来源于对企业经营管理制度的改革，这显然与改革开放对内改革层面的规律是一致的，也就是解放和发展生产力。

师：是解放和发展生产力吗？

生A：是。

生B：应该先从改变不适应生产力发展的生产关系入手，改革它，然后才能解放与发展生产力。

师：所以这是海尔体现的改革开放的思路吗？

生B：是的。

师：非常不错！

（4）议题总结

我国的改革是社会主义制度的自我完善和发展，改革生产关系中与生产力不相适应的部分，目的是调整生产关系使之适应生产力水平，而不是社会性质和社会制度的改变。

【本课处理的第二个关键知识点是，通过分析海尔的成功原因，引导学生理解"生产关系的变革能够推动生产力的发展"，从而激发学生对改革的认同。像这样比较抽象的概念，如果老师完全谈理论，学生理解起来就很难。在这一环节，夏老师采取"议题式教学"的方法，设置"海尔的成功案例"情境，通过小组合作、探究、讨论、展示，教师引导，让学生认识"海尔的成功来源于对企业经营管理制度的改革"，懂得"我国的改革是社会主义制度的自我完善和发展，改革生产关系中与生产力不相适应的部分，目的是调整生产关系使之适应生产力水平，而不是社会性质和社会制度的改变"这一道理】

2. 议题二：2020年——一位经济学家的赞叹

（1）前置导学归纳

①归纳问题：改革开放的意义

②学生示范与纠错印证

生A：我们小组总结归纳的成果是四个面貌、三个伟大飞跃与一个重要法宝、一个必由之路、两个关键一招。

师：详细点？

生A："四个面貌"是改变了中国、中华民族、中国人民、中国共产党的面貌。"三个伟大飞跃"是中华民族迎来了站起来、富起来到强起来的伟大飞跃；中国特色社会主义迎来了从创立、发展到完善的伟大飞跃；中国人民迎来了从温饱不足到小康富裕的伟大飞跃。"一个重要法宝"强调的是改革开放是党和人民大踏步赶上时代的重要法宝。"一个必由之路"说的是坚持和发展中国特色社会主义道路的必由之路。"两个

"关键一招"强调的是改革开放是决定当代中国命运的关键一招,同时决定实现"两个一百年"奋斗目标和中华民族伟大复兴的关键一招。

师:其他同学有补充吗?

生B:我们组觉得应该加入一些必要的解读,比如"关键一招"我们认为之所以能够成为决定当代中国命运,是因为它使得中国的国际地位与经济发展处于一个全新阶段,使得我们彻底成为一个世界强国。

师:必要的解释也很重要,还有人补充吗?

生C:我们解释一下"面貌"。首先,正因为改革开放提高了我们国家的国际地位,使得我们站起来、富起来、强起来,实现了从内到外全方面的进步与发展。

生D:我们解释一下"三个伟大飞跃"吧,主要就是不能忽视当前的历史使命是实现中华民族伟大复兴,所以要尤其关注"站起来、富起来到强起来"的跨越。还有,不能否认,正是因为改革开放才使得我们的生活实现了从温饱到富强的伟大跨越,我们的社会有了这么多实现自我的机会。从这一点来看,也要求我们要十分重视改革开放与我们自己的关系。

师:能从学习中发现自己与国家的命运联系,这是最佳的学习成果。

【本课处理的第三个关键知识点是,改革开放的意义。改革开放的问答意义被归结为"四个面貌、三个伟大飞跃、一个重要法宝、一个必由之路、两个关键一招"。如果教师讲授,分别解释,学生记住即可,教学如此单薄,感觉没血没肉,这样的效果要打一个问号。在这一环节,夏老师依然采用"任务前置,学案导学"的方式,课前让学生带着问题思考和理解,课上进行讨论交流,不但要说出改革开放的意义"是什么",还要解释和分析"为什么",通过学生的分享、相互补充和教师的点拨,让学生真正理解"四个面貌、三个伟大飞跃与一个重要法宝、一个必由之路、两个关键一招"内涵。在这里,我们发现学生的发言越积极,思维越活跃,他们的表达能力和思维能力越能够得到锻炼】

③教师总结

四个面貌:改变了中国、中华民族、中国人民、中国共产党的面貌。

三个伟大飞跃:中华民族迎来了站起来、富起来到强起来的伟大飞跃;中国特色社会主义迎来了从创立、发展到完善的伟大飞跃;中国人民迎来了从温饱不足到小康富裕的伟大飞跃。

一个重要法宝:改革开放是党和人民大踏步赶上时代的重要法宝。

一个必由之路:坚持和发展中国特色社会主义道路的必由之路。

两个关键一招:改革开放是决定当代中国命运的关键一招;决定实现"两个一百年"奋斗目标和中华民族伟大复兴的关键一招。

【教师进行及时的总结是有必要的,教师在课堂中的作用:一是设置情境和问题,组织学生讨论,激发学生思考,鼓励学生发言,引导学生向预设目标迈进;二是对学生的讨论和发言进行及时点评、小结和归纳,把控好教学的节奏和进程】

(2)情境展示

①议题材料

消除贫困是人类的共同理想,作为一个占世界人口近1/5的大国,中国在2020年摆脱绝对贫困的目标虽然任重,但在党的正确领导下,我们依然完成了这项任务,不仅提前10年完成联合国2030年可持续发展议程减贫目标,为世界范围内消除贫困、实现和平发展作出历史性贡献,也证明了中国特色社会主义不可比拟的科学性与先进性。

萨克斯是世界知名经济学家,曾连续担任三届联合国秘书长的特别顾问,并多次到访中国。他说,他密切关注中国近40年,看到了"绝对非凡"的发展成就,而中国如期实现消除绝对贫困也是了不起的成就。在他看来,中国共产党坚强的领导与正确理论的指导,让改革开放能够顺利在中国特色社会主义道路上实现脱贫攻坚,同时,先进制度的保驾护航、扶贫人员强大的意志更是推动脱贫攻坚奋力实现的重要保证。

②思考问题

结合导学归纳二的知识点,从脱贫攻坚的胜利中,我们能够归纳哪些改革开放成功的根本原因?

③学生议题思考,教师讨论指导

师:谁来展示一下思路?

生A:我们小组认为,改革开放能够成功的根本原因是,从领导核心来看,在于中国共产党的正确领导。同时我们正在走的中国特色社会主义道路、制度、理论体系与文化也是在党的领导下顺利开展实施的,这是我们取得成功的根本原因。

生B:我们小组补充认为,只有坚持党的领导,贯彻道路、制度、理论与文化的四个自信,才是促成改革开放继续前进的根本动力。

(3) 议题总结

改革开放取得如此巨大成就的根本原因在于中国共产党带领中国人民,开辟了中国特色社会主义道路,形成了中国特色社会主义理论体系,确立了中国特色社会主义制度,发展了中国特色社会主义文化。

【通过设置情境和议题,引导学生从脱贫攻坚的胜利中,归纳改革开放成功的根本原因。此议题的设置合理性在于,一是它指向核心素养,二是它突破重点难点,通过围绕议题的开展深入讨论,让学生明白了改革开放能够成功的根本原因在于中国共产党的正确领导。同时,坚持和增强了"四个自信",实现学生政治认同的学科素养目标】

3. 议题三:2022年——一位领导人的期盼

(1) 情境展示

①议题材料

来自二十大的一封信:"青年强,则国家强。当代中国青年生逢其时,施展才干的舞台无比广阔,实现梦想的前景无比光明。全党要把青年工作作为战略性工作来抓,用党的科学理论武装青年,用党的初心使命感召青年,做青年朋友的知心人、青年工作的热心人、青年群众的引路人。"

②课堂活动

畅想未来,描述自己的理想,写一个梦想职业,写一个期许愿望,写一份行动计划,随机抽取拼凑出一份完整表格。

年份	2022	2025	2035	2049
标志事件	二十大	中国制造2025	基本建成现代化强国	全面建成现代化强国

续表

年份	2022	2025	2035	2049
你的年龄				
你的理想				

（2）开展活动，表达观点

【知识点学习结束并不意味着课堂的结束，夏老师通过设置议题和情境，以"来自二十大的一封信"为主题，展示了习近平总书记对青年的谆谆教导和殷切希望，激发学生对国家民族前途命运的思考和自身的责任担当思考，情感得到了升华。夏老师以填写表格的形式，让学生畅想未来，树立理想，规划职业，许下愿望，充分体现了思想政治课的思想性、政治性、时代性和实践性，进一步凸显思想政治课的育人功能】

❖ 教学反思

议题式教学注重充分利用议题内容，更为充实地落实政治认同核心素养。议题本质上是具有争论性与真实性的社会问题，由于信息时代下人们获取信息的自主能力较弱，在频繁的观点交换和融合中容易产生分歧或者被误导，一个能够在价值引导和观点辨析中贯彻议题解决思路，促进学生自我锻炼的教学课堂就显得尤其重要。

在议题式教学过程中，课堂主要以议题的形式向学生抛出一个涵盖在具体教学情境中的社会问题，以此为课堂议题，希望学生在自主探究合作中不断交流、表达和自我反思，以图达成共识、解决冲突或归纳结论。区别于传统的讲授式教学或者活动式教学，议题式教学下设置的议题成为课堂目标，学生将更具主动性、思辨性和目的性地展开学习。良好的、具备价值导向的议题将促进学生锻炼、形成自身的关键能力与思想品格，真正实现政治认同的"内化于心，外化于行"。

❖ 点评

这节思想政治课的突出亮点是，利用三封"信"引出三个"议题"，每一个议题突破一个知识点，每一个议题均布置了"前置学习"任务，通过前置任务的学习，在达到教学目标的基础上，学生展示、汇报、交流、讨论，教师适时点拨、归纳、小结，如此层层推进，步步衔接，让学习活动有序开展。整体教学思路清晰，结构明了，逻辑严密。

这节课的主要特点是，采用"议题式"教学方式，符合新课标要求和学科素养培育要求。《普通高中思想政治课程标准（2017年版2020年修订）》要求议题既包含学科课程的具体内容，又展示价值判断的基本观点；既具有开放性、引领性，又体现教学重点、针对学习难点。议题式教学的一个重要作用，就是通过议题的设置和探究活动的开展，引导学生深层思考，启发学生思维，深度学习，从而有效掌握重点知识，突破难点知识。

议题式教学注重充分利用议题内容，更为充实地落实政治认同核心素养。议题本质上是具有争论性与真实性的社会问题，通过议题式教学活动的开展，在频繁的观点交换和融合中，学生的思维得以激发，学习自主性得到培养，学习能力得到提升。

《价值的创造与实现》课例评析

> 授课地点：六盘水市第三中学
> 授课时间：2020年12月18日
> 授课教师：夏楠韦
> 点评教师：王加龙

教学设计思路

（一）前置学习任务布置

1. 知识学习任务

（1）根本途径：在劳动与奉献中创造价值

人只有在劳动中，在奉献社会的实践活动中，才能创造价值。

①在劳动中创造价值。

原因：_____是人的存在方式。人只有在劳动中才能实现和证明自己的价值；在社会主义社会，_____是创造美好生活，促进人的自由全面发展的重要手段。

②在奉献中创造价值。

原因：_____的人是幸福的，爱我们的家人，爱我们的朋友，爱我们的事业，爱我们的祖国，爱我们的世界，_____是实现人生价值的必由之路，也是拥有幸福人生的_____。

（2）在个人与社会的统一中实现价值

①个人实现价值不能离开社会提供的_____，只能在_____才能实现。

②正确认识和追求人的个性发展。

强调在与社会的统一中实现个人的价值，并不否认追求人的个性发展；

人的个性表现于_____，而不应表现为人的怪癖和陋习。

（3）主观条件：在砥砺自我中走向成功

①实现人生价值需要充分发挥_____，需要顽强拼搏、自强不息的精神。

②实现人生价值，需要努力发展_____，全面提高_____。

③实现人生价值，需要有坚定的_____，需要有_____的指引。

（4）学习价值观部分内容，填写思维导图

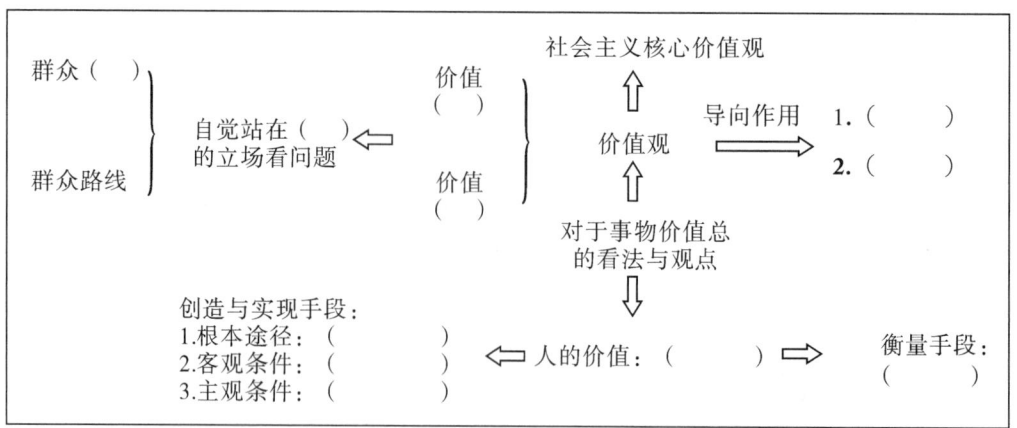

2. 阅读材料任务

古往今来，每逢时代变革，中华民族面临危难之际，必能有无数英雄儿女涌现，更有国士无双，引领民族走出危难。设置三段情境材料（见课堂实录），设置三个议题：

（1）议题活动一：过去的国士如何开拓？（2）议题活动二：当今的国士如何坚守？（3）议题活动三：未来的国士如何期盼？

（二）前置学习设计理念

开展前置学习的目的是落实学科核心素养，而评价落实成效，需要专注于学科核心素养的行为表现，利用"求同"取向与"求异"取向相结合的验证思路，对落实成效展开过程性评价与成果性评价统一的评价方式。

"求同"取向是展开教学评价的前提，教师需要将课程目标规定的素养落实路径，同议题设计的基本观点相统一，制定涵盖多个层面的、统一的评价标准。而"求异"取向则是教学评价达成的依据，是教师基于引导学生学习走向多元化、个性化，得出评价的过程。两者共同构成了"有统一标准，无统一答案"的评价体系，这是符合活动型学科课程设立之初的教学理念的。在验证的基础上，对课堂有着更为完整全面的评价是最重要的，只有这样，才能真正做到互通有无且多元并存。

注重教学过程与教学成果两个方面的评价，前者侧重评价学生达成基本观点的过程，后者则侧重评价实现教学设计的效果，是对教学价值在活动与议题两个层面的分别体现。在过程性评价中，观察对象包括学生的思维过程与习得方式等主要学习行为，是在活动表现的内外反思中逐渐形成的结论，是教师判断学科核心素养落实情况，展开教学改进与训练增加的依据。在过程性评价中，教师身处旁观者地位，也身处参与者地位，分别对应生生与师生的关系中，所形成的评价分析往往更为多元，需要做必要的记录与分析。因此，过程性评价的制定不能离开议题的基本观点，要在统一的活动维度下制定。在成果性评价中，观察对象主要是学生的议题成果，这是学生在议题中心教学中经过辨析式学习最终得到的，体现自身学科核心素养的水平层次。教师在面对成果时，往往意味着对议题展开与素养培育的成效有了直观了解，并能够对应学科核心素养不同水平层次的表现，作出有参考依据的结论。但结果不是全部，成果性评价依然需要与过程性评价达成联系，凸显教学设计的全过程。

教学过程

（一）预学回顾阶段（10分钟）

1. 环节1：展示前置学习完成情况，开展前置学习归纳与总结

师：之前通过收回的课前预学任务，老师发现大家基本出色地完成了基础知识体系的预习以及相关知识易错点的分析。接下来我们将花一点时间对预学内容展开回顾。首先，我们要明白，只有什么才能创造价值？

生（齐）：劳动！

师：没错，劳动。在社会主义社会，劳动是创造美好生活、促进人的自由全面发展的重要手段。只有通过劳动才能创造价值，同时如何？

生（齐）：实现价值！

师：在前置学习中，同学们的反馈十分清晰，看到了劳动之于个人实现价值的重要性。那么现在问题来了，个人能否仅通过个人劳动实现价值？

生1：不能，因为个人创造与实现价值需要社会提供的客观条件，这是前提性条件。

师：小组在前置学习中有无发现对应事例来证明你的分析？

生1：有，比如历史课上老师告诉我们的，大庆精神的代表王进喜，如果没有他的铁人团队和有关工程学家和地质学家的帮助，就无法成功打通大庆油田，当然就不可能实现价值。

师：很好，没有社会提供的客观条件我们确实无法实现自身的价值，这是我们实现自身价值的前提。最后，这个同学和他的小组非常好的一点在于，他们在课前预学环节为自己的论证和分析找到以铁人王进喜为代表的大庆精神事例。老师想说的是，同样的一个事例不仅可以证明社会客观条件带来的前提帮助，也可以证明个人创造与实现价值的重要手段，是什么？

生2：个人还需要在砥砺自我中奋勇前进，也就是像王进喜这样学会用"铁人"意志去克服一个个困难。

师：没错，还要个人坚定意志，在砥砺自我中奋勇前进！

【前置学习强调教师向学生讲授新课内容之前，让学生先根据自己的知识水平和生活经验进行尝试性学习。前置学习的宗旨在于，教师在教学过程中让学生极大限度地进行自主探索，把吸收新知识的过程变成学生自我建构的"内化"行为。夏老师在前置作业的设计上，利用任务驱动、问题导向，学生通过前置学习任务的完成，再加上课堂上教师的引导和点拨，让学生逐渐达到学习的目标，知道"只有通过劳动才能创造价值"，人生价值的实现不仅需要社会提供客观条件，还需要个人的主观努力】

（基础知识体系回顾完毕，板书知识体系完成）

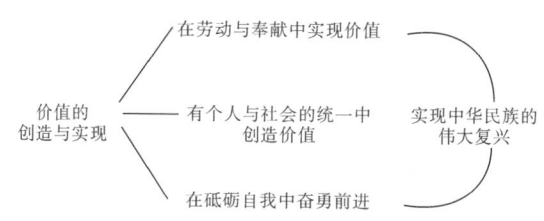

【在前置学习模式下的课堂开端，夏老师所做的，不是课堂的常规导入，而是组织学生进行前置学习汇报，听取反馈，进行检查，以思维导图形式把知识呈现出来，不需要过多的理论阐述和论证】

2. 环节2：加深预学应用，考查知识迁移

师：通过一定的回顾，我们对本课的知识体系有了大概了解。接下来，我要加深预学基础，请大家以小组为单位讨论，看看下列几个说法是对还是错。

说法1：他人的劳动也是劳动，靠他人的劳动也可以实现和创造价值。

说法2：个人只要努力，就能创造和实现价值。

生1：经过小组讨论，我们认为说法1怪怪的……我们组都觉得他人的劳动是他人的劳动，但自己的劳动和能创造的东西应该是具有特殊性的，不能这么说。

师：确实，观点有点怪怪的，那么同学们对此有什么更为专业的补充吗？

生2：这个说法的错误其实在于否认劳动具有个性，个人应该积极发挥个性，创造自己的价值才对。

生3：之前我们学过具体问题具体分析，他人的劳动就是他人的、客观的，但自己的劳动过程和创造结果应该也是客观的才对，不能忽视客观和客观之间的差异，我是这么认为的。

师：非常不错，同学们基本看到了说法1里，对劳动界定出现了问题。每个人实现和创造价值的手段是不一样的，同时个人也必须参与劳动才能创造彰显自身对社会和他人贡献的价值。这一点既是我们在最后一课《劳动与价值关系》中学习过的内容，也是刚才同学3说到的，矛盾的普遍性与特殊性的方法论。那说法2呢？

生4：这个观点太唯心了，我们都学过，社会意识是由社会存在决定的，没有客观哪来的主观，再说了，我们预学学过了，社会也得提供客观的前提条件才对，所以我觉得是有问题的。

师：这是你个人的观点吗？

生4：对。

师：那小组有补充吗？

生5：我就补充一点吧，个人做事情是不能脱离客观实际的，要充分发挥主观能动性，但也不能忽视或者说脱离客观规律性。

师：两名同学都非常不错！对这两个说法的分析也确实到位。没错，"个人只要努力"这个前提是强调主观能动性了，但后面一句"就能"无疑太过绝对。该说法犯了唯心主义错误，过度夸大了人的主观能动性，却忽视了社会提供的客观条件和自身的能力条件。

【为了加深对前置学习的理解和应用，夏老师采用了"辨析式"教学，预设了"两种说法"，组织学生对"两种说法"展开讨论，让学生明白"个人可以通过自己的个性发挥对社会作出独特贡献""个人的主观努力受到社会客观条件的制约"。辨析式学习是一种常用的方法，能激发学生在价值冲突中深化理解，在比较鉴别中提高认识，在探究活动中拓宽视野，最终达到自我认知提升的效果】

(二) 议题式思政教学（35分钟）

师：同学们的预学情况不错，接下来我们就将用所学知识，进入实际议题情境的解决环节中。欢迎来到本课的议题："国士无双，有为中华"。古往今来，每逢时代变革，中华民族面临危难之际，必能有无数英雄儿女涌现，更有国士无双，引领民族走出危难。

1. 议题：过去的国士如何开拓？

师：中华人民共和国成立初期，面临着严重的粮食危机。人多、地少、粮食产量低，是最为明显的问题。以袁隆平为代表的农业研究团队，扎根于农村之中，在面朝黄土背朝天的研究中，终于成功试验出杂交水稻，奠定了解决粮食问题的关键理论基础与实践基础。

袁隆平团队的成功不仅来自他们的实践精神，更来自他们牢记党和人民的嘱托，舍小为大，甘于牺牲，默默奉献。即便袁隆平团队的研究一再遭遇各种变故阻挠，但通过17年的坚持，还是出了成果，真正做到了"禾下乘凉"！

请同学们以小组为单位，结合劳动与创造价值的关系，开展思考：袁隆平团队在艰苦岁月中舍己忘我、辛勤工作，最终研制成功杂交水稻，为共和国奠定坚实的粮食基础，这个过程对你有着怎样的启发？

生1：对我的启发是，没有经过一番艰苦的劳动是无法创造一项伟业的。从袁隆平的过去不难看出，足够的实验才能帮助袁隆平院士实现成功。

师：还有其他同学要分享感想吗？

生2：如果没有踏实奉献和坚韧不拔的精神，袁隆平院士和他的团队也不可能成功。所以只有劳动与奉献，才能创造和实现价值。

师：很好，两名同学的观点都非常不错，各位从袁隆平院士团队的努力中看到一个一穷二白的中国是怎么逐渐在一代人的努力与奉献中，逐步走向富裕与富强的。应该说，国家有幸，人民有幸，有了袁隆平院士和他的团队这些不辞辛劳、甘愿奉献在科研一线的国士们，也再次证明了劳动与奉献是创造与实现价值的根本途径。

【通过前置学习对"人生价值的实现"有所认知后，接下来夏老师采取了"议题式"教学方式，有针对性地选择案例，设置情境，依托案例的分析，强化了学生对"人生价值在于对社会作出贡献"的理解。在议题式教学过程中，课堂主要以议题的形式向课堂抛出一个涵盖在具体教学情境中的问题，学生在自主探究合作中不断交流、表达和自我反思，以图达成共识、解决冲突或归纳结论的任务。良好的、具备价值导向的议题将促进学生锻炼自身的关键能力与思想品格，真正实现政治认同的"内化于心，外化于行"】

2. 议题：当今的国士如何坚守？

师：让我们把时间拨回到2019年12月。这一年，一场突如其来的疫情打破了和谐平静的社会。新型冠状病毒，这个人类社会之前从未摸透的病毒以其迅猛的传播速度让2020年年初的中国陷入了巨大的危机之中。危难当头，以钟南山院士为代表的专家组成员毅然挺入疫情中心武汉市，在那里与无数的医护人员携手并进，共同打赢了这场艰苦卓绝的疫情攻坚战，让无数中国人看到了新时代的国士风范。

接下来，让我们观看钟南山院士在荣获"共和国勋章"时的讲话片段，之后请同学们以小组为单位，结合个人与社会的关系，讨论钟南山院士是如何看待自己所取得的成就同无数社会支持之间的关系的。

（视频片段内容："我想，'健康所系，性命相托'，就是我们医者的初心；保障人民群众的身体健康和生命安全，就是我们医者的使命。有幸亲历了国家医疗卫生事业由弱而强、蓬勃发展、蒸蒸日上，目睹了共和国从贫穷落后不断走向繁荣富强，我由衷感到骄傲和自豪，也由衷感恩党和人民的培养，倍加珍视难得的人生际遇和干事创业舞台。欣逢盛世当不负盛世。面对荣誉，我们将始终牢记党和人民的重托，始终紧密团结在以总书记为核心的党中央周围，以敬畏生命、护佑生命、捍卫生命为己任，努力为加快实现全民健康、实现中华民族伟大复兴的中国梦奋斗不止。"）

生1：钟南山院士的讲话表明，他看到了自己取得的成就来自党和国家的正确领导，也来自无数医生护士不辞辛劳的付出与帮助。因为个人取得成就是离不开社会提供的帮助的，国家的条件和钟南山院士和全体医务人员的努力共同实现了抗疫的成功与胜利。这其实也告诉了我们，要坚持党和国家的领导，坚持和周围的人一起合作。

生2：钟南山院士没有把取得的成就仅仅归因于自己，可以看出他正确地看待个人与社会的统一。如果没有党和国家还有社会提供的无数资源和帮助，比如建设火神山医院和方舱医院，他也没办法成功。

师：钟南山院士当时确实很艰难，在武汉抗疫的第一时间，对整个病毒的发作原理和医疗情况都是一无所知。即便如此，钟南山院士和他的团队依然不畏艰难，毅然投入抗疫前线，这份壮烈而又伟大的奉献精神确实值得每个人学习。但也如同学所言，钟南山院士的最终成功与党的正确领导，以及社会更多人民群众的努力也是密不可分的。所以果真印证了钟南山院士的一句话："欣逢盛世，当不负盛世！"

【这个议题的意图是，学生通过"钟南山院士荣获'共和国勋章'时的讲话片段"进行分析和思考，结合对教材知识的理解，明白"个人在社会中实现人生价值"，通过学生的回答，我们发现，学生看出了个人价值的实现，与党的领导、国家的前途命运、社会的支持与帮助密切相关，这一点难能可贵。遗憾的是，这里夏老师没有进一步引导学生深入分析个人与社会的关系是什么，如何正确处理个人与社会、个人与集体、个人与国家的关系】

3. 议题：未来的国士有何期盼？

师：时间来到现在。我们说，国士不只是英雄，更是我们伟大的平凡的每一个劳动者，因为国家的富强是属于每一个不平凡的中国人的。在清华大学建校110周年校庆日即将来临之际，中共中央总书记、国家主席、中央军委主席习近平来到清华大学考察。习近平总书记对广大的清华学子说了什么？我们接下来播放一段视频一起看看。

（播放视频）

习近平总书记对当代青年学子充满殷切盼，更是希望同学们能在盛世新境遇中，努力学习，奋勇向前。充满活力与希望的你们，就是当代的国士！想必在总书记的殷切嘱托之下，同学们也对未来的自己有着各种期盼。现在请同学们现场撰写一封给15年后（2035年）的自己的信，谈一谈身为未来国士的你们，对自己的期盼、对祖国未来的期盼。

【这是一个很好的设计，"不愤不启，不悱不发"，在先进人物事迹的感召下，听到习近平总书记的殷殷嘱托后，此时，学生心潮澎湃，有好多心里话要说，夏老师趁此时机，给予学生表达的机会，使其通过信件表达感想，升华情感。但如果师生能一起表达，产生共鸣，效果会更好】

（以下为部分交流，学生念出信件内容）

生1：嘿！未来的自己，我不知道你现在如何，但我很希望，你听一听15年前的我对你的期盼。你要成为一个勇敢的人，一个向上的人，一个努力的人。我对你有很多羡慕，羡慕你能够不断成就自己，也羡慕你能够看到一个强大的中国在党的领导下腾飞于世界之林。但我在想，你也肯定羡慕我，因为我有着少年的稚气和不怕输、不服输的犟脾气，我有着一段不断靠着自己努力打拼成功的过程，即便道路艰险，但我坚信，你在那，中国在那，我必将成功。

师：听到这个同学的信，我想到一首歌，里面有一句歌词是这么唱的："我还是从前那个少年，没有一丝丝改变。"我希望的是，你的执着、坚强和勇气，这些美好的少年郎的性格，能够如这首歌唱的那样，没有一丝丝改变！

师：同学们！国家与民族正在前所未有的大好局势之下，我们有着太多工作，也有着太多任务！但只要坚定信念，在劳动与奉献中创造价值，在个人与社会的统一中实现价值，在砥砺自我中奋勇前进，成功一定就在不远处，实现中华民族伟大复兴的梦想就一定会实现！此时下课铃声响起，不急，我们单独布置一个作业。六盘水市作为三线建设的重镇，无数人投入其中，无数的青春在这里挥洒，请同学以小组为单位，课下组织学习三线建设有关知识，我们将在下周开展一次与"三线建设"有关的主题活动，届时请大家踊跃参加。好，就这样，下课！

❖ 教学反思

在教学设计中，通过设置符合学生认知特点的问题，通过选择灵活多样的教学方式，从而使学生在范例分析中展示观点，在价值冲突中识别观点，在比较辨别中确认观点，在探究活动中提炼观点。既自然而然地完成了知识的建构过程，又实现了知、信、行的有机统一；既突出了重点，又突破了难点。

❖ 点评

这节课给人的总体感觉，就是"新"。

一是教学理念"新"。突出了"前置学习、以学定教"的教学理念，整堂课的进行始终建立在前置学习的基础上。将前置学习结果的展示和反馈作为课堂的开端，在学生对课堂有准备的基础上开展教学活动，激发了学生的学习兴趣，提高了学习质效，更锻炼了学生独立获取知识的能力。同时，也为教师的教学找准了基点，成为连接学生学和教师教的有效纽带，充分凸显了学生的主体地位和教师的主导地位，让生本课堂更高效。

二是教学方法"新"。采用了"议题式"教学法，以议题为引领，每一个议题选择一段视频作为载体，创设情境，设置问题，展开讨论，知识逐一得到突破，目标逐一得到实现。整体结构完整、思路清晰、逻辑性强。议题式教学注重充分利用议题内容，更为充实地落实政治认同、科学精神等核心素养的培养。在频繁的观点交换和融合中激发思维火花，使学生的思辨能力得到增强。

语　文

《遵循文体规律，开启科学之旅》（第1课时）课例评析

授课地点：六盘水市第三中学
授课时间：2022年6月13日
授课教师：张　超
点评教师：朱家彦　杨　涛

教学设计思路

（一）前置学习任务布置

阅读教材《青蒿素：人类征服疾病的一小步》《一个物理学家的教育历程》文本及助读资料，完成下列任务：

任务一：联系所学过的课文（《红烛》《故都的秋》《雷雨》《百合花》《"探界者"钟扬》《以工匠精神雕琢时代品质》《在〈人民报〉创刊纪念会上的演说》《在马克思墓前的讲话》），分清这些文本所属的文体类别，并按表格提示归纳文学类文本和实用类文本的特征。

任务二：在两篇文本中勾画出能体现作者精神品质的内容，并以旁批形式概括写在课本空白处。

任务三：记录下你在阅读教材以及完成前置学案的过程中遇到的疑惑与困难，并与同伴交流讨论。

（二）前置学习设计理念

本单元为统编高中必修下册第三单元，"探索与发现"人文主题下的"实用性阅读与交流"任务群学习单元。涵盖了获奖感言、科普文、科技论文、文艺评论等多种文体，展现了不同领域学者的探索精神和科学态度。本单元主要学习知识性读物的阅读方法，发展科学思维，培养科学精神，激发学生对科学发现、探索、创新的兴趣和热情。《普通高中语文课程标准（2017年版2020年修订）》也在必修课程学习要求中提出"阅读实用类文本能准确、迅速地把握主要内容和关键信息，对文本所涉及的材料有自己的思考和评判"，明确规定了学生在高中教育阶段要习得的知识和技能。

从教材和课标来看，都针对文体特征提出了相对应的阅读要求，比如知识性读物的阅读方法，迅速把握主要内容和关键信息等。而当前的学情是，有一定的阅读量，

但还没有建构起文体阅读的意识，对任何阅读材料都是一视同仁，无序与随意的阅读导致效率低下。另外，大单元教学、任务群教学要求学生在整合学习中培养专家思维，要想在一节 40 分钟的课上达到课标的要求，需要解决学生缺少心理准备的被动状态问题，必须运用好"前置学习"这个支架，通过前置学习去消化一些学生能独立完成的问题，激发学生新的思考，为课堂上的生成与深入留足空间。

前置任务为学生提供思考的范围与角度，让学生针对自己的迷茫点主动去比较，去发现，去总结，以期能在真实的情境中建构起对文章文学类与实用类的区别意识，从而能养成在独立阅读时从文体入手，探寻到阅读路径的能力。

科学精神包含的内容是广阔而丰富的。要实现这一目标，必须给学生以抓手。所以前置任务二，让学生提炼信息，对人物精神品格作旁批的目的就是引导学生回到文本，从人物的所为所感中去体会"科学精神"的具体表现。同时，前置时的个人思考只是初级阶段，当学生在课堂上分享时，对人物的认知与对人物分析视角的选择就会产生碰撞。这样，思想境界层面、情感态度层面、科学品质层面的综合把握就极大地拓开了概念的外延，也使"科学精神"这一关键概念的内涵得到了深刻诠释与表达。

总之，前置学习的实质是为深度教学做准备，是深度教学的重要基础；深度教学是在原有认知基础上不断深入的教学，是前置学习的重要目的。处理好两者的关系，不仅可以提高课堂参与度，还有利于课堂教学效率进一步提高，实现课堂生成有深度、文化渗透有高度、融入生活有温度、关注学习有态度的教学境界。

教学过程

一、明确目标，定好方向

师：接下来的一周，我们将进入第三单元的学习，请大家齐声朗读课本 45 页单元导语第 2 自然段。

生齐：本单元所选的几篇文章反映了自然科学和人文社会科学在多个领域中的探索及其发现。这些文章有的介绍科学发现的成果和过程，有的探讨建筑学问题，有的分析文学现象，展现了不同领域学者们的创新意识、探索精神和科学态度，可以激发我们对科学探究的兴趣和热情。

师：这段介绍明确了本单元的文章构成、内容以及涉及的领域。说明单元的文章学术性和知识性兼具，科学性和人文性交融，同属于实用类文本这个类别。也就是说本单元我们将"遨游学术之海，探寻科学精神"，今天我们就进入学习的第一站"遵循文体规律，开启科学之旅"。

我们的学习目标是——

（展示 PPT，示意学生齐读）

生齐：

1. 联系所学，初步归纳实用类文本的特点。
2. 体验实用类文本的阅读过程，探寻科学精神。

师：圈出要点。

生:"归纳实用类文本的特点""体验阅读""探寻科学精神"。

二、整合所学，初步归纳

师:请大家回顾《红烛》《故都的秋》《雷雨》《百合花》《"探界者"钟扬》《以工匠精神雕琢时代品质》《在〈人民报〉创刊纪念会上的演说》《在马克思墓前的讲话》等文章，根据表格提示，先分类，再简要做比较。

【老师基于课前布置学生完成的前置学习任务，以学定教】

生1:我觉得《红烛》等前4篇属于文学类文本，有诗歌、有散文、有小说，还有戏剧。《"探界者"钟扬》《以工匠精神雕琢时代品质》《在〈人民报〉创刊纪念会上的演说》《在马克思墓前的讲话》是实用类文本这个类别，文体类别比较多，有人物通讯、有演讲词，好像《以工匠精神雕琢时代品质》又和其他不一样。

生2:印象中《以工匠精神雕琢时代品质》应该是评论吧?

师:对，分类很清晰，《以工匠精神雕琢时代品质》属于新闻评论，标题就是核心内容。

生3:就标题来看，文学类文本和实用类文本都交代要写的主体内容是什么。比如《红烛》就是歌颂"红烛"的，《"探界者"钟扬》就是写生物学家"钟扬"。但是实用类的文本似乎有观点型的和文体型的。

【生1、生2、生3的回答，属于学生前置学习结果反馈】

师:你是从标题的内容和功能来比较的，如果从表现形式来看呢?

【教师继续引导学生深化前置学习结果反馈】

生3:文学类的有形象性，而且有内涵。

师:(引导)比如?

生3:"雷雨"有象征，暗示了那个时代;"故都"的"故"有深意，能表达眷恋的情感。

师:说得很好。而实用类文本却更清晰、简洁，对吧?

生点头。

生4:文学类文本的结构不太统一，比较随意，而实用类文本的结构比较清晰，有逻辑性。

师:对，文学类文本的结构比较自由灵活。

生5:两类文本还有一个不同，实用类文本是为了传递信息、表达观点等，文学类文本的大多抒发感情、表现生活。

师:所以说，文学类文本的文体功能是审美，那么实用类文本就是——

生齐:实用。

师:当然，除了这些角度外，它们在表达手法、语言特色等方面也有很大的区别，同学们可以课下再去思考归纳。而体式不同、特征不同，阅读的思维与方法也会有很大的差别。

【以任务为导向，基于学生的前置学习，学生在教师的引导下对所列的课文进行了分类和比较，通过比较明晰了实用类文本的特点】

接下来，我们就去体验一下实用类文本的阅读过程。

三、体验阅读过程，探寻科学精神

师：刚刚我们发现两类文本标题各有特点，且功能各异。那么我们就先从标题读起。

（展示PPT。活动一：从标题入手，明确重要话题）

师：谁来说说，读第一个标题，你获得了些什么信息？

生："青蒿素：人类征服疾病的一小步"，"青蒿素"是作者的研究发现，"人类征服疾病的一小步"是说这次发现的意义。

师：那么"一小步"告诉了我们什么呢？

生：它既肯定了屠呦呦的科学贡献，但又说是"一小步"，可以看到其谦虚的态度。

师追问：因此文章可能会围绕什么来写呢？

生：围绕研究的发现和研究的意义来写。

师：非常好，分析细致，不仅关注了标题指向的内容，还解读了人物的品性。那我们一起来看看第二篇文章的标题。

师生齐："一位物理学家"交代了作者的身份。

师："的"说明这是一个什么结构的短语？

师生齐：偏正结构。

师：所以重心在——

生齐：教育历程。

师：所以从标题入手，我们能很快提取有效信息，确定文章写作的重点。接下来，我们就以此为核心，从结构标志入手，快速理清文章的脉络。

（展示PPT。活动二：从结构标志入手，梳理行文脉络）

请同学们借鉴必修上第二单元、必修下第五单元学到的梳理方法，理清两篇文章的行文脉络，并简要说明梳理时关注的结构标志。

（老师板书课题，用红粉笔突出了"青蒿素""教育历程"）

生默读文章，认真勾画，教师巡视。

师：谁来带大家理一下第一篇的结构？

生：我认为"青蒿素"这篇文章是总分总结构。开篇写屠呦呦因获奖而表达感谢，总起了下文。中间部分从小标题可以看出重在写青蒿素从发现到提取到影响到超越的过程。最后一个小标题表明写的是"中医药学的贡献"，这一部分是文章的总结，突出了中医药学的重要地位。

师：说明你更多是借鉴小标题的方法来梳理。之前学过的那些篇目也有这个特点。

（学生说，老师板书思维图）

生齐：《喜看稻菽千层浪》《"探界者"钟扬》有小标题。

师追问：这一篇的引言很长，除了致谢，还写了些什么？请同学们看看高频词语。

生：还写了屠呦呦童年时目睹了中草药治病救人的事，后来写了她的学习和工作经历。不断出现"中医药"这个词。

师：看看，结构上和哪一段相照应了？

生：和文章最后一部分"中医药学的贡献"相照应。

师：很好，咱们借助关键词、高频词也能很好地梳理文章结构。谁来说说第二篇？

生：我认为《一名物理学家的教育历程》采用的是总分结构。第一段总写"我"受两件童年趣事影响。接着就分别写了两件趣事。第一件是对鲤鱼世界的遐想，第二件是对爱因斯坦未竟事业的好奇。

师："对爱因斯坦未竟事业的好奇"驱使他又去做了什么呢？

生：阅读，而且是大量阅读。文中说"我读完我们当地图书馆的书之后，就开始在全市搜寻图书馆和书店，急切地查找有关线索"。

师：咱们再找找时间上的关键词。

生："后来，在高中阶段，我看完了许多地方图书馆中这方面的书"说明这里不是在写童年了，而是写到了加来道雄的高中阶段。

师：对，之后咱们能不能借助结构标志来梳理一下呢？

生：先是有"发现"这个词，说他"发现爱因斯坦的工作使想象一种称为反物质的新型物质成为可能"。下一段中"开始着手"写他要将发现付诸实践，他要建立自己的原子对撞机。剩下的部分就写建立原子对撞机的过程，因为有"首先""紧接着""当最后建成时"这些明显的标志词。

师：非常仔细，也非常有条理，我们借助一些时间词和一些表承接的关联词，理出了加来道雄教育历程中的关键经历，正因为如此，他最后成长为一名物理学家。

（老师板书：根据学生的回答板书了气泡图）

【引导学生体验阅读过程，教师设计了两个教学活动：活动一，从标题入手，明确重要话题；活动二，从结构标志入手，梳理行文脉络。两个教学活动的展开，师生的对话都是基于前置学习，是学生前置学习结果的反馈，也是学生前置学习结果的深化。在教师的引导下，两篇文章的行文脉络得以清晰地呈现】

师：通过脉络梳理，我们对两篇文章的内容有了进一步的了解。我们发现这两篇文章无论是科学研究的过程，还是走上科研道路的过程，都表现出了两位作者的精神品质。那么，接下来让我们进入阅读第三阶段——文本细读阶段，去提炼关键信息，探求科学精神。

（展示 PPT。活动三：提取关键信息，探寻科学精神）

请同学们交流前置学习时做的批注，用关键词来概括，并结合文句的重点字词简要说明理由。

生：我想说说加来道雄，文中在写他第一件趣事时，不断出现"我想""我曾想""我常想"等词，让我感觉"丰富的想象力"很重要，正因为有想象力，才打开了他科学探索的大门。

生：我来补充。除了想象力，他还有勇于实践的精神，文中他在高中阶段的实验就充分体现了这一点。

师：除了这两种品质，他还有其他可贵的精神吗？

生：他被爱因斯坦的故事迷住了，然后就不断阅读相关书籍寻找答案。

生：加来道雄对伟人未竟事业十分好奇，他不因世俗的约束而畏葸不前。即使十分艰难，他还是坚持开展了一系列研究。这让我看到好奇心、求知欲、坚持不懈也是可贵的精神品质。

生：我分析的是屠呦呦。我体会到了她以及她的团队的两种精神：一是求真务实，从47页第8自然段中的"我们查阅了大量的文献"，由此可看出她的研究是基于理论的；第二点是勇于奉献，也是这一页第11自然段中"勇敢地做志愿者"，20世纪70年代是文革时期，她们遭遇了重重困难，但她们仍然挺身而出，主动做志愿者"以确认其对人体的安全性"，由此可看出她和她的团队不怕困难的献身精神。

师：你刚说她们做志愿者要做临床试验，以确认青蒿素对人体的安全性，由此还能看出药物学家们什么样的精神品质？

生：严谨认真，求真务实。

生：我发现文章中运用了列数字的方法，比如"2000个""640个""200个""380余种"这些具体且较大的数据，真实客观地反映了研究过程的艰难。青蒿素的发现和提取绝非一帆风顺的，需要大量烦琐的工作，接受困难和挑战，这从侧面体现了屠呦呦及其团队科学严谨、任劳任怨、不辞辛苦的科学态度和精神。

师：真好，不仅关注到了具体的数字，还能从数字背后读出艰难而温暖的故事。

生：我分析到本文的第三自然段"完全没有想到""从没梦想过"，可见屠呦呦的谦逊，她默默付出，不求名利。

师：同学们的批注很细致，也很全面，对文字的捕捉中、在对细节的关注中，我们感受到两位科学家很多崇高的品质与可贵的精神。但刚刚同学们都是分开分析的，没有整合分析过，屠呦呦和加来道雄在科学研究过程中遇到哪些共同环节，给他们重要启示的节点有什么共同之处和不同之处？

生：我觉得屠呦呦和加来道雄在科学发现过程中都有好奇心，比如第一篇文章第3自然段有"我对中草药从好奇转化为热衷"，第二篇中第11自然段和第13自然段分别有"此后，我一直对存在高维世界的可能极感兴趣""我长大后想知道""对于一个孩子来说，这是很神秘的"等，他们都曾提及强烈的好奇心，这成了他们去发现去探索的动力。

师：你刚才说"从好奇转化为热衷"，这种"热衷"在加来道雄身上有体现吗？

生：有，他为了弄清爱因斯坦未竟的事业是什么，花了很多时间去阅读，也走遍了全市的图书馆和书店。

师：很好，咱们一起来读读这篇文章第13自然段的尾句吧！

生齐："我决定要对这一秘密刨根究底，纵然为此而必须成为一名理论物理学家也在所不辞"。

师：同学们有没有发现青蒿素研发经历中，作者交代了每一个环节的时间，从1967年中国政府启动"523"项目，到2002年被世界卫生组织推荐采用青蒿素作为一线药物治疗疟疾，作者用时间顺序告诉了我们这个历程是漫长的，其中有两个时间明确到了具体的日期，大家想过是为什么吗？

生：因为是值得纪念的日子，是关键性的节点。一次是因为她们的研究有了突破，得到了安全性高的中性提取物，还有一次是1972年11月8日终于找到了这个无色晶体——青蒿素。我们可以感受到她当时多么地激动和自豪。

师：像这样在困境中寻求突破的结点，加来道雄有没有遇到呢？

生：有，文中写加来道雄做实验的部分也列出了一些数字，这些数字使我震撼。当时他只是个高中生，这些对他来说是不小的挑战，但是他还是坚持下去，寻求突破，这和屠呦呦在研究受阻时坚持不懈，最终寻得了突破点是一样的。

师：是呀，遇到困难不放弃，而且两人都从大量的阅读中获得了灵感与启示。这一点是不是也很重要呢？

生：是的。

师：那么不同之处又在哪里呢？

生：我觉得在48页第18自然段中，说到屠呦呦的团队不止步于发现青蒿素，还发现了双氢青蒿素。这表明在发现与探索中不能甘于现状，要精益求精，不断向更远更深的领域探索。

师：从青蒿素到双氢青蒿素，是不是还有创新精神呢？而且你刚才提到了屠呦呦的团队，大家有没有发现，在这篇文章中有时用的是第一人称"我"，有时又用的是"我们"，这是为什么呢？

生：这说明屠呦呦尊重客观事实，她很冷静地告诉我们，在科研进程中，哪些是自己发挥的作用，哪些是团队的努力。

师：这是不是也在表现屠呦呦审慎与谦虚的品格呢？是不是也能说明科学探索之路上团队的力量呢？团队的作用，这一点加来道雄的"教育历程"中没有体现，当然我们不排除他在成长为理论物理学家时，也是离不开团队的帮助的。那我们看看被他剪裁出的教育历程中的这几件事和一般的学校教育、家庭教育有什么不同？

生：好像没有体现学校教育和家庭教育对他的影响。

师：对，不排除学校和家庭在他成长中的作用，但是他更突出了自我教育，告诉我们在这个历程中自我发现、自我塑造和发展的过程。所以你们还可以再关注一下屠呦呦文中这个"自我"，这个"小我"是怎么表现的。

生：从童年目睹民间中草药治病救人的事例，到就读北京医学院药学系，再到工作于卫生部中医研究所，她从个人对中草药的热爱，到一直在这条路上执着追求，最后又投身于抗击顽疾的事业中。

师：是的，这不就是"抱负与使命"的真谛吗？在追求自己理想的同时，担当起国家责任和人类的使命，从"小我"走向了"大我"。请大家一起读一下46页第4自然段的最后几句。

生齐读：长久以来，中医药服务于中国和亚洲人民，毫无疑问，对传统医药的继续探索，会给这个世界带来更多的良药。我呼吁大力加强国际合作，推动对中医以及其他传统医学的研究，使之最大程度地造福人类。

师："世界""国际""人类"，这是一种世界胸怀，大爱无疆，这与她的勇于献身和虚怀若谷同属于思想境界层面；同学们体会到的热爱事业、坚持不懈、不怕困难、认真务实可以归为情感态度层面；而科学的研究和探索还需要科学品质，想象丰富、好奇求知、勤于探索、严谨求真，团队的力量也是必不可少的。

【此处"提取关键信息，探寻科学精神"，教师同样设计了两个教学活动。活动一：交流前置学习时做的批注，用关键词来概括，并结合文句的重点字词简要说明理由；活动二：屠呦呦和加来道雄在科学发现过程中有哪些共同环节，给他们重要启示的节点有什么共同之处和不同之处？两个教学活动的展开，师生的对话同样都是基于前置学习，是学生前置学习结果的反馈，也是学生前置学习结果的深化。在教师的引导下，科学家探寻科学的崇高精神得以较好地总结概括】

同学们，关于发现与探索的奇闻逸事很多，瓦特烧水的启示，鲁班被草划伤的经历，阿基米德洗澡时的顿悟……虽然带有一些偶然性，但是其中也包含着发现与探索的一般规律：从梦想到发现，科学的道路总是艰苦而漫长的。但是科学又有着独特的魅力，充满无穷的乐趣，吸引着爱好科学的人们不断探索，奋力前行，寻求创造与突破。科学研究如此，学习也是如此，请同学们能读其文，识其人，静己心，立己行。

四、作业布置

1. 整合资料，制作人物素材卡片。
2. 在下节课的课前阅读交流活动中，你将就"文体与阅读"这个主题做简短发言，给其他同学介绍"实用类文体"，请写一篇200字左右的发言稿准备发言。

❖ 课后反思

2022年6月13日，广东省中山纪念中学语文教研组组长葛挺一行五人莅临我校开展交流指导工作。6月11日接到通知的我原本想按实际教学进度讲评月考作文，后又想我们贵州才进入新教材的使用，对新教材的把握和处理尚处于摸索阶段，正好借专家们入校指导的机会尝试一下大单元教学，故而临时又改了方案。现将教学反思整理如下：

一、教学的起点来源于学生的真实问题

为什么要以"文体"作为教学联结点呢？这是因为一周前有一个成绩不错的学生在课下问我"老师，什么是实用类文体"。初中教材在知识与技能方面以主题兼顾文体组元，尤其在九年级时强调实用性文体，教材中有记叙文、说明文、科普文，还穿插了散文诗，中考的考试板块中也有实用类文本的检测板块。这就不得不让人思考：学习了三年的初中语文，为什么还是没有建构起基本的文本辨别意识呢？这跟教材编排有一定关系。新编高中语文教材一个单元内课文的文体各式各样，相关的文体知识也只是零星地、不成体系地散布在写作知识中。这在一定程度上削弱了学生本身就很薄弱的文体感，再加上在教学实践中，不管现代文还是文言文，不管记叙文还是诗歌，老师们似乎更看重人文性的剖析、多元化的解读，对文体知识则轻描淡写地一带而过，更加重了这样的影响。而文体有别是客观存在的，不同文体的文章有不同的写作思路和写作特点，必然决定阅读内容和阅读方法的不同。部编版4篇课文对应"科学与文化论著研习"学习任务群，旨在引导学生体会和把握科学与文化论著表达的特点，提高阅读、理解科学与文化论著的能力，所以在阅读教学中我将"遵循文体的特征"作为一个目标，通过阅读实践，以期引导学生学会阅读此类文章的方法，培养学生良好的文体感，提升学生的阅读素养。

二、前置学习是一个必要环节

素养导向体现在课堂转型上，老师们要从原封不动地再现知识结构，转向引导学生建构更加灵活的认知结构，并能根据具体的情境通过整合和重构知识来解决问题，也就是说要将"惰性知识"转化为"活的知识"就需要学生有真正的学习实践。而对于语文阅读来说，能够进入文本，与之对话的基础是有过全文的阅读与思考；能够跳出文本，以篇带类的前提是有类文和异文的积淀。所以基于教学目标，我在课前安排了两个前置学习任务：第一个任务是让学生回顾之前所学，通过比较，初步归纳实用类文本和文学类文本的文体特征，为了让学生有思考的抓手，我还给出了比较的角度。从课堂的实际反馈来看，这一点很有必要，它避免了学生思考的散漫与无序，同时也给学生从具体到抽象的思维整合示范。第二个任务设计是指向文本，阅读《青蒿素：人类战胜疾病的一小步》《一位物理学家的教育历程》，勾画能体现作者精神品质的内容，并以旁批形式概括出来。正是因为学生前置学习中有了对科学家精神的初步思考与归纳，所以在课堂上才能流畅地交流与表达。

三、教学重在教给学生解决问题的思路和方法

教学设计的活动二是教学的重难点，给学生提供了路径支架，即从标题入手，明确重要话题；从结构标志入手，梳理行文脉络；从提取关键信息入手，探寻科学精神。从学的方面看，学生围绕两个教学活动，基于前置学习，在教师的引导下或自主学习，或讨论探究，学习渐次推进，节节攀升，走向深入。这样教学就不以教给学生结论性的内容为目标，而是在阅读文本的实践过程中通过提供支架，路径引导，来实现真实阅读体验中的思维获得，相信学生在学习之余获得的不只是这两篇文章的文本内容，应该还能在头脑中留下阅读此类文本的图示，这就实现了"培养其面对新问题时有独立解决问题的能力"这一目的。

当然，从课堂呈现和学生思维表现来看，本节课还是有许多需要改进的部分：

1. 学生对文学类文本和实用类文本的文体特征进行归纳时，语言不精练，文体混淆不清。原因之一是对老师给出的归纳角度，不明概念，不晓意图。这提示老师们在设计任务时对一些专业概念应当做适当的说明或提供必要的学习支架。

2. 课堂上的总结部分均由老师完成，显得单一生硬，应尝试更多的方式，如学生自主总结、短视频、交流疑惑等，可以让课堂更丰富灵动。

3. 学生的思维还是缺乏独立性，课堂预设的多，生成的少，长此以往，学生主动学习的能力也就退化了。所以平时的教学中应该给学生更多空间，培养其大胆质疑、自主探究的能力，激活思维，提升品质。

此外，高中阶段学习科目多、压力大，如果各科不能协调好时间，不能合理布置任务，那么现实可能是学生会因课前任务过重无暇顾及，也有可能是对科目厚此薄彼。所以如何指导学生科学安排独立学习的时间，如何监督好各项任务的落实是课堂质量得以提升的关键环节。

◇ 点评

张超老师于2022年6月13日上午第二节课在六盘水市第三中学高一（3）班执教统编高中语文教材必修下册第三单元公开课，广东省中山纪念中学语文教研组组长一行五人，六盘水市第一实验中学语文教研组组长和该校高一年级备课组长，六盘水市第三中学语文教研组组长和高三年级备课组组长以及高一年级全体语文教师参与了本次听评课活动，现综合评析意见如下：

一、整合课程资源，提炼教学主题

整合课程资源、提炼教学主题是学习任务群教学的必然选择。张超老师整合第三单元课程资源，将本单元的教学主题提炼为"遵循文本规律，开启科学之旅"，根据教学主题，再次对教材内容进行深度整合，确定本单元各课段的教学目标，设计教学活动并开展教学。

本单元所选的四篇文章反映了自然科学和人文社会科学在多个领域中的探索及其发现。"科学之旅"这一关键概念的内涵指向科学探索与发现，其行为主体包含科学家和读者，科学家的科学之旅展现了他们的创新意识、探索精神和科学态度，读者的科学之旅则意味着通过阅读这些文本，理解这些文本，唤醒、点燃或激发自身对科学探索的兴趣和热情。本单元主要学习知识性读物的阅读方法，探索科学思维，培养科学精神。"文本规律"这一关键概念的内涵指向实用类文本的文体知识的掌握和阅读能力的提升，其行为主体包含作者和读者，作者的文本规律是独特而隐性的，读者遵循文本规律则意味着读者的阅读理解和学习发现。

综上，我们可以得出这样的判断："遵循文本规律，开启科学之旅"的单元教学主题的提炼是依据课标中"实用性阅读与交流"、学习任务群中"学习目标与内容"的表述，扣合教材"单元导语"中学习目标的提示，具有高度的统整性，能概括本单元学习的必备知识和关键能力，因而也具备了大单元教学的核心关注之———"大概念"的性质。

二、基于教学主题设计教学活动

基于教学主题，张老师确定了第一课段的学习目标：联系所学，初步归纳实用类文本的特点；体验阅读过程，探寻科学精神。并围绕教学目标，设计了两个教学活动：活动一：从文章标题、写作对象、结构脉络、文章内涵、文体功能五个角度，归纳实用类文本的特点；活动二：从标题、结构标志、关键信息的角度，体验阅读过程，探寻科学精神。

从教的方面看，活动一教师安排前置学习任务，引导学生回顾《红烛》《故都的秋》《雷雨》《百合花》《"探界者"钟扬》《以工匠精神雕琢时代品质》《在〈人民报〉创刊纪念会上的演说》《在马克思墓前的讲话》等之前所学文本，通过比较，初步归纳实用类文本的文体特征。活动二是教学的重难点，教师给学生提供了路径支架，即从标题入手，明确重要话题；从结构标志入手，梳理行文脉络；从提取关键信息入手，探寻科学精神。从学的方面看，学生围绕两个教学活动，基于前置学习，在教师的引导下或自主学习，或讨论探究，学习渐次推进，节节攀升，走向深入。

三、依托教学活动提升学科素养

学科核心素养的落地乃至提升，有赖于教师教学过程组织得有力和有效。教师要做好角色定位，避免教学组织出现有"教"无"学"、有"学"无"教"，"教""学"分离的问题，依托于适合的、有质量的，甚至是有创造性的教学活动，使学生获得语言、思维、审美、文化诸项素养的提升。

观察张老师的教学，我们可以看出，教师通过前置学习任务驱动和学习交流活动，引导学生通过辨识、分析、比较文学类文本和实用类文本，归纳和概括出实用类文本的文体特征，发展了逻辑思维能力。而教师提供比较的文本都是学生之前学过的，因此有语言梳理与整合的功能，通过梳理和整合，能使学生将积累的语言材料和归纳出的文体知识结构化，有利于在语文实践中转化运用。在活动二中，学生不但通过理解标题、寻找结构标志、提取关键信息等方式体验了阅读过程，还通过"梳理两篇文章中对科学研究、探索产生影响或推动作用的内容，概括其中所体现的科学家的精神品质"这一活动的完成，增强了思维的严谨性、深刻性，提升了思维品质。

四、指向学科素养评价，进行作业设计

"教""学""评"要实现一致性，需要教师从课程的高度，对文本的研读、教学活动的设计、教学过程的组织有通盘的考虑。就评价而言，作业的设计能帮助教师获得学习目标达成度及学科素养的增益情况的相关证据，形成教学决策，推进教与学的进程，因此，作业评价与学习目标之间有着天然的联系。

张老师设计了两道课后作业：在下节课的课前阅读交流活动中，你将就"文体与阅读"这个主题作简短发言，给其他同学介绍"实用类文体"，请写一篇200字左右的发言稿准备发言；整合资料，制作人物素材卡片。

显而易见，作业一指向了学习目标一，作业二指向了学习目标二。两个作业的设计均指向学习目标，具有检测、诊断、反馈和激励的功能。我们还能看到两道作业一个要求写演讲稿、一个强调写作素材的积累，体现了"在阅读中积累写作素材，在写作中加深阅读理解"的读写一体的教学理念。

附录：《遵循文体规律，开启科学之旅》（第1课时）前置学案

【学习目标】

1. 联系所学，初步归纳实用类文体的特点。
2. 寻找并概括屠呦呦与加来道雄身上的精神品质。

【问题探讨】

1. 我们学过的课文（《红烛》《故都的秋》《雷雨》《百合花》《"探界者"钟扬》《以工匠精神雕琢时代品质》《在〈人民报〉创刊纪念会上的演说》《在马克思墓前的讲话》）在文体上有什么不同吗？请分清这些课文所属的文类，并按表格提示尝试归纳文体特征。

比较角度	文学类文本	实用类文本
举出所学的课文		
文章标题		
写作对象		
结构脉络		

续表

比较角度	文学类文本	实用类文本
文章内涵		
文体功能		

2. 阅读《青蒿素：人类战胜疾病的一小步》《一位物理学家的教育历程》，勾画能体现作者精神品质的内容，并以旁批形式概括在课本空白处。

前置学习反馈卡

班级＿＿＿＿＿＿　　小组＿＿＿＿＿＿　　姓名＿＿＿＿＿＿

请如实记录下你在本节课前置学习中遇到的疑惑与困难。

《拿来主义》课例评析

授课地点：六盘水市第三中学
授课时间：2022年11月2日
授课教师：杜佳营
点评教师：朱家彦

教学设计思路

（一）前置学习任务布置

阅读课文，完成下列任务：

任务一：阅读《拿来主义》，概括其写作背景。

任务二：阅读1~6段，概括"闭关主义""送去主义""送来主义"的表现、实质、利弊，完成表格。

任务三：概括"孱头""昏蛋""废物"的表现和实质，完成表格。

任务四：对于"鱼翅""鸦片""烟灯和烟枪"拿来主义的正确做法是怎样的？实质是什么？完成表格。

（二）前置学习设计理念

本篇课文一大特点是写到一半时才提出"拿来主义"这一主题，在这之前都是在对其他主义进行批判评析。因此，理解本文的关键就是学生对各种主义的含义和利弊能否清晰把握。所以，前置学习任务以表格形式引导学生理解各种"主义"，这样教师对课本内容也就不用过多讲解，教学过程将化繁为简，有更多容量拓展内容。

任务一要求学生从现有教辅资料中了解本篇的写作背景。旨在让学生意识到在那样特殊背景下的"拿来""送去""送来"才有作者所说的含义，也为后面结合当今的时代背景对以上主义的价值拓展做铺垫。

任务二旨在让学生认识"闭关主义""送去主义""送来主义"的实质和危害，理解作者对当时社会现象的批判。

任务三、四旨在让学生理解"拿来主义"的实质。

这四个任务囊括了全文的主要内容和核心观点。以此为抓手让学生把握课文要点之后，将教学重点落在思辨性拓展上。首先，引导学生思考如何真正做到"拿来"。其次，让学生知道在鲁迅所处的时代，外国对我们的"拿来"持开放态度，今天，发达国家警惕于我国的飞速进步而开始排斥中国——不那么容易"拿来"了，怎么办？最后，在很多领域，我国和发达国家"攻守之势异也"，"拿来"和"送去""送来"的主体发生了互换（特意在课堂开始和结尾强调时代背景）。因此不能仅固守课本，还可以思考"拿来""送去""送来"的含义和利弊在今天是否有新的变化。

教学过程

师：同学们好！请大家看一下黑板上写有两部电影的英文名字，知道是什么电影吗？

生：《花木兰》《功夫熊猫》。

师：很好。这两部电影是美国电影公司拍摄的，在全球大受欢迎。在这两部电影中都有浓厚的中国元素，鲁迅把这种借鉴叫作"拿来主义"，今天我们就来学习这篇课文。

之前给了大家前置学习任务，首先就是了解这篇课文的背景。请大家看一下投影，跟你事先了解的印证一下。

（展示投影，学生看1分钟）大家概括一下背景？

生：是在"复古主义"和"全盘西化"的背景下。

师：好的。那我们看一下1~6段，概括一下这部分的观点。这个已经在前置任务里以表格的形式布置了，现在请同学来展示一下。

（展示空白表格，同学举手，请其回答）

【课前明确了前置学习任务，还制定了相应的学习任务单】

生："闭关主义"的表现是自己不去，别人也不许来。其实质是自我封闭，拒绝外来的一切。

害处是丧权辱国，割地赔款。"送去主义"的表现是送古董、活人，自诩丰富、大度。会使子孙拿不出东西，一味讨好，会使国力衰微，主权丧尽。

"送来主义"的表现为废枪炮、香粉、电影等。其实质是施舍性的、侵略性的，是一种经济文化侵略，会导致亡国。

师：这个答案非常标准，完全正确。你是不是参考了其他资料？（学生点头）那你是自己先思考了再看的话也可以，一定要自己思考。

好的，我们每个同学看一下自己的作业单，和正确答案核对一下。（展示投影1分钟）其他两个作业你们都是认真做完的吗？

生：是的，都认真做完了。

师：那就不找同学起来说了，我们直接看一下正确的答案，每个同学都认真和自己的单子核对，有错误的地方思考改正。（核对，修改5分钟）

【从学生的回答和教师的教学策略看，学生对待前置学习是很认真的，还查阅了相关资料。前置学习应该鼓励学生查资料，如果学生能通过查阅资料、独立思考、同伴交流等形式学懂弄通了，学生的学习积极性、主动性就会一天比一天高，学习能力也就会一天比一天强，课堂教学也就不用讲那么多，效率就会显著提高。就像此处，老师安排几分钟时间，让学生对对答案就可以了。当然，这里也有个问题，学生都很好地完成学习任务了，教师得让学生有个展示的机会，每个人都有需要别人认可的心理，如果这种心理需求长期得不到回应，慢慢地积极性就没有了，所以也不能光看到一个学生答对了，就以点带面认为其他同学都会了】

师：现在我们来总结一下全篇思路。作者反对什么，提出什么？（生举手）

生：反对"闭关主义、送去主义、送来主义"。提出"拿来主义"。

师：不错，作者还反对错误的"拿来主义"。我们看一下整篇文章的结构图。

（展示投影，同时讲解）先反对三种主义，这是驳论；再提出"拿来主义"，这是立论。下面我们看一下整篇文章的结构（幻灯片展示，主要内容为本篇结构）。

师：那么作者反对三个主义，提出"拿来主义"，具体来说，"拿来主义"是要怎么做呢？看一下课文归纳。

生：要放出脑髓，用眼光，自己来拿。沉着勇猛，不自私，有辨别。

师：那我们看一下，读一下这段话。

（投影展示：对待中外文化遗产，我们要自己来拿，根据自己的需要，占有，挑选并创新，完全独立地决定要什么、不要什么。而这要运用脑髓，放出眼光，要沉着，勇猛，有辨别，不自私）

师：是不是很简单呢？我们看一个事例。

投影：鲁迅说："方块字真是愚民政策的利器，汉字也是中国劳苦大众身上的一个结核，病菌都潜伏在里面，倘不首先除去它，结果只有自己死。""汉字不灭，中国必亡"。

语言学家钱玄同当年甚至拟订了一套罗马拼音方案要取代汉字，周有光则是积极在一旁推动。

在民国时期，蔡炎培、钱玄同等教育界人士曾向政府提出废除汉字，采用罗马字的建议。

师：这说明什么？（等1分钟，学生沉默）

师：汉字灭亡了吗？中国灭亡了吗？说明了什么？

即便是像鲁迅这样对我们国家的语言、文学作出过巨大贡献的人，在对待我们民族的传统文化上依然作出了错误的判断，他也没有做到他所说的要有脑髓，有眼光，沉着冷静地"拿来"。为什么呢，在中国积贫积弱的几十年里，眼见着自己国家和西方国家的巨大差距，不免会过于低下地评价自己民族的语言和文字，产生自我怀疑，觉得自己的文字、文化是错的。即使是那个时代最优秀的一部分人对文字的看法也失去了辨别能力。所以，拿来主义难不难？所说的知识、勇气、辨别能力是不是那么容易获得？

【好遗憾哪，老师为什么要一下子把问题点明白呢？应该说这个问题设计对学生的冲击是很大的，"学生沉默"本是引导学生深度思考的一次机会，所谓"不愤不启，不悱不发"，老师的讲解让学生错过了这个机会，不少时候老师一定要学会"忍住"，只有老师能"忍住"，学生才可能获得更好的机会、更多的机会】

师：我们再看一个例子。美国物理学家罗伯特·密根获得诺贝尔奖，但是，他的诺贝尔奖是通过数据造假获得的，60年之后被人发现了。你想一想，这个人获得诺贝尔奖，得到科学界的最高褒奖，那么对他的观点，你会不会大胆地、客观地去质疑、深思、细究呢？不会吧？很可能就直接"拿来"了。所以说，我们再看一遍之前的总结投影（内容为：对待中外文化遗产，我们要自己来拿，根据自己的需要，占有、挑选并创新，完全独立地决定要什么、不要什么。而这要运用脑髓，放出眼光，要沉着，勇猛，有辨别，不自私），拿来主义要真正地去拿来，那也是不容易的。

接下来我们再看一个例子。

（投影内容为意大利的一个女宇航员，在我们的天宫一号训练的时候，在网上发了王羲之的一段话：仰观宇宙之大，俯察品类之盛，所以游目骋怀，足以极视听之娱，信可乐也）

师：请同学们思考一下，我们邀请意大利的宇航员到我们国家的宇航舱进行训练，这属于是什么主义呢？

生：送去主义。

师：我们为什么要送去呢？跟以前的"送去"有什么不同呢？

生：以前送去，是白白地送去，没有拿来。我想，我们现在请他们来，在我们的宇航舱里边做实验，给他们送去好的实验条件、科研条件，为什么？我想我们以后一定会更多地拿回来。

师：好！有来有去地送去就是"拿来"。下面看一下投影。

（内容为我们国家的北斗在发展过程中，曾经受到欧洲卡脖子，他们违背了条约，把我们从他们的伽利略计划当中剔除出去）

师：本来应该礼尚往来，你当初不让我们参加你的"伽利略计划"，我今天，也不让你们参加我的"天宫一号"宇航计划，那为什么我们还要邀请他们来呢？因为我们反对闭关主义，坚持开放。别说是我们被排除出了"伽利略计划"，即便是今天，美国在制裁我们的高科技企业，在制裁华为，但我们并没有对等地提出要制裁苹果，或者其他一些美国的品牌。今天，当我们在遭受外国不公平的待遇时候，我们国家依然说，中国要坚持开放，坚定不移地扩大开放，并不因此实行闭关主义，我们依然邀请别国来一起进行科学研究，进行经贸合作。所以，新时代的拿来主义需要送去，但需要勇气、远见、克制、暂时的牺牲。

【教师对"拿来主义"有深层的思考，以上的例子也可以引发学生的深度思考，培养学生的批判性思维，拓展学生的视野，提升学生的思维水平】

师：最后，我们看一下二十大报告，里面提到科技是第一生产力，人才是第一资源，创新是第一动力。拿来主义讲要放出眼光，要沉着、要勇猛、要有辨别、不自私，所以要不断地学习科学知识，要不断地去创新。"拿来主义"是必要的，但是不能作为一个国家文化实力发展的永恒理念，因为不管怎么说，"拿来"都是要从别人那里去拿的，容易受制于人。我们必须知道，"拿来"的最终目的是创新，从而使本国文化更加优秀。当今世界，互联网使得各国文化交流更加频繁，如何在"拿来"的基础上更好地创新出具有中国特色的优秀文化，如何使中国焕发活力、接轨世界，这是值得我们思考的问题。

课后反思

1. 前置学习基本达到预期中的效果。从教师角度而言，不必大量陷入课文内容，教学过程更加简练；从学生角度而言，前置学习任务是一种指引，帮助学生在丰富多变的观点中理清思路，迅速把握课文核心观点。

2. 教学取舍不当，既想让学生全面掌握并展示课文主要内容，又计划了大量的拓展引申，内容略多，比较赶。计划中每一个事例看完都要请学生结合课文观点进行评价，教师预设的观点相机点评而出。但因准备的事例较多，较有思辨性，担心步步引导会耽误时间，难以完成预设目标而省掉了学生评价事例的步骤。后来在另一个班讲授本篇，完成全部内容需要三个课时，但学生展示是课堂最精彩的部分。要时刻牢记真正尊重学生的主体地位。

◆ 点评

本节课教师充分运用了前置学习，课前明确了学习任务，制定了学习任务，学生也认真对待前置学习。在此基础上，教师把课堂教学重点放在了拓展深化上，通过列举大量的事实，整合材料，带领学生一步步深化对鲁迅先生"拿来主义"的真正内涵的理解，培养学生批判性思维能力，落实"思维的发展与提升"学科核心素养，同时利用现实材料，结合课文观点，体会"拿来主义"的现实意义，激发学生的家国情怀。

前置学习持续落实，学生学习积极性会保持和不断提高，学生学习水平会不断提升，但其中一处关键是教师一定要关注学生的"展示环节"，不断探索总结多元的、有效的展示交流机制，让学生感受到认真对待前置学习后，确实"学"有所"用"，"学"有所"获"。本节课中，教师多处简化了学生的交流展示，是不足之处。

附录：《拿来主义》前置学案

【学习目标】

1. 知晓本文时代背景，从而深刻把握本文观点。
2. 概括归纳"拿来""送去""送来"等主义表现形式和实质含义。

任务一：阅读《拿来主义》，概括本篇的写作背景。

任务二：阅读1~6段，完成以下表格。

	表现	实质	利弊
闭关主义			
送去主义			

续表

	表现	实质	利弊
送来主义			

任务三：文中借"孱头""昏蛋""废物"等形象地批判了对待文化遗产的错误态度。请根据课文内容填写下面的表格。

类型	想法和行动	实质
孱头		
昏蛋		
废物		

任务四："拿来主义"的正确做法是怎样的？完成以下表格。

喻体	做法	本体	做法的实质
鱼翅			
鸦片			
烟灯烟枪			

《差序格局》课例评析

授课地点：六盘水市第三中学
授课时间：2022年11月1日
授课教师：刘婷婷
点评教师：朱家彦

教学设计思路

（一）前置学习任务布置

阅读《乡土中国》第四章《差序格局》的相关内容，完成下列任务：

任务一：标注段落，圈点勾画，抓准核心概念和关键语句，理清文段之间的逻辑关系，绘制思维导图。

任务二：结合相关文段，明确"差序格局"的主要特征，并依照句式填空，给"差序格局"下定义。

任务三：结合"差序格局"的特征，初步尝试设计你的"婚宴座席图"，并说明理由。

（二）前置学习设计理念

《差序格局》是高中语文统编教材必修上第五单元整本书阅读《乡土中国》的第四章内容。基于学生已经完成了《乡土中国》两个课时的导读课，学会了一定的阅读方法，基本把握了整本书的框架和思路，这节课主要让学生理解核心概念"差序格局"并引导学生能将学术著作和现实生活联系起来，理解学术著作的价值和现实意义。为提高学生的阅读梳理整合能力，在前置学习任务中首先安排学生设计思维导图，理清思路，筛选并整合信息，明确核心概念的内涵，在课上展示并交流，符合"思维发展与提升"这一核心素养；其次创设情境，自由设计婚宴座席图，发挥个人的理解与想象，从而由文本到现实，让学生能深入探究"差序格局"在现代社会的意义和价值，旨在达成语文核心素养中的文化传承与理解。

教学过程

一、激趣导入

师：上课之前，我们先听一小段音频。（播放音频）

师：是不是很熟悉？这是摇摇车上经常播放的儿歌《礼貌称呼歌》。我小的时候很怕参加大型的家庭聚会，因为爸爸总是牵着我的手告诉我："这个叫叔叔，那个叫姨奶，那个叫姨姥，这个是表妹，那个是堂兄……"我们不禁会思考，中国的亲戚关系为何会如此复杂，今天我们就通过《差序格局》来寻找答案。

请同学们先齐读学习目标。

生齐读：1. 理解核心概念"差序格局"的内涵，把握中国乡土社会的结构特征。

2. 联系生活实例，理解"差序格局"在当今中国社会生活中的种种表现，思考"差序格局"理论的意义和价值。

（前置学习任务—展示交流）

师：为了更好地理清文章的行文思路，课前安排同学们制作思维导图，幻灯片上这些都是同学们自己制作的，请一名同学来给我们讲解。

（生讲解思维导图）

【"课前安排同学们制作思维导图"是一项很好的前置学习设计。我们都知道，思维导图的制作必须基于对内容的深入理解，是对内容的条分缕析，如果没有深入的学习理解，就不可能画出思维导图，所以，刘老师是借助制作思维导图引导学生深度学习，深入理解，为本节课的教学做充分准备】

生：我是按照每一个段落所写的东西来分的这个结构，首先我是看到他由"私"引出一到三段，第一段举例来引出"私"的问题，然后论证，最后说要想解决"私"的问题，就需要了解中国的社会结构。从第四段开始，作者拿西方的"团体格局"和中国的"差序格局"做对比，凸显差序格局的特点，然后又从血缘和地缘两个方面阐述"差序格局"在乡土社会的体现，后面又从儒家思想中体现以己为中心的特点，从公私的角度阐述乡土社会"差序格局"的相对性。

【学生的交流发言告诉我们，该生的思维导图紧扣对文本的阅读理解，条理清楚，充分印证了前置学习的有效性。当然，此处如果多安排一些学生交流，效果会更好，既可以更好地反馈学生前置学习的情况，同时也是对学生认真完成前置学习任务的充分肯定】

二、核心概念明内涵，小组交流分享

师：这名同学的表述非常清晰流畅，能统筹关键词、关键句，抓住段落与段落之间的联系，层次清晰，纲举目张，非常棒！这一章我们最重要的就是要把握差序格局这一核心概念，它是我们打开整本书的钥匙。可是我们会发现，几乎在文章里找不到一个能够给差序格局下定义的完整语句，下面就需要同学们动动脑筋，我们一起来给差序格局下定义。要给差序格局下定义，就必须找到它的特点。下面请同学们把任务

单打开，请小组一起交流探讨，它到底有哪些特征呢？

【"把任务单打开，小组一起交流探讨"，这个教学环节的展开只能有两种教学设计：一是学生现读文本，然后交流探讨；二是建立在前置学习的基础之上。这里是建立在学生前置学习的基础之上，显然优化了课堂结构，提高了课堂效率】

师：哪一组先来？

生：我们组讨论的"差序格局"的第一个特性是"以己为中心"，比如，生活中我们都有自己的父母，而父母也只是自己的父母；第二个特性是伸缩性，家的范围可以很大，比如一个家族都可以是一家人，也可以很小，比如只算自己的父亲母亲；第三个特性是相对性，比如我为班级赢得了荣誉，相对于自己的班级是"公"，而相对于其他班级则为"私"。

师：好的，你能用生活实例表现差序格局的特点。其他同学还有补充吗？

生：我想补充一下对于"伸缩性"的理解。我们可以看到第48页的第19自然段，有一句"树倒猢狲散"，贾家发迹的时候所有人都来攀附，而当贾家衰落被抄家的时候他们就全部散开了，所以这就是伸缩性，可大可小。

师：这位同学让我们对"伸缩性"有了更深入的理解。哪一组还有补充？

生：我认为还有"关系性强"。比如，文中说推己及人，由己到家，由家到国，由国到天下，这是一条通路。

师：关系性强？其他同学认为这个概括是否准确？

生：我认为应该是"伦"，也就是差等次序，儒家思想里"君君臣臣父父子子"，就是说传统社会中人们注重秩序礼节，要孝顺父母，尊重师长。

【学生交流发言的内容是小组讨论的结果，也应该是前置学习理解的结果，从学生发言内容我们可以体会到，小组讨论是有效的，前置学习是非常扎实的】

师：好，现在我们来看黑板，同学们已经找到了关于"差序格局"的所有特性，请同学们齐读幻灯片上给"差序格局"下的定义。

生齐读：差序格局是中国乡土社会中的一种以己为中心，社会关系（亲属关系、地缘关系）具有差等次序，社会范围受中心势力影响而伸缩自如、界限模糊，并影响着私人道德观念等的社会结构格局。

【给"差序格局"下定义，这是一个很有挑战性的问题，教师既然已经引导学生把"差序格局"的特征梳理出来了，那就应该鼓励学生动脑动手把"定义"写出来，然后讨论完善。但是，此处教师把下定义这样一个很有意义的问题，简化成了投影出来让学生读，这是一个很遗憾的处理】

三、创设情境，理解生活中的"差序格局"

师：我们现在理解了"差序格局"的内涵，那么"差序格局"在现实生活当中有所体现吗？我们能否对它进行检验？请同学们完成下面的小任务：如果你多年后回老家办婚礼，需要宴请亲戚、相邻、同学、朋友等前来参加，你会怎样安排宴请座位？请参考上述"婚宴座席图"的形式，结合"差序格局"的特征，设计你的"婚宴座席图"，并说明理由。

学生交流探讨。

师：哪位同学先来和我们讲讲你制作的婚宴座席图？

生：首先因为是我的婚礼，所以我就是主角，我和新娘以及直系亲属应该在核心位置，也就是差序格局的"以己为中心"，后面这一圈从中心往外扩，根据亲密程度来安排，一些好朋友或者是其他的长辈就安排在离我们近的一桌，但是关系不是特别熟悉的就放在最外圈，这就是我的婚宴座席图。

师：这名同学座席图最大的特点就是一圈一圈的圆环，就像费孝通先生说的"石头投进水里一圈一圈的波纹"。好，有没有不一样的安排？

生：我的和刚刚这名同学安排相同的地方是主桌中心位置肯定是我和新娘，但我和新娘的左面坐的是我的岳母和我的妈妈以及我这边的长辈，而我们右边坐的是我的爸爸和我的岳父以及新娘的长辈，而次桌我安排我的伴郎和新娘的伴娘错开坐，让我的领导和我的朋友们坐在一起，这样更便于让亲戚朋友之间交流感情，加强沟通。

【这是一个非常有意思的设计，增加了语文学习的实践性，深化了对学习内容的理解】

同学们鼓掌。

师：这样更促进人际关系的交往，看来你以后一定是个识大体、沟通能力交往能力都很强的人，很棒！

四、探究"差序格局"的现实意义和价值

师：我们从大家制作的婚宴座席图中看到了"差序格局"在生活中的体现，而费孝通先生写作《乡土中国》提出这一核心概念的时候是20世纪三四十年代，如今的中国是传统与现代交织与转换、乡村与城市融合与碰撞中的现代社会，在现代的语境中我们去思考这一概念有什么现实意义呢？请同学们结合现实谈谈你们的看法。

生1：我认为了解"差序格局"能让我们更懂得人与人之间如何交往，促进人际关系的发展。在当今社会，科技电子都很发达，但只有人与人之间和谐交往才更能凸显社会价值，促进社会发展。

生2：我认为了解"差序格局"，能让我们更好地了解中国的传统文化，比如儒家思想中的"推己及人""己所不欲勿施于人"，我们传统文化中的尊师重教，都值得我们现代青年传承，树立文化自信。

生3：我认为中国的发展需要将中西方文化结合，西方的团体格局和中国传统的差序格局结合在一起，由德治与法治共同促进国家社会的和谐发展。

师：是的，同学们的思考都很深入，在现代社会中，我们同样需要了解"差序格局"，需要树立文化自信，更需要构建和谐社会。费孝通先生在《重刊序言》中说："这里讲的乡土中国，并不是具体的中国社会的素描，而是包含在具体的中国基层传统社会里的一种特具的体系，支配着社会生活的方方面面……搞清楚我所谓乡土社会这个概念，就可以帮助我们去理解具体的中国社会。"终其一生，他都默默行走在中国的乡间小路上，笔耕不辍，他说"我一生的目标，唯一的目标，就是了解中国和中国人"，他的著作中承载着知识分子对国家命运前途的关注和思考，承载着中华民族厚重的文化。费孝通先生在晚年多次提到"各美其美，美人之美，美美与共，天下大同"的十六字箴言。我们在继承优秀传统文化的同时，吸收他国文化，在碰撞融合中走向

共生共融。学完了这篇文章，同学们再回过头思考：中国人到底"自私"吗？请联系"差序格局"和社会现实谈谈你的看法，并制作第六、七章思维导图。

【"制作第六、七章思维导图"，这是下一节课的前置学习任务，学生们的前置学习准备，一定会带来更精彩的下一节课】

这节课就到这里，下课！

❖ 点评

这是一节有成效的课，也是一节有效率的课。整堂课以思维导图来理清全文逻辑层次，在此基础上给"差序格局"下定义、设计婚宴座次、结合现实理解其意义和价值，40分钟紧凑高效。

这节课紧凑高效的根本原因何在？我认为主要在于刘老师安排了课前制作思维导图的前置学习，因为有扎实的前置学习作为基础，课堂结构便得到了根本优化，不再按部就班，而是直接从介绍思维导图切入，通过思维导图理清全文逻辑层次，推进教学任务的落实。

在新课程改革背景下，整本书阅读、大单元教学等是语文教学的热点、难点，课堂时间有限，如何提高课堂教学效率，进一步提高语文教学质量，本节课的教学给了我们很多启示。

附录：《差序格局》前置学案

学习目标

1. 理解核心概念"差序格局"的内涵，把握中国乡土社会的结构特征。
2. 联系生活实例，理解"差序格局"在当今中国社会生活中的种种表现，思考"差序格局"理论的意义和价值。

学习任务一

阅读第四章《差序格局》，标注段落，圈点勾画，抓准核心概念和关键语句，理清文段之间的逻辑关系，绘制思维导图。

学习任务二

结合相关文段，明确"差序格局"的主要特征，并依照下列句式填空，给"差序格局"下定义。

步骤一：作为一种社会结构，差序格局有哪些特征？请结合具体文段来概括，并以生活事实来解释。

① _____

② _____

③ _____

步骤二：下定义

差序格局是（ 特征一 ）（ 特征二 ）（ 特征三 ）……的社会结构格局。

差序格局是 _____ 的社会结构格局。

学习任务三

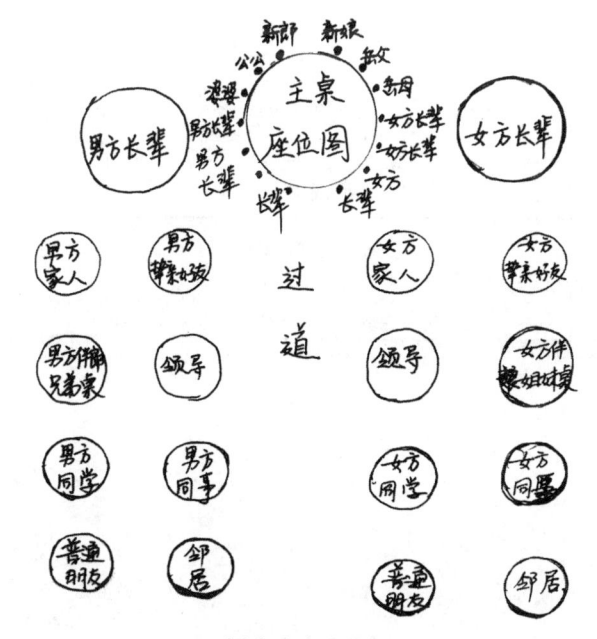

婚宴座席安排图

如果你多年后要回老家办婚礼，需要宴请亲戚、相邻、同学、朋友等前来参加，你会怎样安排宴请座位？请参考上述"婚宴座席图"的形式，结合"差序格局"的特征，设计你的"婚宴座席图"，并说明理由。

婚宴座席图	理由

反馈卡

前置学习反馈卡
班级_____ 小组_____ 姓名_____
请如实记录下你在本节课前置学习中遇到的疑惑与困难。

《品长征故事，扬长征精神》课例评析

授课地点：六盘水市第三中学
授课时间：2022年11月2日
授课教师：许　静
点评教师：朱家彦

教学设计思路

（一）前置学习任务布置

阅读《长征胜利万岁》《一个忠实的革命"傻傻"》《七根火柴》3篇课文，完成下列任务：

任务一：勾画描写人物行为、动作、语言、神态、场面的句子，用2~3个词语概括王木冷、红四军团、毛泽东、无名战士、卢进勇等人物形象。

任务二：从任务一的人物形象中，分角度概括总结出长征精神的内涵。

任务三：阅读相关资料，思考长征精神在当今社会的传承与发展。

（二）前置学习设计理念

选择性必修教材上册第一单元属于"中国革命传统作品研习"学习任务群，该任务群在《普通高中语文课程标准（2017年版2020年修订）》中被解释为："本任务群旨在阅读和研讨语言典范、论辩深刻、时代精神突出的革命传统作品，深入体会革命志士以及广大群众为民族解放事业英勇奋斗、百折不挠的革命精神和革命人格；学习在社会主义革命、建设、改革过程中涌现的英雄模范事迹，感受其无私无畏的爱国精神，体认为社会主义建设无私奉献、辛勤劳动、不断创造的高尚品质；进一步发展语言运用能力、思维能力和审美鉴赏能力；陶冶性情，坚定志向，形成正确的世界观、人生观和价值观。"通过这个单元的学习，学生需要了解英雄事迹，感受爱国情怀，领略革命精神和品格，形成正确的价值导向，并获得语文核心素养的提升。

按照学生从形象到抽象的学习规律，本课选取了选择性必修教材上册第1单元第2课《长征胜利万岁》，外加课外文章《一个忠实的革命"傻傻"》《七根火柴》两篇文章，组成了"长征胜利"单元主题阅读。《一个忠实的革命"傻傻"》和《七根火柴》以形象为主，让学生直接把握长征时期的英雄形象，《长征胜利万岁》是形象与理论并重，重在塑造红军群像，阐述长征胜利的重大意义。

学生通过品读文字语言，借助表格的形式鉴赏红军形象，用2~3个词语准确地概括出红军的形象，在品读文字中落实"语言建构与运用""审美鉴赏与创造"素养目标。小组成员通过对人物形象的抽象概括，总结出长征精神的内涵，落实"思维发展与提升"素养目标。长征精神并不只是"符号"般的存在，而是一直延续到当今社会，不畏艰难、团结友爱、实事求是等精神品质依然在闪闪发光，"感动中国十大人物""脱贫攻坚""凉山救火英雄"等时代楷模，是对长征精神的继承和发展，学生经过对长征精神和时代事件的深刻认知，把握长征精神在当今时代的意义，从而形成正确的世界观、人生观、价值观。同时，学生深入体会革命文化，有助于提升中国特色社会主义文化自信，落实立德树人根本目标。

教学过程

一、赏析人物形象

（一）课前激趣

师：同学们好！在上课之前，我们先来看一个视频，请同学们看完之后，告诉我你们的感受。

播放3分钟《长征》影视剧。

师：同学们看完有什么感受？

生1：我觉得很感动。

师：哪些细节让你觉得感动？

生1：战士在草地里爬呀爬的，至死都不放弃，我感觉他们很厉害；他们手挽着手一起走，团结精神让我十分震撼。

师：这是影视作品给我们呈现的长征形象，文学作品中的长征又是什么样子的呢？今天，我们一起来学习长征故事，感受长征精神。

师：本节课，我们有两个学习目标，请大家齐读一遍。

师：我们先来完成第一个小目标：赏析红军群像。昨天让大家回去梳理了红军的人物形象，我请同学来讲讲怎么概括这些人物形象。

【教师从昨天安排的前置学习任务切入教学，这既是对前置学习任务完成情况的检查，也是基于学生前置学习的"以学定教"】

（二）赏析形象

师：首先，王木冷的形象特点是什么？

生2：我觉得他的形象有三个特点：第一，坚守岗位，不畏艰难。在电话线不通时，其他两个人想偷懒，但是王木冷没有，他马上去修。第二，对革命的拥护。在文章第14~15段，另外两个傈僳劝他一起逃跑，但是他没有，还教育了两人，当得知那两个傈僳逃跑时，他十分生气，要把他们抓回来枪毙，可以看出他很拥护革命。第三，性格直率，想说什么就说什么。

师：同学们抓住了细节描写，从细节来概括人物形象，非常好！所以王木冷的形象是：不畏艰难、吃苦耐劳、坚守革命。

师：无名战士的形象是什么特点？

生3：我觉得无名战士的形象有三个特点：首先，他不连累他人，舍己为人。当卢进勇说要带他走时，他却摇头拒绝了，他知道要带一个病人走出草地，是很艰难的事情，他不想拖累队友。其次，他爱党、忠于党。当他浑身湿透，但藏在腋窝下的党证却是干的，说明他十分爱党。最后，他有着坚定的信念。即使自己已经奄奄一息，他也坚定地要把7根火柴和党证保护好，交给同伴，临死之前，他的手一直指向正北方向，并嘱咐卢进勇一定要把火柴带去，我觉得这体现了他坚定革命信念，坚信长征一定会胜利。

师：非常好！分析得很有道理。我们来看无名战士的形象。无名战士是不怕牺牲、不畏艰难、身染重病却心系战友和革命的形象（出示无名战士形象PPT）。

师：卢进勇谁来分析？

生4：我觉得卢进勇主要体现了舍己为人、无私奉献的精神。他看见无名战士时，想到的是战友肯定饿坏了，把自己省下来的青稞面给了同志吃；拿到火柴之后，他加快了赶路的速度，用了一根火柴生起了火堆，让战友烤火。

师：你抓住了关键情节和细节，非常好。我们来总结一下卢进勇的形象。卢进勇舍己为人、团结战友、心系队伍。（出示卢进勇人物形象PPT）

师：红四军团呢？

生5：从课文中看出，红四军团的大致形象为：1. 吃苦耐劳，不畏艰难，勇往直前，不屈不挠。他们经过万水千山、一年多的长途跋涉，经过无数次残酷的战争，忍受了一切物质和生活上的困难，终于完成了长征。2. 他们听从指挥，顾全大局。第15段写了，战士们在一旁，手里拿着枪，眼睛紧盯着河川，虽然心里很痛恨，但是他们是统一行动，要顾全大局，听指挥；还有，他们看到吴起镇时是兴高采烈地冲下去的，但是当他们要进入吴起镇时，却列着整齐的队伍进入，所以我觉得他们是听从指挥、纪律严明的。3. 受百姓爱戴、为人民服务。课文第21段写到，原来这里有一股反动势力，经常下山来作恶，当地百姓恨之入骨，红四军团到这里之后，将二马骑兵歼灭，为百姓除害。4. 骁勇善战，有勇有谋。他们埋伏起来，当敌人进入伏击圈时，他们奋勇突击，打散敌人3个骑兵团。

师：同学们分析得十分详细，讲解也很清晰。红四军团给我们展示的形象是不畏艰难、有勇有谋、斗志昂扬、纪律严明、为人民着想。（出示PPT页）

师：毛泽东同志的形象，谁来说说？

生6：我觉得毛泽东同志是一个为革命事业不辞辛苦，与战士同甘共苦的人。作者从侧面描写了毛泽东及其他领导人为了中国人民解放事业的操劳。他机智，富有谋略，在长征的最后一仗中，巧用电报取得了最终胜利。他有卓越的领导才能，面对敌人的追击，他迅速想好战略，并组织红军取得胜利，在召开干部会议时，鼓舞人心，增强军队的士气。

师：还有其他的吗？（没有同学能概括出来，老师自己讲了）毛泽东同志还具有非凡的战略眼光和深刻的洞察力。毛泽东同志作为长征的领导者，与红军一起走过了长征的路，与战士们一起面对困难和艰苦；毛泽东同志在全军干部会议上总结了长征的意义,他将长征比喻为宣言书、宣传队、播种机,深刻而形象地说明了长征对于红军的重要性。

【五名同学分别对五个形象做了分析,其中四名同学的分析得到了老师的充分肯定,一名同学的分析让老师做了补充讲解。通过学生的回答反馈可以看出,学生前置学习任务完成是认真的、有效的。当然,一个学生的回答,也有可能不代表整体的情况,教师可以利用前置学习情况反馈卡、小组合作交流等机制,让更多学生交流反馈,同时在交流中深化对学习内容的理解】

二、总结长征精神

师:这些人物形象,从农民到红军,从一般战士到领导人,都蕴含了独特的精神,这些精神是什么呢?下面,给大家4分钟的时间(出示活动二的PPT),请大家结合已总结出来的人物形象,以及《长征胜利万岁》中毛泽东的讲话,用简洁凝练的语言,总结长征精神,并说明依据。

(小组合作学习,4分钟)

师:好,讨论完了吗?

生:讨论完了。

师:我先请这个组来说,其他小组做补充。

生7:我们小组认为,长征精神总结起来有以下几个方面:1. 舍小家为大家的无私奉献精神。如《七根火柴》中,无名战士明明可以自己使用火柴生火取暖,但是他没有,而是将其奉献给了其他战士;卢进勇把自己仅剩的口粮给了无名战士;王木冷也放弃了自己的小家,积极投入革命中。2. 团结一致、服从指示、英勇无畏的抗战精神。《长征胜利万岁》中,第15~21段写战士们在吴起镇的战斗过程,体现出战士们的凝聚力之强以及英勇无畏、服从指挥的抗战精神。3. 他们有坚持不懈的精神。《长征胜利万岁》中的第3段,写了他们克服了很多困难才取得长征胜利的,所以,我们觉得还有坚持不懈的精神。

师:非常好,概括了三个方面,将他们的共性总结出来了。

师:还有哪个小组要补充?

生8:我们小组认为,红军还有坚定的信念。红军万里长征是徒步走的,没有借助任何现代交通工具,甚至用现在的交通工具都不一定走得下来。这一路上,红军还要面对着敌人的围攻,条件之艰苦,是我们不能想象的,但是红军还是坚持走下来了。是什么让他们坚持下来的?我们认为是坚定的信念。在《长征胜利万岁》中,当红四军团的战士看到"苏维埃"三个字的时候,他们感到十分亲切,十分激动,他们在艰难的日子里都在惦念着苏维埃。说明这是他们的信念,这个信念一直支撑着他们走完长征。

师:非常好!深挖了长征胜利的原因。还有哪个小组补充?

生9:我们认为还有实事求是的精神。我们来看《长征胜利万岁》,红四军团在与敌人斗争时,他们说了这样的话:"我们为了保全和发展自己的力量,迅速北上抗日,一般不和敌人打,尤其进入陕北后,更是如此。除非敌人穷追猛打,惹怒我们的时候,我们才给予还击。"说明红军在战斗的时候是根据自己的实际情况去制订计划的,我觉得反映了他们的实事求是。

师：非常好！依据找得也非常准确。我们把大家讲的点总结成长征精神的五个方面：乐于吃苦、不惧艰难的革命乐观主义；勇于战斗、无坚不摧的革命英雄主义；求真务实、一切从实际出发的求实精神；团结一心、顾全大局的集体主义；坚定的信念，革命必胜的信心。请大家齐读一遍。

（学生齐读）

【面对三篇文章，要用简洁凝练的语言总结长征精神，还要说明依据，这对学生的分析概括能力有很高的要求，老师给的4分钟是短暂的。但是，从学生的回答来看，都做得不错，有概括也有依据，通过老师的进一步归纳，达成了教学目标。讨论时间只有短暂的4分钟，为什么效果仍然明显？我认为，关键在于学生的前置学习，学生对文本的阅读理解到位了，课堂的功能也就是研讨交流、同伴互助、释疑解惑了】

三、弘扬长征精神

师：长征精神是革命先辈留给我们的精神财富，但有人认为长征精神过时了，不适合当代社会的发展了，对此，你怎么看呢？请大家结合材料和自己的生活经历，谈谈自己的看法。

生10：我认为这个观点是不对的。红军长征虽然结束了，但他们留下的长征精神是永远不会过时的。我们现在虽然过着安逸的生活，但这些生活并不是凭空产生的，而是通过无数人的默默奉献得来的。比如疫情发生的时候，那些奔赴一线的医务人员、甘于奉献的志愿者、废寝忘食的科学家，还有扶贫干部等，都体现出了长征精神、勇往直前。在未来，还会有更多的人在不同的领域发扬长征精神，所以长征精神永不过时。

师：非常好！结合材料谈得很具体。还有哪个同学给我们分享一下看法？

生11：我也觉得长征精神没有过时。在没有"长征"的今天，人们能够享受和平，不必担忧温饱，便觉得长征精神已经过时，这是十分错误的想法。如果没有不畏牺牲、英勇奋斗的长征精神，31名消防员会在巨大的火焰面前倒下吗？如果没有不畏艰难、一心为民的长征精神，黄文秀书记会在扶贫路上牺牲吗？如果没有团结一心、共同协作的长征精神，9000多万党员会共同铸就联防联控的钢铁长城吗？如果没有长征精神的传承，这些可歌可泣的事情就都不会发生。我觉得长征精神是延绵不断的，在社会的各个角落，都有一群"长征人"在奋斗着。

师：用了排比的句式，反驳了错误观点，非常好！关于长征精神的时代意义我们就分享到这里。同学们，长征精神过时了吗？显然没有。它对我们的生活、工作、学习产生了深远的影响，在新时期又绽放出新光芒，指引我们走上新征程，创造幸福美好的新生活。今天我们的课程就到这里了，但是我们对长征精神的探索并没有结束。课后，请大家收集其他有关长征的文章，深入理解长征精神的内涵。

【有红军形象分析和长征精神概括作为阶梯，正确认识长征精神的时代意义是水到渠成的事，事实上回答问题的学生也都结合现实生活实际作出非常好的阐释】

四、作业布置

品读其他有关长征的文学作品,完善理解长征精神的内涵。

◈ 点评

许静老师针对《长征胜利万岁》这篇课文,选择了《七根火柴》和《一个忠实的革命"傻傻"》两篇课外文章,将3篇文章组合在一起,构成了一个关于"长征主题"的阅读。根据3篇文章的内容,许老师设计了"赏红军形象,品长征精神"和"弘扬长征精神"两个任务,让学生根据文学作品中呈现出的人物形象,归纳长征精神内涵,进而理解长征精神的时代价值,这是一个很好的教学设计,拓展了学生的阅读面,深化了对课文的理解,培养了继承和弘扬革命文化的学科核心素养,落实了立德树人的根本任务。

面对3篇文章的容量,较高的教学目标要求,一节课的时间是十分有限的,师生如何做到不浮于表面、蜻蜓点水,真正达成阅读《长征胜利万岁》《七根火柴》《一个忠实的革命"傻傻"》3篇文章,概括红军独特的形象特点,总结长征精神,正确理解长征精神的时代意义的教学目标,许老师采取了"前置学习、以学定教"的教学策略,把耗时最多,学生又能自主完成的文本阅读理解,通过学案导学交由学生课前完成,在此基础上,把这节课定位在学生反馈交流、引导归纳总结上,顺利完成了教学任务。

传统的语文教学课堂,师生往往都比较习惯于课堂上精讲精练,累了老师、困了学生,学生的积极性、主动性没有被调动,学生的聪明才智没有得到基本的尊重,每天被动听、被动练,学习效率低下。核心素养背景下的语文教学,大单元教学、主题学习等是基本的教学选择,如果没有学生的主动参与,几乎无法变成现实,从这个意义上讲,"前置学习、以学定教"是一种符合时代要求的课堂范式,值得不断实践探索。

附录:《品长征故事,扬长征精神》前置学案

一、学习目标

1. 阅读《长征胜利万岁》《七根火柴》《一个忠实的革命"傻傻"》3篇文章,概括红军独特的形象特点。
2. 总结不畏艰难、勇于战斗、团结友爱、实事求是等长征精神内涵。
3. 正确理解长征精神的时代意义。

二、学习重点

概括红军战士的形象特点,总结不畏艰难、勇于战斗、团结友爱等长征精神内涵。

三、前置学习任务

【自主学习】赏析人物形象

1. 阅读3篇文章，概括红军的人物形象，并指明如此概括的依据。

篇名	人物代表	主要形象	依据
《一个忠实的革命"傻傻"》	王木冷	示例：1. 舍小家，坚决投身革命队伍	他不顾家庭了，他坚决参加红军
《七根火柴》	无名战士		
	卢进勇		
《长征胜利万岁》	毛泽东		
	红四军团		

【合作学习】总结长征精神

2. 根据红军形象及《长征胜利万岁》一文，从人物形象中归纳总结"长征精神"的内涵。

【合作学习】弘扬长征精神

3. 根据长征精神的内涵，结合自己的经历或所给材料，你认为长征精神在当今社会还有意义吗？如果有，请说明表现在哪些方面。

材料一："让党旗在防控疫情斗争第一线高高飘扬！"党中央一声令下，460多万个基层党组织、9000多万名党员迅速行动起来，成为抗疫中坚力量。从重症病房，到城乡社区，从工厂车间，到科研院所，到处都有共产党员冲锋陷阵的身影。人民解放军、公安民警、基层干部、社区工作者、志愿者，方方面面的力量汇集起来，共同铸就联防联控的钢铁长城。

——《在民族复兴的历史丰碑上——2020中国抗疫记》

材料二： 2019年，因为遭遇山洪，扶贫干部黄文秀的生命永远定格在了30岁。去世前3个月，她曾发布一条朋友圈，纪念自己驻村满一年："我心中的长征！"在广西乐业县百坭村担任驻村第一书记的一年多时间里，黄文秀不停地为乡亲们奔走，带领88户共418人脱贫。为了提高工作效率，她将私家车当工作车用，驻村满一年那天，汽车的里程数正好增加了两万五千千米。在脱贫攻坚征程上，有1800多人牺牲。

材料三： 2019年3月30日，四川省木里县因雷电引发森林火灾，31名森林消防指战员和地方干部群众为救火而捐躯，他们用鲜血和生命书写了对党和人民的无限忠诚，奏响了感天动地的英雄壮歌，铸就了气壮山河的时代丰碑。英雄不朽，浩气长存。习近平总书记在新年贺词中深切缅怀为救火而捐躯的四川木里31名勇士。英雄的事迹永远载入了共和国的史册！英雄的名字永远镌刻在了凉山大地！英雄的精神永远激励干部群众奋力前行！

材料四： 新学期开学，××学校的一间宿舍里呈现着"热闹非常"的场面。有的人因为不想收拾卫生，专门请了清洁阿姨；有的人因为不愿意互相迁就而争论不休；有的人已经开始盘算怎么占用别人的学习时间实现自己的"偷偷"夺魁；有的人已经开始计划选修哪些课时少、难度小的课程……

你的想法：

前置学习反馈卡		
班级_____	小组_____	姓名_____
除了以上问题，你在学习本课时还遇到了哪些困难？		

《读〈乡土中国〉思何去何来》课例评析

授课地点：六盘水市第三中学
授课时间：2022年11月1日
授课教师：袁明媚
点评教师：朱家彦

教学设计思路

（一）前置学习任务布置

阅读教材《乡土中国》前三章的相关内容，完成下列任务：

任务一：掌握核心概念，完成任务单一的相关任务。

任务二：结合前三章的主要观点，完成任务单二的相关问题。

（二）前置学习设计理念

1. 学习目标

（1）学会抓住核心概念，概括主要观点，理清3篇文章之间的内在联系。

（2）运用核心概念和主要观点，解决实际问题。

（3）结合经典作品中乡土社会的现象，联系生活实际，思考现实问题。

2. 过程与方法目标

（1）方法：前置学习、以学定教。

（2）过程：（课前）学生自学→讨论探究→教师引导→学生归纳小结。

3. 学习重点

结合经典作品中乡土社会的现象，联系生活实际，思考现实问题。

4. 教学策略与方法

秉承先学后教、以学定教的思想，采用前置学习方式进行学习。因此，本课分为课前和课中两个环节。

教学过程

一、情境激趣

师：上课之前，先跟大家分享一个小视频。

师：看了这一小段视频，大家知道它是在哪儿拍的吗？是在农村拍摄的，大家看完之后有什么感受呢？

生：有乡土气息。

师：是的，这说明土地特别重要，馍掉在地上，土地都不嫌弃我们脏，我们凭什么嫌弃它们呢？这就是农民对土地的深情，也说明土地在农民心中的重要地位。于是进入我们今天的主题——乡土中国。

（师板书课题：读《乡土中国》 思何去何来）

二、明确目标

师：上课之前老师要先送给大家一句话：阅读决定了你的视野，思考决定了你的格局。这句话是说，书要读，读完之后还得去思考，因为在思考的过程中可以体现你的格局。好，今天的课堂会让我们有哪些思考呢？带着这样的想法走进今天的课堂。先来看一下学习目标，大家齐读一遍，看一看这节课需要完成什么样的任务。

PPT 展示学习目标：

1. 学会抓住核心概念，概括主要观点，理清 3 篇文章之间的内在联系。
2. 运用核心概念和主要观点，解决实际问题。
3. 结合经典作品中乡土社会的现象，联系生活实际，思考现实问题。

学生齐读。

三、理清思路

师：昨天给大家布置的这个任务单，是不是都做好啦？哪个同学来和大家分享一下？

【用任务单布置了前置学习任务】

（展示学习任务一）

生1：关于中国基层社会乡土性的表现，我写的答案是形成"土的文化"。乡下人靠种地为生，因而明白泥土的可贵，土在乡土社会文化中占有重要地位。它有不流动的特点，农耕使得人们离不开泥土，因而受到土地的束缚。人们在土地上世代定居，很少迁移，便有聚村而居的特点。熟人社会、乡土社会的生活是富有地方性的，人们习惯终老是乡，久而久之就形成了熟人社会。

师：回答完全正确，不需要补充。

（师板书）

师：接着看下面几个概念。

生：礼俗社会——只是因为一起生长而发生的社会；法理社会——为了要完成一个任务而结合的社会；熟人社会——这是一个熟悉的社会，没有陌生人的社会，大家只听见声音就可以识人，不需要文字的社会。

师：很棒啊。熟人社会稍稍注意一下，没有现成的答案，需要整合一下。

【两个学生反馈了前置学习结果，老师做了"回答完全正确，不需要补充""很棒啊"的评价，说明前置学习落实很到位，有成效。但，也有一个问题值得思考：两个学生的反馈能否代表全体学生，甚至大多数学生的前置学习情况？要不要扩大反馈面，

比如，采取让学生填写反馈单，或者小组交流等形式，让更多学生得到反馈的机会】

有了对这几个概念的理解，我们来看前三章的主要观点。

生2：我写的主要有三点：一是文化是依赖象征体系的个人的记忆，而维护着的社会共同经验。二是在一个乡土社会中出生的人所需记忆的范围和生活在现代社会的人是不同的。三是如果中国社会乡土性的基层发生了改变，也只有发生了改变之后文字才能下乡。

师：搞清楚之后我们就发现，中国本质上是一个乡土性的农业国，农业国其文化的根基就在于乡土，而村落则是乡土文化的重要载体。所以我们从何处来呢？从乡土中来！现在就有一个这样的社会在我们眼前，它是一个具有典型乡土特征的社会结构。同学们来找找看它和我们的乡土社会有多少相似之处，说出你的依据。

四、学以致用

（展示学习任务二）

生3：一是以农业为生。依据："土地平旷，屋舍俨然，有良田美池桑竹之属"。

二是熟人社会，面对面社群。依据："黄发垂髫，并怡然自乐"。

三是聚居。依据："阡陌交通，鸡犬相闻。"

师：还有补充的吗？

生4：我先针对上一个同学的观点发表一下我的看法：熟人社会，面对面社群，我是赞同的，但是"黄发垂髫，并怡然自乐"这两句并不能说明他们是熟人社会，只能证明他们生活比较安定。我再补充一点，"与外界隔绝"。依据是"问今是何世，乃不知有汉，无论魏晋"。

师：分析得很到位！是啊，这样的生活真的是大家向往的，没有战乱，比较和谐，大家都聚在一块儿，生活是不是很安逸、很舒适呢？所以，我们也想去参与一下，体验桃花源生活。

【生3和生4发言互为补充，深化了对问题的认识。也可以看出，学生前置学习的有效性】

师：展示小组合作探究1：假设渔人到时，桃花源村正要选举一名新的村长，请结合《再论文字下乡》的主要观点和内容，说说桃花源村长的当选者应该符合哪些条件，并阐述理由。

小组合作探究一下符合村长的条件有哪些，依据是什么。时间5分钟。（PPT上显示倒计时）要求小组间组员要分工合作，记录好大家的观点，最后推荐一个代表来发言。

生5：首先，因为他是在桃花源村，要作为一个村长，而他的这个村子是与外界隔绝的，和现代都市是完全不同的，他的生活方式、他对很多事情的理解是截然不同的，人不但在熟人中成长，而且在熟悉的地方成长。从这个角度而言，他作为一村之长，他对这个地方、对这里的人民、对这里的土地就要很熟悉，只有这样，才能更好地进行管理、协商和沟通。所以说村长应是本村人。

师：得了一个条件：本地人。

生5：沟通能力要强。作为村长，需要处理村子里大大小小各种事情，与许许多多的人打交道，这就需要具备很强的沟通能力。

师：这点大家接受吗？（接受）还有吗？

生6：我觉得不需要太高的学历。我们这一章不就是"文字下乡"吗？乡下人交流不需要文字，所以不需要懂太多文字也可以。第15段提到：时间里没有阻隔，全部文化可以在亲子之间传授无缺，可以看出，家里有长辈做过村长的也可以。

师：是的，你看得很仔细，依据很充分！但只有这样就可以做村长了吗？还有要求吗？

生7：第14段中提到"人怕出名猪怕壮"，不为人先，不为人后，做人就得循规蹈矩。可以看出，这里的村长还需要循规蹈矩，不要太有个性了。

师：的确。这里人与人之间都很熟悉了，他们世代都是这样生活的，如果突然改变，他们接受不了，自然就不会支持你了。现在我们来总结一下，符合这些条件之后，就可以开始竞选村长了：本村人、家里有做过村长的、不需要太高的学历、有很好的沟通能力、做事循规蹈矩。老师也预设了一些想法，可能还没有你们讲得好，来看看。

（展示预设答案：①最好是本地人；②祖辈有做过村长的；③不一定认识很多字或有很高学历）

师：这就是当时的熟人社会，也是老一辈的生活方式。而现在呢？现在是法治社会了，在如今的21世纪，如果他们村又要选村长了，什么样的条件可以入选呢？

（展示小组合作探究2：进入21世纪，桃花源村面临新的发展，你认为村长的评选条件需要改变吗？如果需要，应做哪些改变？）

师：在《再论文字下乡》最后，费老说了："只有中国社会乡土性的基层发生了变化之后，文字才能下乡。"那么，现在我们的基层发生变化了吗？发生了。好的，现在当选村长需要什么条件呢？同学们思考后来回答。

生8：我觉得需要创新！要有新的发展，循规蹈矩、墨守成规肯定是不行了，创新是必不可少的，村长要去寻找村里的特色，把村子发展得更好，带领村民走向幸福，所以我觉得创新很重要。

师追问：那这个桃花源村，你觉得可以怎么创新呢？

生8：里面的景色很美，可以发展旅游业，也可以制作桃花产品，如桃花饼、桃花茶。

生9：我认为这个村长还应该具有一定的宣传能力，利用互联网宣传当地特产、特色。

师：通过宣传来发展旅游业，是不是？桃花源，靠着陶渊明《桃花源记》这个名气来发展旅游业不是挺好的吗？就像我们六盘水，中国凉都，全国闻名，每年慕名而来避暑的人真是太多了！所以要用好自身的条件，努力发展本村经济。要有创新能力，有创新能力说明村长的视野是比较开阔的，那是不是就契合我们前面所说，阅读可以决定我们的思想、思维，可以影响我们的格局？有了大的格局，还愁这个村子发展不起来吗？

生10：我觉得新村长还需要有很好的沟通能力和组织能力，也要有更高的学历，这样可以带领大家走得更远。

师：是啊。高学历的村官过来了，是不是就可以带领村民发展经济了？耶鲁大学的高才生秦玥飞,还有北师大硕士、大山的女儿黄文秀,他们都来当村官,回归乡土,反哺乡土。相较于在村里没有出去过的,你们觉得哪类人会做得更好呢?的确,让高素质人才带着村子脱贫攻坚,已经收获成效。现在进入了什么时期?乡村振兴!党的二十大是不是要全面推动乡村振兴?其实乡村振兴的本质就是回归乡土中国,国家重视了,乡村自然会发展得越来越好。现在我们不禁要思考:几十年过去了,我们为什么要重新来读《乡土中国》?它对我们现在还有影响吗?我们会发现乡村振兴即是费老自己说的"各美其美,美人之美,美美与共,天下大同"的一个格局。现在已经走在乡村振兴的大路上,离全民致富还远吗?所以这也是我们努力的方向,也是我们读这篇文章的一个目的吧?我们都来自乡土,也离不开这一片土地,我们深爱着这一片土地——为什么我的眼里常含泪水?(学生齐答)因为我对这土地爱得深沉!

【"展示小组合作探究1"和"展示小组合作探究2"是本节课的精彩之笔,学生被调动起来了,还有忍不住直接站起来发言的。"展示小组合作探究1",三个同学发言,各从一个角度紧扣文本,说出观点,言之成理。老师也参与其中,展示自己的预设答案,说"老师也预设了一些想法,可能还没有你们讲得好,来看看"。未必是老师谦逊示弱,也可能是确实感受到了学生发言之精彩。

"展示小组合作探究2",三个同学发言,从课堂实录都可以读出场面之热烈,展示了学生敢于思考、敢于表达的特征,老师的拓展也比较到位。两个探究的问题并不简单,老师给的时间只有5分钟,但学生的表现非常精彩,这既是课堂讨论的结果,也是学生前置学习思考的结果】

师:同学们,用我们的爱去努力改变这一片土地,用我们的爱让乡村振兴走得更远吧!把这句话送给你们:(学生齐读)读懂乡土中国,让我们关心粮食和蔬菜,不忘昨日的来处,也看清明天的去向。我们已然知晓昨日的来处,也看清了明天的去向!那还等什么呢?努力吧,少年!

五、布置作业

1. 结合你读过的经典作品(推荐:《活着》《平凡的世界》),谈谈"乡土本色"在作品中的体现,以及与人物或主题的关系。

题目为:《_____》中的"乡土本色"。全文不少于400字。

2. 完成《导学全案》中的《差序格局》。

✿ 课后反思

整体来说,这堂课按照预期的目标来完成,比较流畅。《乡土中国》是高一语文必修上册第五单元的整本书阅读学术著作,是社会学的经典论著,费孝通先生基于自己田野调查的丰富积累,对中国传统社会结构进行了充分的思考和分析,尝试回答"作为中国基层社会的乡土社会究竟是个什么样的社会"这个问题。书中所写的"乡土中国","并不是具体的中国社会的素描,而是包含在具体的中国基层传统社会里的一种特具的体系,支配着社会生活的各个方面"。从传统农村入手研究中国基层生活,源于作者对中国乡土社会的了解与情感,这是一种可贵的文化自觉。通过阅读这本书,我们可以进一步认识我们的国家和人民。所以我们需要教会学生读书的方法,更好地学习作者的逻辑论证，培养学生的思维能力，并能够学以致用。基于此，本课我的设计就是从学生掌握了一定的核心概念和主要观点后，结合经典作品《桃花源记》中乡土社会的现象，联系生活实际，设计了"选村长需要符合什么条件"的合作探究活动。学生很感兴趣，探究过程有趣又有效，达到了预期的效果。这堂课拓展了学生的阅读视野，激起了学生的探究兴趣，发散了学生的思维。不足之处主要是时间把握不太好，本来最后一个探究很有意思，学生很有话讲的，但是时间不太够，学生没有发挥尽兴，有点遗憾。下次一定更好地进行设计、把握。

❖ 点评

袁明媚老师执教的《乡土中国》，运用影视作品画面导入，由土地引出学习目标，教学环节设置了三个学习任务。任务一：前置学习反馈交流，学生自由补充。任务二：结合《桃花源记》，联系《乡土中国》前三章的内容讨论："桃花源"是否体现出中国乡土社会结构的典型特征？如果是，它体现了中国乡土社会的哪些特点？依据是什么？让学生通过对此问题的分析，深化了对课文的理解。《桃花源记》里的乡土社会的特点，紧扣课文内容，符合学生的认知实际，学生学习积极性高。任务三：小组合作探究桃花源村的村长当选者应该符合哪些条件？并阐述理由。探究问题有创意，既能让学生更好地领会文本观点，又给了学生思考发挥的空间。课后作业既能巩固课堂所学，又有较宽的拓展，符合课改理念。整节课的内容安排科学合理，逻辑结构顺畅，层层深入，顺利完成了课堂目标。

附录：《读〈乡土中国〉思何去何来》前置学案

任务一：

核心概念，是指体现文本核心思想的概念。

1. 乡土性是全书的核心概念之一，请根据原文内容，概括分析中国基层社会乡土性的表现。

_____
_____
_____

2. 礼俗社会：_____

3. 法理社会：_____

4. 熟人社会：_____

任务二：

桃花源记

土地平旷，屋舍俨然，有良田美池桑竹之属。阡陌交通，鸡犬相闻。其中往来种作,男女衣着,悉如外人。黄发垂髫,并怡然自乐。

见渔人,乃大惊,问所从来。具答之。便要还家,设酒杀鸡作食。村中闻有此人,咸来问讯。自云先世避秦时乱,率妻子邑人来此绝境,不复出焉,遂与外人间隔。问今是何世,乃不知有汉,无论魏晋。此人一一为具言所闻,皆叹惋。余人各复延至其家,皆出酒食。

结合本文,联系《乡土中国》前三章的内容讨论:"桃花源"是否体现出中国乡土社会结构的典型特征?如果是,它体现了中国乡土社会的哪些特点?依据是什么?

反馈卡

前置学习反馈卡		
班级_____	小组_____	姓名_____
请如实记录下你在本节课前置学习中遇到的疑惑与困难。		

《小说的叙述人称与叙述视角》课例评析

> 授课地点：中山市小榄中学
> 授课时间：2022年6月24日
> 授课教师：赵泽艳（六盘水市第三中学）
> 课堂实录：黄循月（中山市小榄中学）、赵泽艳
> 点评教师：朱家彦（六盘水市第三中学）

教学设计思路

（一）前置学习任务布置

任务一：任选弥生、老和尚、书生其中之一改编故事，体会小说叙述人称和叙述视角。

任务二：学习小说的叙述人称与叙述视角。

任务三：完成孙犁小说《战士》真题，评价反思答题。

（二）前置学习设计理念

小说作为一种叙事性的文学，其在叙述方面的文本特征是高考中有关小说的常规考点之一。学生除了掌握小说的人物、环境、情节等要素外，还需了解鉴赏叙述视角这一重要内容，谁来讲故事？何种叙事人称（第一人称、第二人称、第三人称、人称变换），什么叙事视角（有限视角和全知视角度，成人视角与儿童视角，仰视还是俯视；主视角与副视角，视角转换，有主也有副），怎么讲故事？这些新角度都是教学新天地。为此，我在前置学习设计中，先让学生阅读前置学习资料（小说叙述视角概念、举例、作用），再让学生以换叙述视角改编故事为教学切入点，感受认知小说叙述视角，最后通过当堂检测，让学生互相评价前置学习资料中小说习题答案，从而达到强化认识小说叙述视角的作用。

教学过程

一、激趣导入

师：同学们或许尝试过创作，写过小说、散文吧，大家熟悉的文学类文本莫过于散文与小说。你们是否知道，最考验一个作家水平的文学创作莫过于小说。白先勇曾

说"你选择的视角决定了写作成败的一半。因为视角决定了文字的风格,决定了人物的个性,有时甚至决定了主题的意义。"今天我们一起学习与探究小说的叙述人称和叙述视角。

师:板书标题:小说的叙述人称与叙述视角,请同学们明确本节课学习目标,知晓学习重难点。全班齐读一下。(幻灯片展示)

师:同学们都知道写小说或者叙事散文时可用第一人称、第二人称或第三人称,那你们知道叙述视角的概念吗?接下来我们一起打开前置学习资料,梳理叙述人称与叙述视角的概念。

【老师从课前布置学生完成的前置学习任务切入本节课教学,体现"以学定教"】

二、梳理小说叙述人称与叙述视角概念

师:同学们,我们现在讨论的人称问题在小说里尤为关键。要知道小说叙述人称与小说叙述视角的概念。下面请一名同学分享一下对小说的叙述人称的认识。

生1:第一人称叙述角度,从"我"出发,一以贯之。凡是"我"没有出场的地方,"我"没有看到的东西,都无法写。即使"我"在场,除"我"之外的人物内心活动,也不能直接写,只能通过人物的行动、言语、表情等间接表现。

师:前置学习中同学们用书生"我"的第一人称改写故事,叙述人称"我"有何优点?

生2:真实,有心理描写。

师:对,请坐,请同学们在前置学习导学案上勾画或标识出老师加黑的内容。叙述人称"我"能拉近与读者的距离,使小说显得真实亲切,同时便于抒发情感。(板书:第一人称)

师:接下来我想问问同学们,第一人称"我"是作者本人吗,请举例说明?

生3:"我"不是作者,比如《祝福》中的"我",只是一个知识分子,"我"对祥林嫂的死也有责任。

师:"我"为何要负责任?

生3:"我"不敢反抗。

师:反抗什么?

生4:反抗鲁四老爷,反抗封建礼教。

师:这名同学非常棒,熟悉教材里的经典名篇,而且知道"我"并非鲁迅自己,只是一个有着进步思想的知识分子,但面对一个勤劳善良、依靠劳动生存的妇女,因受封建礼教思想迫害,周围群众麻木、冷血、看客的压抑氛围,以鲁四老爷为首的封建卫道士的排斥与嫌弃,最终在一个充满讽刺意义的祝福夜晚中惨死的人。

同学们要知道,小说中的"我"不是作者本人。第一人称叙述中,"我"不是作者,而有同学一看到"我",就以为是作者本人,这是不准确的,"我"只是小说中的一个角色,与小说中其他任何角色一样,没有特殊性。

"我"可以是主角,也可以是配角。(板书:作者不等于"我";主角、配角)

师:现在,请同学们将前置学习导学案中第三人称的概念及利弊一起读一读。

(幻灯片展示,全班朗读)

【"第三人称的概念及利弊"这样的问题，为什么不可以叫学生自己想一想、说一说，然后归纳总结出来，而是在导学案中直接提供答案，让学生读？】

师：第一人称也可称为有限视角，第二人称其实是作家虚拟的视角，一会儿我再给同学们补充，现在大家请看前置学习的表格归纳。（幻灯片展示）

师：第三人称视角也叫"全知视角"，叙述者是主人公命运的旁观者、故事情节的讲述者，而并非参与者。因其为旁观者，所以在讲述故事时往往无视角限制，即通常所说的"全知视角""上帝俯瞰"。叙述者如同无所不知的上帝，可以随时进行时空穿梭，对所有已发生甚至未发生的事件了如指掌，还可随意进入任何一个人物的心灵深处挖掘隐私。

值得注意的是，第三人称不全是无限视角，也有有限视角——叙述者只是对某个人物无所不知，而对其他人物却并不了解，比如《红楼梦》中宝黛钗各自的内心活动就是第三人称有限叙事。而躲在背后知晓他们的悲欢离合的讲述者，类似于说书人就是无限视角。"无才可去补苍天"的石头，它也可以是全知视角。

师：第二人称叙述，以"你"或"你们"为对象进行叙述，具有双向交流的对话性质，也可称为"双向视角"。第二人称视角是不存在的，是指故事中的主人公或者某个角色，是以"你"的称谓出现的。这是一种很少见的叙述视角，作者可以将任何一个人物设定为受话者（类似某个收信者）。"书信体小说"正是典型的第二人称叙述。比如莫言的《蛙》"我"就在与日本作家通信中讲述了姑姑一生的故事。

师：小说人称视角可以转换吗？请哪个同学举例说说。

生5：可以，比如《祝福》开头是"我"，后面又有卫老婆子等人。

师：对，还有其他作品吗？

生6：《林教头风雪山神庙》也有。一开始讲林教头救过的李小二在小店里无意间听到有关高太尉的对话，后面又以林教头口吻写他被逼上梁山的过程。

师：这个同学举的例子非常好，《水浒传》大都用了全知视角，而且视角也在转变，大家可不可以举举例？

生7：《水浒传》中鲁智深大闹野猪林一章，写林冲被害的内容就有视角转换，说薛霸害林冲时看到自己的铁禅杖飞起来，跳出一个胖大和尚来，那和尚提着禅杖，抢起来要打他们。

师：是的，你读经典读得很细，作者的叙述视角没有改变，还是第三人称，但小说中的人物叙述视角已发生变化，你说说是怎么变化的？

生7：鲁智深大闹野猪林，是两个公人眼中看出：先写一条禅杖飞到，自己水火棍被隔去，再写出现个胖大和尚，最后写公人眼中胖和尚的装束。

师：变换视角有何作用？

生8：这样写，避免了单一呆板。

师：回答得十分准确，这就是所谓艺术效果，从读者效应看，大家是不是对人物的感受也更为真切？

生8：是。

师：请看《红楼梦》第三回的视角转换。

（幻灯片展示）

【前置学习导学案的"导学",为教师的教学过程奠定了基础,从课堂实录可以看出,5名学生回答了此教学环节中教师提出的问题,学生的回答联系到了《祝福》《水浒传》等,紧扣问题,联系准确】

师:今天我们带着"视角转换的作用"这一难题,来思考与检查同学们前置学习导学案中的作业。在检查前请看真题链接及答题方法。

(幻灯片展示)

三、真题链接　当堂检测

(1) 设题方式(幻灯片展示)

(2) 当堂检测

师:接下来我们学以致用,请同学们打开前置学习导学案的小说真题《战士》,先请同学概括一下小说情节。

生9:小说讲了肉铺子里我与伙计的几次对话。(沉默停顿片刻)

师:"伙计"改个词语?

生9:嗯……掌柜。(全班笑)

师:"伙计""掌柜"都是?

生9:卖肉的?

师:为什么卖肉?

生9:受伤。

生9:打仗受伤。

师:那他们应该被称为?

生9:战斗英雄。

师:对呀,这位学生回答得很准确,请坐。请同学们按照小说四次对话的顺序,以接龙方式,回答小说对话的主要内容。从后一名同学开始。

生10:开始没写对话,写了残疾军人开肉铺子。

生11:写班长受伤,战士们救他。

师:是直接写还是?

生11:是回忆的。

师:怎样的方式回忆?

(生11摇头)

部分同学回答:对话。

师:对,接下去。

生12:第三次是掌柜的老婆与"我"为一毛钱争吵。

师:争吵说明?

生12:他们没钱(师默默等待,后提示文本后面的思维导图)。

生12:说明他们生活困难。

师:对,他们当年英勇作战,受伤后不能再上战场,生活拮据艰难。再接着。

生13:最后是写战士们打仗。

师:言简意赅,但还需切中要害,谁讲述的?在什么样情况下打仗?

生13：村干部讲战士受伤，还让民兵抬着去指挥作战。

师：很棒，这样的表达吻合了语文答题的方向，主观题有时没有对错，有的是语言表达的优劣，那我们一起进入习题。

师：请同学们推荐一名同学，展示前置学习导学案的答案。

生14的答案：

> 1.作品是怎样叙述"伙计"的故事的？这样写有什么好处？请简要分析。
> 答：①运用第一视角去描写 ②能拉近与读者的距离，能使小说显得真实亲切，同时便于抒发感情 ③能够对事物的直接表现，使表达更效果生动形象。

师：请一名同学给这名同学答案打分，按满分6分去打，并说说理由。

生15：我打4分，他的答案有两点，讲到读者效果及……（犹豫）

师：除了读者效果，你看看他的第一、二点是两方面的答案吗？第三点，什么叫"对事物的直接表现"，还打4分吗？

生15：打3分。

师：请坐，我认为只能打2分，1分卷面分加1分感情分。（全班笑）这篇小说叙述除了第一人称还有其他人称吗？叙述方式与一般小说叙述故事情节有何不同？

生16：还有第三人称，村干部。

师：人称转换的作用是什么？

生16：叙述角度广，更自由灵活。

师：不错，请坐，我们可以从读者效果、人物作用、主题及情节几个角度去思考。

生17：我认为还可以表现伙计们的勇敢。

师："勇敢"换个词语。

生（众多）：英勇。

师：大家真棒，答案精准，用词恰当。请看参考答案，答案不是唯一标准，但可以作为参考示范。

（幻灯片展示）

师：除了叙述视角，大家也应该看到，小说不同常规的叙述方式——对话，它的叙事效果，可以学学第二点答案的答题思路。以对话形式将几个不同时空的故事链接在一起，使得叙事更集中。

（板书：读者效果、人物作用、主题及情节）

师：再看第二问，"战士"的故事的讲述者最后变为"村干部"，这样处理有什么作用？请简要分析。

生18：叙述视角多元，叙述空间广泛，突出了人物的英勇形象。

师：把人物改为"战士"更贴切，叙述视角多元，同学们作为阅读者有何感受？

生19：吸引读者阅读兴趣。

师：为何会吸引？

生19：故事性强。

师：可以这样认为，或者叫"增强了故事的传奇色彩"。请看参考答案。

（幻灯片展示）

师：这篇小说的主题是什么？

生20：不能忘记战士，不能让英雄生活艰难。

【紧扣"视角转换的作用"这一本节课的教学难点，设置前置学习导学案的真题链接，明确考题导向，指导学生概括前置学习导学案上的小说《战士》的情节，学以致用，增强了学习效果】

师：一个有希望的民族不能没有英雄，一个有前途的国家不能没有先锋，包括抗战英雄在内的一切民族英雄，都是中华民族的脊梁，他们的事迹和精神都是激励我们前行的强大力量。

同学们，荷花淀派作家孙犁作品里的战士是千千万万普通英雄的写照，他们有的保家卫国牺牲了，有的受伤了。当下很多英雄包括抗美援朝的英雄们，有的已不在人世，我们更应缅怀他们，铭记红色文化，重读红色经典，用英雄的精神激励自己努力学习，报效祖国。

这节课上到这里，谢谢同学们的参与，欢迎你们到贵州来，到六盘水来。我们在贵州等你。再见！

❖ 点评

这是一节东西部教育协作工作"1+9"模式教师交流培训的交流课，异地上课，学生并不熟悉我们"前置学习、以学定教"的教学模式，但总的来看，这是一节成功的课，比较流畅，学生有实实在在的收获。

这节课的成功在很大程度上得益于学生的前置学习，学生课前有了比较充分的准备，课堂上对问题的理解、师生互动也就比较顺畅。但是这节课也还有值得思考的地方，前置学习不是传统意义上的预习，而是本节课的一个重要组成部分，这节课是基于学生前置学习的课，学生前置学习已经解决了的问题，课堂上就可以省去，课堂教学的重点是用来解决学生学不会、搞不懂、通过自身努力解决不了的问题。从这个要求来讲，这节课还可以更简练，更突出重难点，更有效率。

附录：《小说的叙述人称与叙述视角》前置学案

一、学习目标

语言建构与运用：阅读小说文本，积累小说叙述人称与叙述视角的方法。

思维发展与提升：掌握小说的叙述人称与叙述视角的概念及用法。

审美鉴赏与创造：赏析小说叙述人称与叙述视角。

文化传承与理解：传承与弘扬红色文化。

学习重点 1. 通过小说理论学习及举例，理解叙述人称及叙述视角。

学习难点 2. 归纳答题模板，掌握小说在叙述视角方面的考题并掌握基本答题方法。

二、前置学习任务

任务一：任选弥生、老和尚、书生其中之一改编故事，体会人称和视角。

从前有座山，山上有座庙，庙里住着一个老和尚和一个小和尚。小和尚刚出生就被遗弃在庙门口，老和尚虽然日子清贫，身有顽疾，仍然收留了他，给他取名弥生。老和尚每天从功德箱中拿出一枚铜钱收起来，他想："自己身体越来越差了，要为弥生存一点钱，将来让他下山历练历练，顺便寻访他的父母。"弥生也会趁师父不注意，偷摸一枚铜钱存起来。他有他的打算，师父终日咳嗽，但又舍不得买药，自己一定要存一点钱，给师父抓药。十岁那年，庙里来了一个落魄书生，老和尚把弥生的身世告诉了书生，并让弥生跟着书生一起下山，临行夜里，弥生拿着积攒的铜钱，摸黑走出了庙门。书生和弥生走后，老和尚在禅房发现治咳嗽的药，老泪纵横。

改编示范：

弥生版

我是师父在门口捡来的，刚出生就被父母遗弃，这是我对自己身世的全部所知。师父身体不好，总是咳嗽，却不舍得买药，我想，我要为师父做点什么才好哇，于是我每天从功德箱里拿出一枚铜钱，存够了就给师父买药，但我不敢让师父知道。终于存够了钱，等给师父买了药，师父应该会开心的，想去和在庙里寄宿的书生分享我的快乐，却发现师父正在和书生商量，想让书生带我下山。启程前我连夜下山给师父买了药，放在禅房里，并随书生下了山。我不想下山历练，我也不想去找我的父母，是不是师父不喜欢我了，要让我走，那我听话一点，是不是师父就会让我回来呢？我不想要父母，我只想陪伴他。

改编：我是师父在门口捡来的，＿＿＿＿＿＿＿＿＿＿＿＿＿＿＿＿＿＿＿

＿＿＿＿＿＿＿＿＿＿＿＿＿＿＿＿＿＿＿＿＿＿＿＿＿＿＿＿＿＿＿＿
＿＿＿＿＿＿＿＿＿＿＿＿＿＿＿＿＿＿＿＿＿＿＿＿＿＿＿＿＿＿＿＿
＿＿＿＿＿＿＿＿＿＿＿＿＿＿＿＿＿＿＿＿＿＿＿＿＿＿＿＿＿＿＿＿
＿＿＿＿＿＿＿＿＿＿＿＿＿＿＿＿＿＿＿＿＿＿＿＿＿＿＿＿＿＿＿＿
＿＿＿＿＿＿＿＿＿＿＿＿＿＿＿＿＿＿＿＿＿＿＿＿＿＿＿＿＿＿＿＿
＿＿＿＿＿＿＿＿＿＿＿＿＿＿＿＿＿＿＿＿＿＿＿＿＿＿＿＿＿＿＿＿

师父版

改编：看到门口襁褓中的婴儿，我＿＿＿＿＿＿＿＿＿＿＿＿＿＿＿＿＿

＿＿＿＿＿＿＿＿＿＿＿＿＿＿＿＿＿＿＿＿＿＿＿＿＿＿＿＿＿＿＿＿
＿＿＿＿＿＿＿＿＿＿＿＿＿＿＿＿＿＿＿＿＿＿＿＿＿＿＿＿＿＿＿＿
＿＿＿＿＿＿＿＿＿＿＿＿＿＿＿＿＿＿＿＿＿＿＿＿＿＿＿＿＿＿＿＿
＿＿＿＿＿＿＿＿＿＿＿＿＿＿＿＿＿＿＿＿＿＿＿＿＿＿＿＿＿＿＿＿
＿＿＿＿＿＿＿＿＿＿＿＿＿＿＿＿＿＿＿＿＿＿＿＿＿＿＿＿＿＿＿＿
＿＿＿＿＿＿＿＿＿＿＿＿＿＿＿＿＿＿＿＿＿＿＿＿＿＿＿＿＿＿＿＿

书生版

改编：落第后，我＿＿＿＿＿＿＿＿＿＿＿＿＿＿＿＿＿＿＿＿＿＿＿＿

＿＿＿＿＿＿＿＿＿＿＿＿＿＿＿＿＿＿＿＿＿＿＿＿＿＿＿＿＿＿＿＿

＿＿＿＿＿＿＿＿＿＿＿＿＿＿＿＿＿＿＿＿＿＿＿＿＿＿＿＿＿＿＿＿

＿＿＿＿＿＿＿＿＿＿＿＿＿＿＿＿＿＿＿＿＿＿＿＿＿＿＿＿＿＿＿＿

＿＿＿＿＿＿＿＿＿＿＿＿＿＿＿＿＿＿＿＿＿＿＿＿＿＿＿＿＿＿＿＿

任务二：学习小说的叙述人称与叙述视角。

（一）小说的叙述人称

①第一人称叙述

这一人称叙述角度，从"我"出发，一以贯之。凡是"我"没有出场的地方，"我"没有看到的东西，都无法写。即使"我"在场，除"我"之外的人物内心活动，也不能直接写，只能通过人物的行动、言语、表情等间接表现。

优点：拉近与读者的距离，能使小说显得真实亲切，同时便于抒发感情。

特别提醒：

小说中的"我"不是作者本人，而有人一看到"我"，就以为是作者本人，这是错误的，"我"与小说中人其他任何一个角色一样，只是小说中的一个角色，没有特殊性。

"我"可以是主角，也可以是配角。

②第二人称叙述

用第二人称叙述，是以"你"或"你们"为对象进行叙述，具有双向交流的对话性质，也可称为"双向视角"。

这种视角能紧紧抓住读者，使读者仿佛置身其中，有参与感。它的长处在于能够挖掘人物的特征，便于读者了解人物的内心世界。

第二人称视角是不存在的，只有第二人称叙述，是指故事中的主人公或者某个角色是以"你"的称谓出现的。这是一种很少见的叙述视角。因为这里似乎强制性地把读者拉进了故事中，尽管这只是个虚拟的读者，但总归会使现实中的读者觉得有点奇怪。

具体在小说中，作为受话者的"你"可以是某个小说人物，可以是拟想中的读者，也可以是说话人自己（叙述者或叙述者兼人物）。只要作者愿意，他可以将任何一个人物设定为受话者（类似某个收信者）。"书信体小说"正是典型的第二人称叙述。小说中长短不一的书信也属此范畴。

③第三人称叙述

第三人称叙述。这种叙述，小说的叙述者不但了解小说里全部细节的发展，而且了解小说中所有人物的心理动态，就连两个人之间的悄悄话，叙述者也知道；连第二个人都无法知道的人物内心最隐秘的想法，叙述者也了如指掌。

不足之处，是导致作者与读者之间的隔阂，作者总把读者排斥在外。不像第一、二人称那样，好像作者在与读者交谈似的。

优点：第三人称不受时空限制，叙述自由灵活，客观直接地展现丰富多彩的生活。

第一人称"我"（有限视角 内视角 叙述者≈人物）	只能局限于叙述人的所见所闻，能使小说显得真实亲切，拉近与读者的距离，同时便于抒发感情
第二人称"你"（双向视角 虚拟视角）	拉近了叙述者与人物之间的距离，增强了文章的抒情性和亲切感，便于感情交流
第三人称"他或物体"（≤全知视角、零视角）	不受叙述者的见闻和感情的约束，相对自由，可以深入人物内心，将人物的心理活动告诉读者；还可以展示不同人物在不同地点同时发生的事情

（二）小说的叙述视角

叙述视角概念

叙述视角也称叙述聚焦，是指叙述语言中对故事内容进行观察和讲述的特定角度。简单地说，叙述视角就是作者是以什么角度来讲故事的。叙述视角的特征通常是由叙述人称决定的，通常有第一人称、第二人称、第三人称三种。

①第一人称叙事——有限视角

在第一人称视角小说中，"我"既可以是故事情节的讲述者，又可以是其中的参与者、见证者、亲历者。选用这样的角度开展叙述，小说读起来会真实可感而亲切。如果再对这些文章中的"我"进行分类，可以分为两类："非主人公型"和"主人公型"。"非主人公型"也叫负视角，"我"是故事的讲述者，故事由"我"来叙述，显得真实可信，但"我"并未参与故事，只是客观的旁观者、叙述者，可以不带主观情感与评价；而"主人公型"即"我"为主角来讲述亲身经历，"我"是故事的参与者，也叫主视角，"我"可以在一定程度上推动情节的发展；"我"还可以衬托其他主人公，使他们某些方面的性格更加鲜明。

第一人称视角的特点，就是"我"之外的事情我不能直接知道，角色的信息接受是受限的。在实际创作中，其实不光是第一人称，任何角色的视角都是就其自身出发的，即都是受限的，有意强化这一特性，是有助于故事讲述的。特别强调，分析"我"的作用、效果时还要考虑叙述者的身份，是参与者、见证者还是亲历者。

②第三人称叙事——全知视角

叙述者是主人公命运的旁观者、故事情节的讲述者，而并非参与者。因其为旁观者，所以在讲述故事时往往无视角限制，即通常所说的"全知视角""上帝俯瞰"。叙述者如同无所不知的上帝，可以随时进行时空穿梭，对所有已发生甚至未发生的事件了如指掌，还可随意进入任何一个人物的心灵深处挖掘隐私。

值得注意的是，第三人称不全是全知视角，也有有限视角——叙述者只是对某个人物无所不知，而对其他人物却并不了解，这就是第三人称有限叙事。

"全知全能"的叙述视角，很像古典小说中的说书人，只要是叙述者想办到的事，就没有办不到的。想听、想看、想走进人物内心、想知道任何时间、任何地点发生的任何事，都不难办到。因此，这种叙述视角最大最明显的优势在于，视野无限开阔，适合表现时空延展度大、矛盾复杂、人物众多的题材，因此颇受史诗性作品的青睐。此视角便于全方位（内、外，正、侧，虚、实，动、静）地描述人物和事件，还可以在局部灵活地暂时改变叙述角度、转移观察角度，既增加了作品的可信性，又使叙事形态显出变化并从而强化其表现力。叙事朴素明晰，读者看起来觉得轻松。

（三）叙述视角的转换

①以黛玉之视角看贾府

且说黛玉自那日弃舟登岸时，便有荣国府打发了轿子并拉行李的车辆久候了。这林黛玉常听得母亲说过，他外祖母家与别家不同。他近日所见的这几个三等仆妇，吃穿用度，已是不凡了，何况今至其家。因此步步留心，时时在意，不肯轻易多说一句话，多行一步路，惟恐被人耻笑了他去。自上了轿，进入城中，从纱窗向外瞧了一瞧，其街市之繁华，人烟之阜盛，自与别处不同。又行了半日，忽见街北蹲着两个大石狮子，三间兽头大门，门前列坐着十来个华冠丽服之人。正门却不开，只有东西两角门有人出入。正门之上有一匾，匾上大书"敕造宁国府"五个大字。

②以黛玉之视角看贾府人物

黛玉心中正疑惑着："这个宝玉，不知是怎生个惫（bèi）懒人物，懵懂顽童？"——倒不见那蠢物也罢了。心中想着，忽见丫鬟话未报完，已进来了一位年轻的公子：头上戴着束发嵌宝紫金冠，齐眉勒着二龙抢珠金抹额；穿一件二色金百蝶穿花大红箭袖，束着五彩丝攒花结长穗宫绦（tāo），外罩石青起花八团倭缎排穗褂；蹬着青缎粉底小朝靴。面若中秋之月，色如春晓之花，鬓若刀裁，眉如墨画，面如桃瓣，目若秋波。虽怒时而若笑，即瞋视而有情。项上金螭璎珞，又有一根五色丝绦，系着一块美玉。

③视角转换：以众人视角看黛玉

说着，搂了黛玉在怀，又呜咽起来。众人忙都宽慰解释，方略略止住。众人见黛玉年貌虽小，其举止言谈不俗，身体面庞虽怯弱不胜，却有一段自然的风流态度，便知他有不足之症。

④视角转换：以王熙凤视角看黛玉

这熙凤携着黛玉的手，上下细细打量了一回，仍送至贾母身边坐下，因笑道："天下真有这样标致的人物，我今儿才算见了！况且这通身的气派，竟不像老祖宗的外孙女儿，竟是个嫡亲的孙女，怨不得老祖宗天天口头心头一时不忘。只可怜我这妹妹这样命苦，怎么姑妈偏就去世了！"说着，便用帕拭泪。

⑤视角转换：以宝玉视角看黛玉

宝玉早已看见多了一个姊妹，便料定是林姑妈之女，忙来作揖。厮见毕归坐，细看形容，与众各别：两弯似蹙非蹙罥烟眉，一双似喜非喜含情目。态生两靥（yè）之愁，娇袭一身之病。泪光点点，娇喘微微。闲静时如姣花照水，行动处似弱柳扶风。心较比干多一窍，病如西子胜三分。

（四）真题链接

（1）设题方式

宏观上

①本文在叙述手法上有何特色？请赏析。

②这篇小说的情节是如何展开的？
③本文在构思上别具特色，请赏析。
微观上
①×××部分在人称运用上有什么特点？有何效果？
②"我"在小说中有什么作用？
答题模板
①"我"在小说中有什么作用？
A. 第一人称叙述，使小说显得真实亲切，拉近与读者的距离
B. 情节上，我是故事的见证者和讲述者，推动着情节的发展
C. 人物上，（对比）突出人物的×××形象
D. 主题上，深化主题，增添艺术魅力
真题1：阅读下面的文字，完成文后题目。

战 士

孙 犁

那年冬天，我住在一个叫石桥的小村子。村子前面有一条河，搭上了一个草桥。天气好的时候，从桥上走过，常看见有些村妇淘菜；有些军队上的小鬼，打破冰层捉鱼，手冻得像胡萝卜，还是兴高采烈地喊着。这个冬季，我有几次通过这个小桥，到河对岸镇上，去买猪肉吃。掌柜是一个残疾军人，打伤了右臂和左腿。这铺子，是他几个残疾弟兄合股开的合作社。

第一次，我向他买了一个腰花和一块猪肝。他摆荡着左腿，用左手给我切好了。一般的山里的猪肉是弄得粗糙的，猪很小就杀了，皮上还带着毛，涂上刺眼的颜色，煮的时候不放盐。当我称赞他的肉有味道和干净的时候，他透露聪明地笑着，两排洁白的牙齿，一个嘴角往上翘起来，肉也多给了我一些。第二次我去，是一个雪天，我多烫了一壶小酒。这天，多了一个伙计：伤了胯骨，两条腿都软了。三个人围着火谈起来。

伙计不爱说话。我们说起和他没有关系的话来，他就只是笑笑。有时也插进一两句，就像新开刃的刀子一样。谈到他们受伤，掌柜望着伙计说：

"先还是他把我背到担架上去，我们是一班，我是他的班长。那次追击敌人，我们拼命追，指导员喊，叫防御着身子，我们只是追，不肯放走一个敌人！"

"那样有意思的生活不会有了。"

伙计说了一句，用力吹着火，火照进他的眼，眼珠好像浮在火里。

掌柜还是笑着，对伙计说："又来了！"

他转过头来对我："他沉不住气哩，同志。那时，我倒下了，他把我往后背了几十步，又赶上去，被后面的一个敌人打穿了胯。他直到现在，还想再干干呢！"

伙计干脆地说："怨我们的医道不行么！"

"怎样？"我问他。

"不能换上一副胯骨吗？如能那样，我今天还在队伍里。难道我能剥一辈子猪吗？"

"小心你的眼！"掌柜停止了笑，对伙计警戒着，使我吃了一惊。

"他整天焦躁不能上火线,眼睛已经有毛病了。"

我安慰他说,人民和国家记着他的功劳,打走敌人,我们有好日子过。

"什么好的生活比得上冲锋陷阵呢?"他沉默了。

第三次我去,正赶上他两个要去赶集,我已经是熟人了,掌柜的对伏在锅上的一个女人说:"照顾这位同志吃吧。新出锅的,对不起,我不照应了。"

那个女子个子很矮,衣服上涂着油垢和小孩尿,正在肉皮上抹糖色。我坐在他们的炕上,炕头上睡着一个孩子,放着一个火盆。

女人多话,有些泼。她对我说,她是掌柜的老婆,掌柜的从一百里以外的家里把她接来,她有些抱怨,说他不中用,得她来帮忙。

我对她讲,她丈夫的伤,是天下最大的光荣记号,她应该好好帮他做事。这不是一个十分妥当的女人。临完,她和我搅缠着一毛钱,说我多吃了一毛钱的肉。我没办法,照数给了她,但正色说:

"我不在乎这一毛钱,可是我和你丈夫是很好的朋友和同志,他回来,你不要说,你和我因为一毛钱搅缠了半天吧!"

这都是一年前的事了。

第四次我去,是今年冬季战斗结束以后。一天黄昏,我又去看他们,他们却搬走了,遇见一个村干部,他和我说起了那个伙计,他说:

"那才算个战士!'反扫荡'开始了,我们的队伍已经准备在附近作战,我派了人去抬他们,因为他们不能上山过岭。那个伙计不走,他对去抬他的民兵们说:'你们不配合子弟兵作战吗?'民兵们说:'配合呀!'他大声喊:'好!那你们抬我到山头上去吧,我要指挥你们!'民兵们都劝他,他说不能因为抬一个残废的人耽误几个有战斗力的。他对民兵们讲:'你们不知道我吗?我可以指挥你们!我可以打枪,也可以扔手榴弹,我只是不会跑罢了。'民兵们拗不过他,就真的带好一切武器,把他抬到敌人过路的山头上去。你看,结果就打了一个漂亮的伏击战。"

临别时他说:"你要找他们,到城南庄去吧,他们的肉铺比以前红火多了!"

一九四一年于平山(有删改)

借助导图,把握全文:

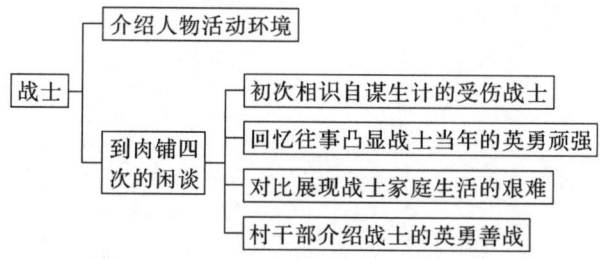

```
战士 ─┬─ 介绍人物活动环境
      │
      └─ 到肉铺四  ┬─ 初次相识自谋生计的受伤战士
          次的闲谈 ├─ 回忆往事凸显战士当年的英勇顽强
                   ├─ 对比展现战士家庭生活的艰难
                   └─ 村干部介绍战士的英勇善战
```

1. 作品是怎样叙述"伙计"的故事的?这样写有什么好处?请简要分析。

2. "战士"的故事的讲述者最后变为"村干部",这样处理有什么作用?请简要分析。

数　学

《双曲线及其标准方程》课例评析

授课地点：六盘水市第三中学
授课时间：2022 年 11 月 1 日
授课教师：李红霞
点评教师：刘　勃

教学设计思路

（一）前置学习任务布置

阅读教材《双曲线及其标准方程》的相关内容，完成下列任务：

任务一：类比椭圆的定义，思考：平面上到两个定点的距离之差为一个常数的点的轨迹是什么？

任务二：根据所给步骤，完成折纸实验，并完成前置学案相关思考题。

任务三：探究判断当 a 与 c 大小变化时，轨迹会发生什么变化？完成前置学案相关表格。

任务四：辨析双曲线概念，推导双曲线方程，解决前置学案应用问题。

任务五：记录下你阅读教材以及完成学案的过程中遇到了什么疑惑与困难，并与同伴交流讨论。

（二）前置学习设计理念

1. 本节前置学案的依据

双曲线是圆锥曲线中的重要一种，继学习完椭圆的定义、标准方程和简单几何性质后，双曲线是椭圆相关内容的类比学习，也是对椭圆知识的进一步深化和提高，是研究圆锥曲线一般思路与方法的再加强，是学生数学抽象及运算能力的再锻炼。

2. 本节前置学案的预期目标

（1）通过折纸活动动手操作，类比椭圆，归纳双曲线定义，并能够利用定义判断轨迹形状；

（2）类比椭圆标准方程的推导过程，合理建系，推导双曲线标准方程，能够根据标准方程求焦点坐标、求参数；

（3）能够应用双曲线定义和方程思想求双曲线标准方程。

3. 本节前置学案的学科素养

（1）数学抽象：从折纸活动中抽象出双曲线上点的数学本质，借助几何画板，归纳双曲线定义；将几何特征用代数语言表达出来，推导标准方程；

（2）逻辑推理：将几何条件转化为坐标运算，同时渗透数形结合思想方法；

（3）数学运算：双曲线标准方程的推导及求解双曲线标准方程，渗透方程思想。

教学过程

一、视频提趣，导入新课

师：本章开头，我们了解到由一个平面去截两个对顶的圆锥，可以得到不同的圆锥曲线，前面我们学习了椭圆，今天我们将开启另一类新的圆锥曲线的学习。

师：播放视频展示双曲线在现实中的应用。如：发电厂冷却塔的外形、广州塔的外形等都要用到双曲线。（板书：双曲线及其标准方程）

二、活动探究，发现新知

师：前面我们学习了椭圆的定义，请大家一起回顾一下椭圆是如何定义的？

生：平面上到两个定点的距离之和等于一个常数的点的轨迹（教师强调常数要求大于 $|F_1F_2|$）。

师：平面内到两个定点的距离之差等于一个常数的点的轨迹是什么呢？我们一起来探究一下。

师：展示折纸原理及折纸步骤。

【前置学习的第一步：自主学习探究，发现思考。课堂并非始于教师的"开门见山"，而是源于教师精心设计的教学活动：折纸游戏。当学生亲手操作，发现一个个排列有序的点时，一定欣喜不已吧！教学始于学生的体验，这也是前置学习的重要特征】

学生活动：折纸实验（实验前教师分析原理，PPT 展示方法步骤）并完成以下思考：

思考1：折痕与 P_1F_2 有什么关系？有什么性质？

思考2：点 M_1，M_2，M_3，…，具有什么共同的几何特性？

思考3：你能猜想这一曲线的定义吗？

【带着问题活动，而非盲目地寻找乐趣。3道思考题，将同学们从感性的兴奋迅速拽回到理性的思考之中。教师的3道思考题将学生的为什么拆分成"跳一跳够得着"的思考台阶，通往真知与答案】

原理：线段垂直平分线上的点到线段两端点距离相等。

方法步骤：

（1）在劣弧 AB 上任取一点 P_1（A、B 两点除外），作射线 F_1P_1；

（2）对折白纸，利用图钉使得 P_1 和 F_2 重合；

（3）得到折痕，取折痕与射线 F_1P_1 的交点，记为 M_1；

（4）再在劣弧 AB 上任取一点 P_2，重复以上步骤，依次得到 M_2，M_3、M_4、M_5… 将

你所得到的点用光滑的曲线连起来。

步骤1：取一点 P_1，连接 P_1F_1。

步骤2：将 P_1 与 F_2 重合，折叠。

步骤3：描出折痕与半径 P_1F_1 延长线的交点 M。

步骤4：另取一点 P_2，重复以上步骤；连成光滑曲线。

（拍照上传学生折纸成果）

生：学生上台讲解自己的折纸过程并完成思考。

师生活动：小组交流组内的发现，组间进行补充归纳出 M 点满足的几何条件。

【前置学习的第二步：学生自主探究学习后的交流讨论，完善成果】

$||MF_1|-|MF_2||=R$，

教师借助几何画板取遍圆上的点，形成 M 点轨迹。

【学生取的点再多也是有限的，教师利用几何画板，取出无限多的点，进一步印证学生的发现和猜想。为学生的探究思考明方向、鼓勇气】

思考3补充：类比椭圆定义，尝试给双曲线下个定义。

思考2补充：类比椭圆，这个几何条件中的常数有没有限制条件？

【训练学生"类比推理"数学思想，培养善于发现的眼睛和大脑，而非善于记忆和模仿的机械记忆。这一点对一个人的培养来说非常重要，数学源于发现、成于思考】

三、教师引导，完善新知

师生活动：教师进行追问，并利用几何画板展示完整的轨迹追踪，逐步完善双曲线满足的几何条件 $||MF_1|-|MF_2||=2a$ （$0<2a<|F_1F_2|$），学生尝试归纳双曲线定义。

1. 双曲线定义：我们把平面内与两个定点 F_1，F_2 的距离差的绝对值等于非零常数（小于 $|F_1F_2|$）的点的轨迹叫作双曲线。

2. 分析定义中的焦点、焦距。

3. 分析定义中的关键点。

4. 小组讨论当 $2a=|F_1F_2|$ 及 $2a>|F_1F_2|$ 时的轨迹情况。

5. 概念辨析：

①平面内两定点 F_1，F_2 距离为10，平面内到 F_1 的距离与到 F_2 距离差为6的点的轨迹。

②平面内两定点 F_1，F_2 距离为10，平面内到 F_1 的距离与到 F_2 距离差的绝对值为12的点的轨迹。

③平面直角坐标系内两定点 $F_1(-5,0)$，$F_2(5,0)$，平面内到 F_2 的距离与到 F 距离差的绝对值为6的点的轨迹。

生：完成思考及辨析 $\dfrac{x^2}{a^2}-\dfrac{y^2}{b^2}=1$（$a>0$，$b>0$）。

师：折纸活动就像本章引言部分用平面去截两个对顶的双圆锥图从而得到圆锥曲线一样，当定点 F_2 所取位置发生变化时，圆锥曲线也发生了变化，这启示我们要用动态、发展的眼光看问题，用联系、辩证的眼光看问题，勤思考，多动脑。

【是总结也是哲思，教师在教学生思考】

师：前面我们学习从形的角度认识了双曲线，接下来我们将从数的角度研究双曲线。

问1：在这之前，先让我们回顾一下推导椭圆标准方程经历了哪些步骤？

问2：建系原则如何？双曲线你想如何建系？怎么设点？限制条件是什么？

问3：化简过程中有哪些困难，如何克服？

【第二组问题链，在这三个问题中，学生经历了回顾、小结和发现解决问题的过程】

师生活动：教师利用问题串带领学生回顾椭圆标准方程的推导，并类比推导双曲线标准方程。给学生足够的时间自行对式子进行化简整理，鼓励学生上台展示化简过程：

生：推导方程并完成思考问题。

双曲线标准方程：

焦点为（±c，0）：$\dfrac{x^2}{a^2}-\dfrac{y^2}{b^2}=1$（$a>0$，$b>0$）

焦点为（0，±c）：$\dfrac{y^2}{a^2}-\dfrac{x^2}{b^2}=1$（$a>0$，$b>0$）

问1：类比椭圆，如何引入新参数b？

问2：此时c与a，b有怎样的定量关系？

问3：你能在y轴上找到一点B，使得$|OB|=b$吗？

问4：对比椭圆的标准方程，双曲线标准方程形式上有哪些特点？

问5：a，b有严格的大小关系吗？如何根据双曲线的标准方程判断焦点位置？

【第三组问题链搭建的思维台阶，利用类比思想，突破借助字母"b"简化方程的思维卡点，李老师很擅于将问题链作为推动学生思考、探究的有效工具】

师生活动：教师不断发问，学生不断解决问题，分析透彻双曲线的标准方程，学生和教师相互提问，相互补充。

生：参加希沃白板竞技小游戏，找出焦点在x轴上的双曲线的标准方程，并辨析如何判断所给方程的焦点在哪个轴上。

【此时使用希沃白板竞技小游戏，时机刚刚好，题目不难，但需要快而准地捕捉到焦点，是对基本知识的巩固，也是对思维速度的训练】

四、达标检测，巩固提高

（展示题型应用）

1. 已知双曲线方程，求a，b，c的值并判断焦点在哪个轴上。

   (1) $\dfrac{y^2}{16}-\dfrac{x^2}{9}=1$　　(2) $x^2-y^2=4$

2. 根据已知条件，求双曲线的标准方程。

   (1) 焦点在x轴，焦距为14，$2a=8$；
   (2) 焦点坐标（0，13），$b=5$

生：给学生时间阅读并思考题目，学生上台展示答题过程，师生共同总结求双曲线标准方程的步骤。

【前置学习必不可少的课堂步骤，即是学生学习完成后，需要及时检验学习效果，以便于为下节课的设置提供参考。前置学习不是为减轻教师的教学负担而对学习效果不管不顾，而是通过改善学习模式和环节，将教师的宝贵精力集中在发现和引导学生不会的和想不到的知识、技能上，帮助学生积累经验、突破思维瓶颈，从而实现对学习效果的精益求精】

五、课堂小结，升华提高

1. 回顾整节课的知识脉络及研究方法，在双曲线概念核心，从定义到方程推导渗透的思想方法，求解双曲线标准方程等位置设问。

2. 利用知识表格，总结双曲线的定义及标准方程的形式特征，并归纳成口诀的形式进行理解性的记忆。

（展示作业）

前置学习 3.2.2 双曲线的几何性质，并完成问题反馈。

1. 习题 3.2 第 2 题、第 3 题。

2. 已知方程，表示焦点在 y 轴上的双曲线，求 m 的取值范围。

❖ 教学反思

一、教学过程回顾

导入新课：利用科技馆中的一个"双曲隧道"摆件的旋转轨迹，引发学生学习新知识的兴趣；

学生活动：利用折纸活动来探索双曲线的定义；利用类比椭圆标准方程的推导方法来进行双曲线标准方程的推导；利用小游戏来进行概念（区分焦点在 x 轴和 y 轴）的辨析；鼓励学生上台展示问题解答的过程并探讨解答的规范性。

课堂小结：利用知识表格，总结本节课所学的相关知识及探索知识的方法，形成口诀"左边减来右边1，正是 a 来负是 b，分母相加 c 方值，焦点与 a 永不离"，便于学生理解以及记忆双曲线的定义及标准方程的相关知识。

二、教学成功之处

1. 教学方法：主要采用类比学习法，将解决椭圆定义、椭圆标准方程的方法类比到双曲线上来解决双曲线的问题，注意区分它们的相似和不同，从而理解这两种圆锥曲线的区别与联系。

2. 学生参与度：

（1）折纸活动引起学生探索新知的兴趣，让学生在课堂上动起来，亲历整个定义探索的过程，提升学生数学抽象、逻辑推理的核心素养；

（2）定义分析部分，设置问题串和小组讨论等形式让学生自行研究、相互补充，进行概念辨析来评价学生目标达成度；

（3）方程推导部分，紧紧类比椭圆标准方程的推导，通过设置两个问题组来进行标准方程的推导及分析，放手让学生推导，在学生遇到困难的时候指导学生解决问题，提升学生数学运算素养；

（4）利用小游戏来检验学生对于标准方程形式及参数关系的理解及掌握情况，学生参与热情高，并从中总结区分焦点在 x 轴和 y 轴上的双曲线的方法。

3. 课堂目标的实现：学生通过折纸实验活动和教师展示的几何画板的轨迹追踪达成了定义的探索，理解了双曲线的定义；通过小组合作交流与自主独立思考推导了双曲线的标准方程；通过小游戏的参与实现了对焦点在 x 轴和 y 轴上的双曲线标准方程的区分；通过课堂练习实现了对双曲线的定义及标准方程的相关知识的巩固，提升了学生的运算能力；通过小结升华了本节的学习方法。

4. 媒体运用：利用几何画板形象动态的演示功能提高了教学的直观性和趣味性，让学生感知"由特殊到一般"的研究问题的方法，提高学生学习的兴趣，加大一堂课的信息容量。

5. 教学实效：既让学生基础巩固，深化、运用双曲线的定义及其标准方程，又可加强学生代数运算能力，体验方程、化归、数形结合、分类整合等数学思想，为下一节《双曲线的简单几何性质》的学习即由"数"到"形"做了坚实的铺垫和准备。

三、不足之处

从课堂效果和学生思维暴露的情况看，本节课还是有许多需要改进的部分：

1. 折纸活动的引入与新教材上的引入有出入，虽然情境类型相似也用几何画板来将特殊推广到一般，将数学关系用计算机语言表述，但是需要更加深入地去研究课本，寻找共性，深度挖掘。

2. 关于课堂小结部分，传统的知识、思想方法、核心素养回顾稍显生硬，以后应思索更多的小结方式，可以交给学生自主总结学到的知识方法以及存在的疑惑，使得总结不仅仅是对本节课的总结，更是对本节课的升华，要在问题的设置上下功夫，在思想方法和素养的落地上寻找方式方法，感受内化过程，才能外显。

❀ 点评

李红霞老师执教的《双曲线及其标准方程》，看似缺少学生课前的"前置学习"，但用视频提趣导入后，便笔锋一转，以5组问题链将"前置学习、以学定教"的理念贯穿于整个课堂。第一组问题链引导学生思考发现"折纸活动中发现双曲线"背后的原理，学生交流完善，教师给予补充；第二组问题链帮助学生经历了回顾、小结和发现解决问题的过程，是对思考探究方法的总结；第三组问题链，教师引导学生利用类比思想，突破借助字母"b"简化方程的思维卡点，完善双曲线标准方程相关细节；第四组问题，是前置学习必不可少的当堂检测，学生学习完成后，需要及时检验学生的学习效果，以便于为下节课的设置提供参考。前置学习不是为减轻教师的教学负担而对学习效果不管不顾，而是通过改善学习模式和环节，将教师的宝贵精力集中在发现和引导学生不会的和想不到的知识、技能上，帮助学生积累经验、突破思维瓶颈，从而实现对学习效果的精益求精；第五组问题，帮助学生梳理整堂课的学习脉络，建立知识记忆表格，是对一节课的巩固与梳理。

所有的问题由易到难，既有教师的讲解，又有生生互动和生生互学，在学生讲解和展示环节，把学习主动权还给学生，教师在积极引导学生思考方面做得很好，教师的及时总结和点拨，提高了学习的效率；探究问题顺畅，学生表现优秀，显示了良好的课堂教学效果。课堂逻辑清晰,趣味性强,教师引导到位,学生学习氛围很好。

为何短短40分钟会呈现包含学生活动、运算、展示、讨论在内的如此大容量的课堂呢?秘诀就在于李红霞老师的"前置学案",课堂上的问题看似新学内容,实则学生在课前已做了积极思考与探究,因此课堂思考和探究的时间缩短、内容加深,使得一堂活动实、思考深、内容全的课堂完整地呈现在学生面前。

附录:《双曲线及其标准方程》前置学案

一、教学目标

1. 能理解并掌握双曲线的定义,了解双曲线的焦点、焦距;
2. 能掌握双曲线的标准方程,能够根据双曲线的标准方程确定焦点的位置。

二、双曲线定义的生成

1. 类比椭圆的定义,思考问题:平面上到两个定点的距离之差为一个常数的点的轨迹是什么?

2. 根据所给步骤,完成折纸实验。

(1) 在劣弧 AB 上任取一点 P_1(A、B 两点除外),作射线 F_1P_1;

(2) 对折白纸利用图钉使得 P_1 和 F_2 重合;

(3) 得到折痕,取折痕与射线 F_1P_1 的交点,记为 M_1;

(4) 再在劣弧 AB 上任取另一点 P_2,重复以上步骤,依次得到 M_2、M_3、M_4、M_5… 将你所得到的点用光滑的曲线连起来。

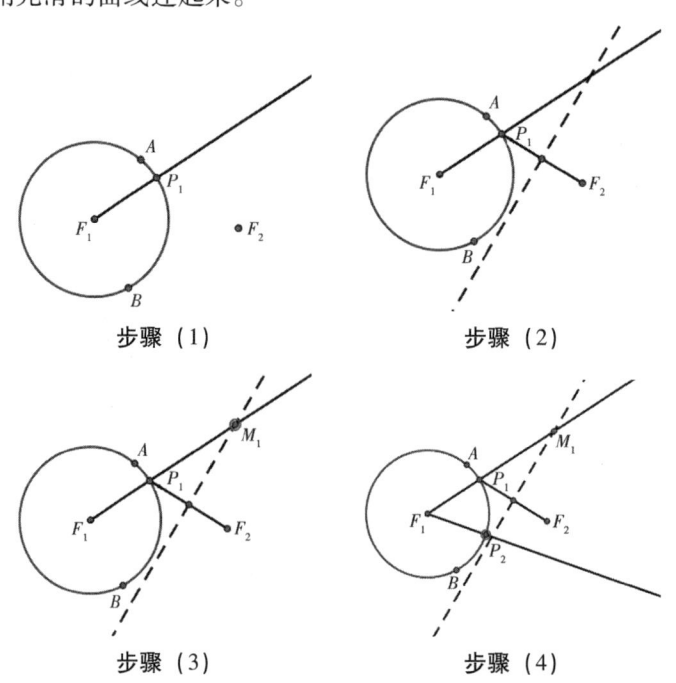

步骤(1)　　　步骤(2)

步骤(3)　　　步骤(4)

3. 思考：（1） P_1，F_2 对折的折痕与线段 P_1F_2 有何关系？

（2）曲线上的点 M 具有什么特征？

（3）你能猜想双曲线的定义吗？

（4）探究 $||MF_1|-|MF_2||=2a$，$|F_1F_2|=2c$，判断以下轨迹分别是什么？

关系	轨迹
$2a=0$	
$2a=2c$	
$2a>2c$	
$0<2a<2c$	

4. 概念辨析

①平面内两定点 F_1、F_2 距离为 10，平面内到 F_1 的距离与到 F_2 距离差为 6 的点的轨迹。

②平面内两定点 F_1、F_2 距离为 10，平面内到 F_1 的距离与到 F_2 距离差的绝对值为 12 的点的轨迹。

③平面直角坐标系内两定点 $F_1(-5,0)$，$F_2(5,0)$，平面内到 F_2 的距离与到 F_1 距离差的绝对值为 6 的点的轨迹。

三、双曲线标准方程的推导

推导焦点在 x 轴上的双曲线标准方程并思考以下问题：
1. 类比椭圆，如何引入新参数 b？
2. 此时 c 与 a，b 有怎样的定量关系？
3. 你能在 y 轴上找到一点 B，使得 $|OB|=b$ 吗？
4. 对比椭圆的标准方程，双曲线标准方程形式上有哪些特点？
5. a，b 有严格的大小关系吗？如何根据双曲线的标准方程判断焦点位置？

思考：（1）焦点在 y 轴上的双曲线的标准方程？

快速应用：①求 $x^2-15y^2=15$ 的焦点？

②$\dfrac{x^2}{2+m}+\dfrac{y^2}{m+1}=1$ 表示双曲线，求 m 的取值范围。

问题反馈：

请记录下在阅读教材以及完成学案的过程中，你遇到了什么疑惑与困难？

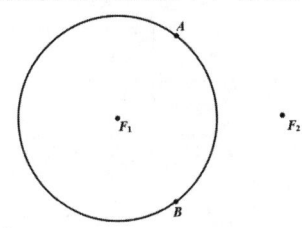

《幂函数》课例评析

授课地点：六盘水市第三中学
授课时间：2022 年 11 月 1 日
授课教师：李可心
点评教师：刘　勃

教学设计思路

（一）前置学习任务布置

阅读教材《幂函数》的相关内容，完成下列任务：

任务一：根据前置学案所提供情境写出 y 关于 x 的函数，并思考从所写出的函数解析式结构上看，有什么共同点？

任务二：分别在不同的坐标系中利用描点法画函数 $y=x$，$y=x^2$，$y=x^{-1}$，$y=x^3$，$y=x^{\frac{1}{2}}$ 的图象，并观察相关性质。

任务三：记录下你阅读教材以及完成学案的过程中遇到了什么疑惑与困难，并与同伴交流讨论。

（二）前置学习设计理念

1. 解决课前任务一，并完成课堂探究 1。

探究 1：已知函数 $f(x)=(3-m)x^{2m-3}$ 是幂函数，则 $f\left(\dfrac{1}{2}\right)=$ _____。

2. 解决课前任务二，并完成课堂探究 2。

探究 2：根据 $y=x$，$y=x^2$，$y=x^{-1}$，$y=x^3$，$y=x^{\frac{1}{2}}$ 幂函数图象，填写下表

	$y=x$	$y=x^2$	$y=x^{-1}$	$y=x^3$	$y=x^{\frac{1}{2}}$
定义域					
值域					
奇偶性					
单调性					

3. 利用 5 个幂函数图象，探究幂函数的性质，完成课堂任务三。

探究3：在同一直角坐标系中画 $y=x$，$y=x^2$，$y=x^{-1}$，$y=x^3$，$y=x^{\frac{1}{2}}$ 幂函数图象，观察它们的共性和个性，填写下表。

	$y=x$ $y=x^2$ $y=x^{-1}$ $y=x^3$ $y=x^{\frac{1}{2}}$
奇函数	
偶函数	
在(0，+∞)上是单调增函数	
在(0，+∞)上是单调减函数	
在第一象限内图象的公共点	

教学过程

一、微课导入，提趣增识

师：今天我们一起来探究关于幂函数的知识。关于幂函数的研究，数学家很早就已经开始了，下面我们来看个短片（播放微课——幂函数的历史）

学生观看微课短片。

师：毕达哥拉斯了解吗？

生：不了解。

师：有个以他名字命名的定理——毕达哥拉斯定理，也叫作勾股定理。另外一位数学家德国人莱布尼茨在1673年首次使用"函数"一词表示幂，从此人们开始了对函数的研究。（幻灯片呈现：数学家莱布尼茨）

师：了解了背景，我们一起来开启本节课。这是本节课的教学任务。（课件呈现：教学任务）

二、前置展示，导入新课

师：现在请同学们拿出前置性学案一起来看任务一，这个部分课前我们已经要求同学们独立完成，请一位同学来回答，现在进行随机抽选（利用计算机软件随机抽选学生）。

【虽然随机抽取学生可能不具有代表性，但是相对于教师主观点名学生来说，也算是更为合理的一种方式，但最好还是在课前就以组为单位，搜集学生的前置学习问题反馈，这样的普查会更加合理，课堂会更有针对性】

生：第一个 $y=x$，第二个 $y=x^2$，第三个 $y=x^3$，第四个 $y=\sqrt{x}$，第五个 $y=\dfrac{1}{x}$。

师：好，回答得对不对呀？

生：对。

师：非常棒，逻辑很清晰。我们一起来看下第四个 $y=\sqrt{x}$ 可以写成 $y=x^{\frac{1}{2}}$，第五个 y

$=\dfrac{1}{x}$ 可以写成 $y=x^{-1}$。

师：那你想不想继续挑战一下，回答下面的问题，观察这几个解析式，从解析式结构上看，有什么共同点？（课件呈现问题）

生：都具有幂的形式，底数是自变量，指数是常数。

师：非常正确，大家掌声鼓励。

学生一起鼓掌。

【李老师对学生的回答会给予及时的点评与鼓励，这一点对培养学生展示的勇气来说是非常必要的。如果此处教师使用"成长型鼓励方式"替代"固定型鼓励方式"，效果会更好。例如，将"非常正确，大家掌声鼓励"改为"×××同学勇敢地表达了自己的观点，而且注意到将'幂'分解为指数和底数两部分进行观察，拆繁为简的思想可不是一个简单的想法哦，这种思想往往就是我们解决难题的常用技巧，拥有这样的思维品质，你一定在数学方面是有天赋的！"指出学生好在哪里，让表扬更加诚恳，让同伴有"迹"可学，让被表扬者肯定自己。在表扬时多用肯定的眼神，少用感谢的语句（在后面对学生的点评中，教师也多次用到"感谢"一词，感觉不是很妥当），因为欣赏的是学生的成长，而非渴望学生帮助回答。表扬也是门学问，用好表扬，激发潜能】

三、展示互助，新课探究

师：这样的式子，其中自变量是底数，指数是常数，我们用一个通式来表示，$y=x^a$，像这样的函数形式我们把它称之为幂函数。（课件呈现：幂函数定义）

（板书——《3.3 幂函数》一、定义：$y=x^a$）

师：现在请大家观察一下，幂函数的形式还有什么特征。

生：系数是1。

师：非常正确。（板书：二、特征：系数是1）

师：认识了幂函数，现在我们一起来做个小游戏巩固一下，现在请两名同学来挑战一下（计算机随机抽选两名同学）

两名同学到黑板前挑战游戏。

师：谁赢了呀？

生：小绵羊战胜了大灰狼。

师：感谢两个同学。

学生一起鼓掌。

师：我们一起来看看小绵羊为什么战胜了大灰狼。（课件呈现：游戏结果）

师：$y=x^2+1$ 不是幂函数，$y=(x+1)^2$ 也不是幂函数，严格按照 $y=x^a$ 形式定义的函数我们称之为幂函数。

【利用生动有趣的希沃白板游戏，强化幂函数在学生脑海中的结构特征】

师：明确了幂函数的定义，我们一来看例1，（课件呈现）思考一下，请同学来回答。

（学生举手）

师：好，请到黑板前面来。

生：因为函数 $f(x)=(3-m)x^{2m-5}$ 是幂函数，所以系数是1，3减 m 等于1，则 m 等于2，那么 $f\left(\dfrac{1}{2}\right)=2$。

师：好，谢谢！

（学生一起鼓掌）

师：我们来看一下有什么问题？

生：没有。

师：过程完全正确，我们来看下格式，对于解答题，应书写"解"字，注意书写规范。

【细节决定成败，书写如此，教学如此，人生亦如此】

生：明确了幂函数的概念，我们一起来探究幂函数的性质。一般来说，对于幂函数我们只研究 $a=1,2,3,\dfrac{1}{2},-1$ 时图象的情形，即 $y=x$，$y=x^2$，$y=x^3$，$y=x^{\frac{1}{2}}$，$y=x^{-1}$ 函数，沿着研究一类函数的一般路径了解概念，绘制幂函数的图象来研究函数的性质。（课件呈现：研究幂函数的一般路径）

师：现在请同学们拿出学案，我们一起来看任务二，利用描点法分别在不同的直角坐标系中绘制函数 $y=x$，$y=x^2$，$y=x^{-1}$，$y=x^3$，$y=x^{\frac{1}{2}}$，对于这5个幂函数，其中有3个是我们比较熟悉的，另外两个是新学的，我们请3名同学来展示（计算机随机抽选）一下。第一名同学展示前3个图象，后两名同学展示后两个函数图象。现在依次请同学们来黑板前展示，并对应填写黑板前表格一。

生：我们先来看第一个函数 $y=x$ 的图象，令 $x=0$，$y=0$ 即（0，0）点，令 $x=1$，$y=1$ 即（1，1）点，连接两点可以得到这个函数的图象，由图象可以知道 $y=x$ 它的定义域是实数 R，它的值域也是实数 R，我们发现图象是关于原点对称的，所以奇偶性是奇函数，我们发现单调性是单调递增的。第二个函数 $y=x^2$ 是二次函数，对于二次函数，定义域是实数 R，对于值域二次函数开口向上，所以值域是 $[0,+\infty)$，关于偶函数，它的对称轴是 y 轴，所以它是偶函数。在 $(-\infty,0]$ 上 y 随 x 的增加而减少，在 $[0,+\infty)$ 上 y 随 x 的增加而增加，所以单调性是在 $(-\infty,0]$ 上单调递减，在 $[0,+\infty)$ 上单调递增。来看第三个函数 $y=x^{-1}$，它的图象的分布在一、三象限，它的定义域是 $(-\infty,0)$，$(0,+\infty)$，值域也是 $(-\infty,0)$，$(0,+\infty)$，由图象可知，它的图象是关于原点对称的，所以是奇函数。单调性在 $(-\infty,0)$ 上递减，在 $(0,+\infty)$ 上单调递减。

【只有给学生表达的机会，才可以发现学生学习过程中真正存在的问题，教师才可以准确及时地给予纠正与指导】

师：回答得好不好？

生：好。

师：大家掌声鼓励一下。

（学生一起鼓掌）

师：表述得很清楚，逻辑也很清晰，那我们来看一下有没有什么问题？

生：来看第一个函数 $y=x$，定义域是 R，值域是 R，奇偶性是奇函数，如果单调性严格书写，我们应该怎么描述哇？

生：在定义域上递增。

师：对了，在定义域 R 上严格单调递增。（纠正板书）

【当全班都没有提出错误的时候，这便是全班的共性问题，将易错点给予及时指导纠正，便成了一个全班都获益的精彩教学片段，而这样的精彩，便源于给学生表达和补充的机会。整堂课，李可心老师都在给学生这样的机会，这是教育习惯，也是一种难得的教育理念】

师：我们来看第二个函数，$y=x^2$ 是二次函数，定义域是实数 R，值域是 $[0，+\infty)$，奇偶性是偶函数，在 $(-\infty，0]$ 上单调递减，在 $[0，+\infty)$ 上单调递增，看下一个函数 $y=x^{-1}$，其中定义域从书写的角度看下有什么问题？

生：应书写并集符号。

师：非常正确，定义域应书写为 $(-\infty，0)\cup(0，+\infty)$，值域也是一样的问题，应书写为 $(-\infty，0)\cup(0，+\infty)$，其中单调性特别注意，在 $(-\infty，0)$ 的开区间上单调递减，在 $(0，+\infty)$ 的开区间上单调递减。清楚了吗？

生：清楚。

师：好，我们接下来请另一个同学来黑板前展示下一个函数图象。（手机拍照 $y=x^3$ 的函数图象，课件呈现）

生：我们一起来看一下 $y=x^3$ 的函数图象，其中令 $x=1$，$y=1$ 即（1，1）点，令 $x=2$，$y=8$ 即（2，8），把两点用光滑的曲线连接，得到如图所示的函数图象，接下来我们来看下定义域，其中定义域是 R，值域也是 R，奇偶性是奇函数，单调性：在定义域 R 上单调递增。

师：好，感谢这名同学，非常棒，声音也很洪亮，大家掌声鼓励。

（学生一起鼓掌）

师：我们来看一下，有问题吗？

生：没有。

师：好，请下一个同学。

生：$y=x^{\frac{1}{2}}$ 的定义域是 $[0，+\infty)$，值域是 $[0，+\infty)$，因为定义域不关于原点对称，所以是非奇非偶函数，单调性在 $[0，+\infty)$ 上单调递增。

师：感谢这名同学，非常好。

（学生一起鼓掌）

师：了解了每个函数的性质，现在我们利用在线画板把五个幂函数图象绘制在同一直角坐标系中，请同学们观察5个函数图象的共性及个性并填写表格二，现在请同学们分小组讨论。

（学生分小组讨论）

【学生的讨论应该建立在思考的基础之上，这就是前置学习以学定教的优势之一。由于学生已在课前对该问题进行了思考和作答，所以教师才可以放心大胆地直接让学生开始讨论，旨在通过讨论和交流，完成相互请教、相互借鉴，完善答案】

师：好，时间到。有没有哪个同学想来黑板前展示你的答案？

生：根据观察五个幂函数图象，其中是奇函数的是 $y=x$，$y=x^{-1}$，$y=x^3$，其中是偶

函数的是 $y=x^2$，其中在 $(0, +\infty)$ 上单调递增的是 $y=x$，$y=x^2$，$y=x^3$，$y=x^{\frac{1}{2}}$，在 $(0, +\infty)$ 上单调递减的是 $y=x^{-1}$，在第一象限内公共点是（1，1）。

师：非常好，感谢这名同学。

（学生一起鼓掌）

四、当堂检测，巩固提升

师：大家探究得非常好，完全正确，我们可以通过这 5 个幂函数的性质来类比探究其他幂函数的性质。大家观察函数幂指数的变化，可以猜想其他幂函数的性质，这我们留作作业，下一节课继续探究。了解了 5 个幂函数的性质及其共性和个性，现在来完成当堂检测，先独立完成，小组内部核对答案。（课件展示）

【教师鼓励学生课后可对幂函数的性质进一步探究挖掘，为课后探究指明了方向。此处教师若能够再为学生将探究内容具体化，探究方向明确化，"比如，大家可以考虑指数为奇数和偶数时是否有不同的性质？"这样学生的课后探究发生的可能性会有所提升】

（学生完成当堂检测）

师：我看同学们都已经完成，哪名同学想来黑板前展示一下？

生：第一题，因为 $y=(x)^3$ 是单调递增函数，-1.5<-1.4，$(-1.5)^3 < (-1.4)^3$，第二题 $y=(x)^{-1}$ 是单调递减函数，-2>-3，$(-2)^{-1} < (-3)^{-1}$。第二题 $m^2-2m-2=1$ 解得 $m=3$ 或 $m=-1$，因为函数在 $(0, +\infty)$ 上单调递减，所以 $m=-1$。

师：有问题吗？

生：没有。

师：表述很清晰，思维很严谨，谢谢。通过本节课你们学到了哪些内容，请同学们帮我总结一下（计算机随机抽选）。

生：学到了利用函数图象得到函数性质。

师：还有吗？

生：没有了。

【作为当堂检测题，目的是检验学生一堂课的学习成果，此时可用举手普查的方法或者用随机抽样的方法来了解学生掌握情况，而不太适合用学生主动回答的方法来展示结果，否则，教师将失去一次宝贵的了解课堂效果的机会】

五、小结反思，素养提升

师：请坐，我来完善一下，通过数学抽象得出函数的概念，体现数学抽象的素养，通过函数图象得出函数性质，反过来，我们也可以利用性质绘制函数的图象，体现数形结合的思想（课件展示），这是本节课的作业（课件展示）。同学们，下课。

【教师的课堂小结略显仓促，没有对知识做一个系统的小结，思想方法上也过于匆忙。反思是重要的内化方法，如果时间不够，可临时将反思调整为作业，提交教师进行批阅，帮助教师了解学情，帮助学生完善知识与技能】

教学反思

2022年10月19日，我讲授了《3.3幂函数》一节，课后对本节课的反思如下：

一、反思本节课授课效果

从实际问题中抽象出5个常用的幂函数，归纳共性，给出幂函数的概念，基本达成教学目标。教学重点是五个幂函数图象与性质。利用一般函数的概念、图象与性质研究5个函数。体会研究一类函数的"基本套路"。教学难点是画 $y=x^3$ 和 $y=x^{\frac{1}{2}}$ 的图象，通过5个幂函数的图象概括共性，引导学生从"共性"及"个性"两个角度继续观察。在利用实际问题探索共性部分，由于学生还没有学习指数幂运算，应告诉学生 $y=\sqrt{x}$ 即是 $y=x^{\frac{1}{2}}$。在利用图象探究幂函数性质这一部分，由于学生还不清楚两个函数 $y=x^3$，$y=\sqrt{x}$ 的图象，因此要利用描点法进行绘制，并提醒学生取点时就应有代表性，这样可避免图象绘制不完全而导致性质观察出错。在引导探索过程中，提醒学生从函数图象及解析式两个角度认识函数的性质，从解析式中获得定义域、奇偶性等性质，这些性质反过来也可以帮助作图，使研究解析式和作函数图象相辅相成。

二、反思本节课成功之处

1. 创设情境，引出本节课的教学内容。

利用与幂函数相关的数学文化，以微课的形式引出本节课，使学生关注课堂，了解数学文化，课堂上利用小游戏环节加深学生对幂函数概念的理解，在游戏中学习数学，体会数学学习成功的喜悦。

2. 课前探究、课上随机抽选学生进行课堂展示。

课前安排授课任务，课上利用计算机随机抽选学生回答问题，使学生更好地关注课堂，调动学生的积极性，教学中本着以学生发展为本的理念，结合学案充分地给学生思考、研讨和交流展示的机会，通过教师引领、学生自主探究解决问题的思想方法，让学生通过自我展示的方式探究每个函数的性质，培养学生数学抽象思维和数形结合思想，通过师生之间不间断对话合作交流，培养学生思维的发散性和严谨性。

3. 充分利用授课软件讲授。

课上绘制图象采用在线画板，使学生感受图形的位置变化及在公共区域内相对位置的高低。加深学生对五个幂函数的理解，观察特点更为直观。

三、反思本节课不足之处

在教学完成后，仔细回味本节课，发现本节课有些内容还有待改进。首先，在定义讲授方面有点操之过急，应再随机抽选两名同学到讲台前进行游戏操作，加深学生对定义的理解。其次，随机抽选学生到讲台前板演填写表格时，应注意关注其他学生的课堂表现，避免有的学生在此期间出现"浑水摸鱼"现象。最后，在课堂教学中应多用鼓励性的语言，增加学生学习热情，鼓励学生到讲台前进行板演。

四、改进措施反思

在后面的教育教学中应更严密、更科学，尤其要预留出学生活动的时间。提高自身的教学素养，提高自己教学语言表达能力。多听、多学、多练，充分发挥学生的自主探究、自主探索的能力，为学生学习数学提供一个广阔的空间，提高学生的逻辑思维及表达能力,在分享中思考,在讨论中思考,探索发现新知,充分发挥学生的主体性和积极性。

❖ 点评

李可心老师执教的《幂函数》,采用视频导入,自主学习抽检得出幂函数定义,运用数学游戏、小练习等方法巩固幂函数概念知识。学生自主研究五类幂函数一般路径,展示清晰准确,教师有评价,有补充。当堂检测时,有学生率先完成并自告奋勇展示,思路讲解清晰,学生学习的积极性、自主性较强。整节课学生主体地位突出,学习过程完整清晰,课堂效果良好。整堂课教学具有趣味性,教师点评精准到位,富有亲和力,分析有条理,板书规范,教师教学轻松。

学生的课前学习由于缺少教师的指导,往往会出现部分同学学习效率不高的情况,前置学案是对这一缺陷的弥补,教师通过前置学案指导学生课前相对高效的学习,并利用前置学案上的问题链,将一堂课的内容由浅入深地在学生心中串成串,初步搭建起知识框架。前置学案也是学生自我检测课前学习效果、发现和反馈问题给教师的重要工具。可以说前置学案的合理设计与正确使用,直接关系到前置学习的成效和以学定教的准确度。李可心老师对于前置学案的用法是,学生前置学习,当堂展示,同伴互助补充,教师深挖完善。课前的前置学案,在课上又成为有效的导学案。课前课上均成为引导学生思考,把握知识脉络的有效工具。前置学案的设计可再放手些。

1. 内容上,可再深一些。给学生更多的探究和思考空间,不用过于简单,因为学生还可以通过同伴互助、交流讨论的方式进行学习。

2. 使用上,可再松一些。课前根据问题反馈单了解学生的前置学案完成情况,学生学会的课堂上可一带而过,学生不会的课上重点引导突破。这样可以将更多的时间留给学生往广里学,往深里钻。

总之,前置学案的设计与使用,应注意设计的合理性、使用的充分性,发挥前置学案课前为学生指导学习、课上为教学指明方向的作用。

附录：《幂函数》前置学案

一、教学目标

1. 通过对实际背景整理，抽象出幂函数的概念；
2. 画出 5 个幂函数图象，整理幂函数的性质并能进行初步应用；
3. 体会一般函数研究的基本步骤，进一步渗透数学抽象和数形结合的数学思想。

二、自主学习任务

任务一：

根据下列问题写出 y 关于 x 的函数：

（$\dfrac{1}{t}$ 可以表示成 t^{-1}，$\sqrt{s}$ 可以表示成 $s^{\frac{1}{2}}$）

问题 1：如果李老师以 1 元/千克的价格购买了某种蔬菜 x 千克，那么她需要支付的钱数 $y=$ _____ 元，这里 y 是 x 的函数；

问题 2：如果正方形的边长为 x，那么正方形的面积 $y=$ _____，这里 y 是 x 的函数；

问题 3：如果立方体的棱长为 x，那么立方体的体积 $y=$ _____，这里 y 是 x 的函数；

问题 4：如果正方形广场的面积为 x，那么广场的边 $y=$ _____，这里 y 是 x 的函数；

问题 5：如果某人 x 秒内汽车前进了 1 千米，那么他的平均速 $y=$ _____ 千米/秒，这里 y 是 x 的函数；

问题：从以上你所得到的函数解析式结构上看，有什么共同点？

任务二：

分别在不同的坐标系中利用描点法画函数 $y=x$，$y=x^2$，$y=x^{-1}$，$y=x^3$，$y=x^{\frac{1}{2}}$ 的图象。

三、课堂探究

探究 1：

例 1：已知函数 $f(x)=(3-m)x^{2m-3}$ 是幂函数，则 $f\left(\dfrac{1}{2}\right)=$ _____。

探究 2：

根据 $y=x$，$y=x^2$，$y=x^{-1}$，$y=x^3$，$y=x^{\frac{1}{2}}$ 幂函数图象，填写表格一。

表格一

	$y=x$	$y=x^2$	$y=x^{-1}$	$y=x^3$	$y=x^{\frac{1}{2}}$
定义域					
值域					
奇偶性					
单调性					

探究3：在同一直角坐标系中画 $y=x$，$y=x^2$，$y=x^{-1}$，$y=x^3$，$y=x^{\frac{1}{2}}$ 幂函数图象，观察它们的共性和个性，填写表格二。

表格二

	$y=x$ $\quad$ $y=x^2$ $\quad$ $y=x^{-1}$ $\quad$ $y=x^3$ $\quad$ $y=x^{\frac{1}{2}}$
奇函数	
偶函数	
在 (0，+∞) 上是单调增函数	
在 (0，+∞) 上是单调减函数	
在第一象限内图象的公共点	

四、当堂检测

1. 利用幂函数的性质，比较下列各题中两个值的大小
   (1) $(-1.5)^3$ $\quad$ $(-1.4)^3$ $\qquad$ (2) $(-2)^{-1}$ $\quad$ $(-3)^{-1}$

2. 幂函数 $y=(m^2-2m-2)x^m$ 的图象在 $(0，+∞)$ 上单调递减，则（ 　 ）
   A. $m=3$ $\qquad$ B. $m=-1$ $\qquad$ C. $m=3$ 或 $m=-1$ $\qquad$ D. $-1<m<3$

五、问题与反馈

请记录下你在阅读教材以及完成学案的过程中，遇到了什么疑惑与困难？

《二维形式的柯西不等式》课例评析

授课地点：六盘水市第三中学
授课时间：2022 年 11 月
授课教师：林　昌
点评教师：刘　勃

教学设计思路

（一）前置学习任务布置

阅读教材《二维形式的柯西不等式》的相关内容，完成下列任务：

通过前置学习，尝试解决下面问题：

任务一：复习平面向量的相关知识。

任务二：思考完成前置学案上三个思考问题，通过三个问题探究得到定理（二维形式的柯西不等式）。

任务三：利用我们前面学习过的不等式的证明方法，你还有其他方法证明二维形式的柯西不等式吗？

任务四：观察二维形式的柯西不等式，思考它有怎样的结构特征，取等条件怎么理解？

任务五：记录下你阅读教材以及完成学案的过程中遇到了什么疑惑与困难，并与同伴交流讨论。

（二）前置学习设计理念

1. 本节前置学案的依据

本节课是在复习回顾平面向量数量积、模、数量积的坐标运算、向量共线的坐标表示等知识的基础上再探究形成新的知识过程。同时也为一般形式柯西不等式的学习奠定一定的基础。

2. 本节前置学案的预期目标

（1）通过三个问题的思考与探究得到二维形式的柯西不等式。

（2）观察柯西不等式，发现柯西不等式的结构特征和取等条件。

（3）通过练习进一步巩固对柯西不等式结构特征和取等条件的掌握。

3. 本节前置学案的学科素养

（1）逻辑推理：借助平面向量数量积推导出柯西不等式的向量形式，结合向量模与共线的坐标运算推导出二维形式的柯西不等式的代数形式，同时渗透了等价转化的思想方法。

（2）数学运算：柯西不等式的推导过程和结构特征取等条件的练习都用到了运算。

教学过程

一、微课导入、前置再现

师：今天我们来学习二维形式的柯西不等式，通过阅读教材，我们知道柯西不等式是法国数学家柯西的研究成果，下面我们通过一段视频了解柯西在数学及其他学科领域的主要贡献。

（多媒体播放介绍数学家柯西在数学及其他学科领域的主要贡献，并展示前置学案）

师：下面我们一起来回顾前置学案完成了哪些任务？

首先通过三个问题探究出了二维形式的柯西不等式。

问题1：设 $\vec{\alpha}$，$\vec{\beta}$ 是平面内的两个向量，那么 $\vec{\alpha}$ 与 $\vec{\beta}$ 的数量积的定义是什么？

问题2：根据数量积的定义，$|\vec{\alpha} \cdot \vec{\beta}|$ 怎么计算？$|\vec{\alpha} \cdot \vec{\beta}|$ 与 $|\vec{\alpha}||\vec{\beta}|$ 的大小关系如何？为什么？

问题3：设在平面直角坐标系 xOy 中，向量 $\vec{\alpha}=(a, b)$，$\vec{\beta}=(c, d)$ 那么不等式 $|\vec{\alpha} \cdot \vec{\beta}| \leq |\vec{\alpha}||\vec{\beta}|$ 又可以怎样表示呢？

（教师展示二维形式的柯西不等式并且板书二维形式的柯西不等式，然后一起总结二维形式的柯西不等式的结构特征和取等条件）

师：根据各组填写的问题反馈单，我梳理出下面三个问题，小组讨论后代表来回答。

【至此，了解到林老师"前置学习"的流程与具体内容：

1. 前置学习流程

教师设计前置学案→学生阅读教材→学生完成学案→学生讨论完善学案，互助解决力所能及的问题→学生反馈尚未解决的问题→教师根据学生反馈有的放矢地备课。

2. 前置学习内容

利用三个问题，从回顾已学内容"向量数量积的定义"，到观察等式结构，再到思考探究发现二维柯西不等式】

二、共性问题、引导探究

展示三个问题：

问题1. 柯西不等式取等号的条件为什么是 $ad=bc$？

问题2. 解决课堂练习的关键是什么？请以第3小题为例说明。

问题3. 通过课堂练习，你觉得二维形式的柯西不等式有什么应用？

【教师收集学生共性问题，实施课堂教学，落实以学定教】

小组代表回答相应问题：

生：因为$|\cos\theta|=1$时不等式$|\vec{\alpha}\cdot\vec{\beta}|\leq|\vec{\alpha}||\vec{\beta}|$取等号，而当$|\cos\theta|=1$，向量$\vec{\alpha}$、$\vec{\beta}$共线，向量共线的坐标表示时$ad=bc$，所以柯西不等式取等号的条件是$ad=bc$。

生：解决课堂练习的关键是找好对应，$4a^2$是$(2a)^2$，$9b^2$是$(3b)^2$，不等式右边的$2a+9b$是$2a\times1+3b\times3$，所以括号中应该填1^2+3^2，掌握柯西不等式的关键是找好对应。

师：看得出来，这两个同学在学习中很认真地观察和思考，值得我们学习，我们为这种认真的学习态度鼓鼓掌好不好？第三题哪个小组来回答？

生：当不等式右边的乘积和是定值时，左面的平方和有最小值，取最小值是多少关键是系数的配凑；当不等式左边的平方和是定值时，右边的乘积和的平方有最大值，取最大值是多少关键是系数的配凑。

师：同学们提出的共性问题非常好，这也是我们本节课的重点和难点，下面我们通过达标检测来看看大家对前面问题的理解和掌握情况。

三、达标检测、巩固提高

（1）已知实数x，y满足$2x+3y=1$，求$4x^2+y^2$的最小值。

（2）求函数$y=3\sin x+4\cos x$的最大值和最小值。

（思考交流后）小组代表在黑板上书写解题过程，并讲解解题过程。

$(4x^2+y^2)(1^2+3^2)\geq(2x+3y)^2=1$

$4x^2+y^2\geq\dfrac{1}{10}$

当且仅当$6x=y$时取等号

$(3\sin x+4\cos x)^2\leq(3^2+4^2)(\sin^2 x+\cos^2 x)=25$

$-5\leq3\sin x+4\cos x\leq5$

当且仅当$3\cos x=4\sin x$时等号成立

师：大家一起来看看他们的解题过程，没有问题，我们来做下一道题。

（3）已知实数x，y满足$(x-1)^2+y^2=4$，求$x+2y$的最大值。

【教师针对学生共性问题设置当堂练习，一为当堂反馈，检测学生的掌握情况，二为当堂复习巩固，减轻课后通过作业复习巩固的负担】

三个同学在黑板上用三种方法来解题。

方法一：$[(x-1)^2+y^2](1^2+2^2)\geq[(x-1)\cdot1+2y]^2=(x+2y-1)^2$

$(x+2y-1)^2\leq20$

$x+2y\leq2\sqrt{5}+1$

方法二：当且仅当$2(x-1)=y$时等号成立

设$z=x+2y$即$x+2y-z=0$

圆心（1，0）到直线$x+2y-z=0$

的距离$d=\dfrac{|1+2\times0-z|}{\sqrt{1+4}}=2$

解得 $z=2\sqrt{5}+1$ 或 $1-2\sqrt{5}$

所以 $x+2y$ 的最大值为 $2\sqrt{5}+1$

方法三：圆的参数方程为 $\begin{cases} x=1+2\cos\alpha \\ y=2\sin\alpha \end{cases}$ （α 为参数）

所以 $x+2y=1+2\cos\alpha+4\sin\alpha=1+2\sqrt{5}\cos(\alpha-\alpha_o)$

当 $\cos(\alpha-\alpha_o)=1$ 时，$x+2y$ 有最大值 $1+2\sqrt{5}$

【学生展示，训练学生的表达能力，对讲的同学来说，是在用学习金字塔最底层的"讲给别人听"高效学习，长此以往，当同学们都习惯于"讲给别人听"的时候，班级处处皆是"小老师"，请教、讨论、交流的氛围也就形成了】

师：方法一是利用我们今天学习的柯西不等式来求最值；方法二是利用直线与圆线切来求目标函数的最值；方法三是利用圆的参数方程进行换元来求线性函数的最值。还是柯西不等式比较直接，所以以后我们遇到已知平方和是定值来求线性函数最值用柯西不等式比较好。这就是我们这节课要完成的利用柯西不等式求最值。应用二大家课后完成。

【教师在学生做题实践的基础上，总结对比三种方法的优劣，发挥了教师"提升能力加深理解"的作用】

四、总结反思、多维收获

师：下面我们来分享一下本节课学习的知识收获、能力提升、思想方法。

知识收获：二维形式的柯西不等式的结构特征和取等条件。

二维形式的柯西不等式的应用：求最值、证明不等式。

能力提升：独立思考、积极探索的习惯和逻辑推理能力。

核心素养：直观想象（数形结合）和数学运算。

五、课后探究

设 a_1，a_2，a_3，b_1，b_2，b_3 是任意实数，则 $(a_1^2+a_2^2+a_3^2)(b_1^2+b_2^2+b_3^2)$ 与 $(a_1b_1+a_2b_2+a_3b_3)^2$ 有什么关系呢？

$(a_1^2+a_2^2+\cdots+a_n^2)(b_1^2+b_2^2+\cdots+b_n^2) \geq (a_1b_1+a_2b_2+\cdots+a_nb_n)^2$ 是否也成立？这就是我们下节课要学习的一般形式的柯西不等式。

❖ 教学反思

本节课基本达成教学目标，学生从代数形式和向量形式两个方面对二维形式的柯西不等式加以认识。在柯西不等式探究的过程中培养了学生的观察能力、推理能力、归纳能力。同时渗透了数形结合、等价转化的数学思想。

从不等式的发现、理解到应用，是一个循序渐进的过程，本节课通过精心设置低起点、高落脚点的问题链，由表及里逐步突破教学重难点，逐步实现教学目标，使学生在一个个问题的思考、解决中逐步完善对不等式的认知，深化对其内涵的理解，同时提升思维品质。

灵活应用的前提是学生对柯西不等式中四个实数的排列规律和取等条件能够理解和掌握，课堂练习的安排恰到好处，为进一步的灵活应用打下坚实的基础。学生课堂参与度高，积极回答问题和板书解题过程，充分发挥了学生的主观能动性，自主探究、合作交流，通过问题的解决获得成就感，增强了学好数学的信心，提高了学习数学的兴趣。

本节课还有一些不足之处：1. 整节课的节奏把握、各个环节时间分配不够合理，比如探究过程和证明给学生的时间有点多，导致后面应用环节、总结环节节奏过快；2. 课堂练习环节检查对错情况及总结环节教师语言不够简练，关键点总结不够到位；3. 对后面板书解题过程的学生未给出恰当的评价。

所以，在今后的教学过程中要合理安排教学容量，把控好各个环节的节奏和时间分配；问题的设置要符合学生的知识水平和思维能力，由浅入深，层层递进；另外，对知识的总结要到位，对后进生的关注度要提高。

❖ 点评

林昌老师执教的《二维形式的柯西不等式》一课，是针对学生共性问题的教学（课堂教学生不会的），这是前置学习的一大精髓。课堂实现了从教"记忆模板"到教"观察思考"的转变。课前前置学习有效，对课堂起到了"定方向"的作用，课上讨论时间充分。

从本节课的学习过程与整体效果来看，前置学习，变"上课学习知识，下课巩固练习"的形式为"课前学知识，课上解疑惑"，是对课堂模式的翻转，这样的模式更有利于将学习主动权还给学生。

（1）角色的变化

学生的学法由通过"聆听模仿"学习新知转化为通过"自主学习、探寻答案"探索知识；

教师的角色也由"通过授业传道"转化为"通过解惑传道"；

教师的任务从"根据教学内容设计课堂、设置课后作业"转化为"设置前置任务，根据学生疑惑以及学习的深度设计课堂"。

这些变化表面上看似是形式上的转变，实质上却是将"教学生知识技能"提升到"培养训练学生学习能力"的高度，真正做到学习上的"授人以鱼不如授人以渔"！

（2）素养的发展

人文底蕴的发展：关于数学家柯西，通过课前的教材阅读和视频观看，学生对一位伟大而又陌生的数学家有了更进一步的了解，为数学人文积淀、人文情怀和审美情趣的发展起到积极的推动作用。

科学精神的发展：学生课前的自主学习减少了教师的参与，在独立思考与交流讨论中更有利于理性思维、批判质疑和勇于探究精神的培养。

"学会学习"的发展：通过在前置学案的引导下阅读教材自学、记录疑惑问题、讨论交流等方式，培养发展学生乐学善学、勤于反思、信息整合的学会学习核心素养。

附录:《二维形式的柯西不等式》前置学案

一、教学目标

1. 掌握二维形式的柯西不等式的结构特征和取等条件;
2. 渗透数形结合、等价转化的思想方法。

二、二维形式的柯西不等式的探究

1. 通过下面三个问题,进行探究二维形式的柯西不等式。

问题1:设 $\vec{\alpha}$,$\vec{\beta}$ 是平面内的两个向量,那么 $\vec{\alpha}$ 与 $\vec{\beta}$ 的数量积的定义是什么?

问题2:根据数量积的定义,$|\vec{\alpha} \cdot \vec{\beta}|$ 怎么计算?$|\vec{\alpha} \cdot \vec{\beta}|$ 与 $|\vec{\alpha}||\vec{\beta}|$ 的大小关系如何?为什么?

问题3:设在平面直角坐标系 xOy 中,向量 $\vec{\alpha}=(a,b)$,$\vec{\beta}=(c,d)$ 那么 $|\vec{\alpha} \cdot \vec{\beta}|$ 与 $|\vec{\alpha}||\vec{\beta}|$ 大小关系又可以怎样表示呢?

2. 二维形式的柯西不等式(定理)。

3. 二维形式的柯西不等式的证明:利用我们前面学习过的不等式的证明方法,你还有其他方法证明二维形式的柯西不等式吗?

4. 观察柯西不等式,你能发现它有怎样的结构特征、取等条件,又该怎样记忆?

三、完成下面练习

1. $(a^2+b^2)(1^2+2^2) \geq (\underline{\quad}+\underline{\quad})^2$ 当且仅当(　　　　)时取等号。
2. $(\underline{\quad}+\underline{\quad})(4+9) \geq (2b+3a)^2$ 当且仅当(　　　　)时取等号。
3. $(4a^2+9b^2)(\underline{\quad}+\underline{\quad}) \geq (2a+9b)^2$ 当且仅当(　　　　)时取等号。
4. $(\underline{\quad}+\underline{\quad})(a+b) \geq (4\sqrt{a}+5\sqrt{b})^2$ 当且仅当(　　　　)时取等号。

问题反馈:

请记录下阅读教材及完成学案的过程中,你遇到了什么疑惑与困难?

《几何概型》课例评析

授课地点：六盘水市第三中学
授课时间：2020年11月24日
授课老师：沈鸿玲
点评教师：朱家彦

教学设计思路

（一）前置学习任务布置

阅读教材《几何概型》的相关内容，完成下列任务：

任务一：梳理《几何概型》基础知识，完成学案相关内容。

任务二：请你举一举生活中的古典概型和几何概型的例子。

任务三：完成前置学案上的应用问题。

任务四：记录下你阅读教材以及完成学案的过程中遇到了什么疑惑与困难，并与同伴交流讨论。

（二）前置学习设计理念

1. 教学目标

（1）知识方面

理解几何概型的意义、特点；掌握几何概型的概率公式，会用公式计算几何概型；会从具体问题中抽象出数学概率问题，并会选用合适的概率模型进行解决。

（2）技能方面

通过自主阅读、独立思考、合作探究、交流展示，培养学生整合信息的能力，通过学生自我归纳小结培养学生信息系统化的能力。

（3）情感态度与价值观

体验从自学过程中的收获与困惑并重的迷茫，到小组互助解决问题的豁然开朗，再到对知识深刻理解后将其系统储备于头脑中的满足感的情感升华过程。形成面对困难勇于探究的处事态度。在互助中强化友善、在质疑与交流中强化和谐、自由、平等的价值观。

（4）核心素养

让学生在自学中培养乐学善学、勤于反思、信息意识、问题意识的核心素养，在讨论中培养学生理性思维、批判质疑、勇于探究的核心素养，在课堂引导中提升学生的数学抽象、数学运算、数学建模的能力，并让学生感知生活中的数学，体会数学文化，逐渐培养数学素养。

2. 过程与方法目标

（1）方法：前置学习、以学定教。

（2）过程：（课前）学生自学→讨论探究→教师引导→学生归纳小结。

3. 教学重点、教学难点

重点：几何概型的特点，几何概型的概率计算公式及其应用。

难点：选用合适的概率模型解决实际问题，在用几何概型解决问题时，会选用合适的几何度量。

4. 教学策略与方法

秉承先学后教、以学定教的思想，采用前置学习方式进行学习。因此，本课分为课前和课中两个环节。

课前五步：

第一步：学生自行阅读、查看资料学习；

第二步：独立完成学案，记录疑惑问题；

第三步：小组交流讨论，解决力所能及；

第四步：小组反思小结，填交问题反馈；

第五步：教师梳理知识，落实以学定教。

教学过程

一、微课提趣

师：数学的发展可以追溯到人类的起源，从远古时代的结绳记事，到今天数学在各个领域的应用，都体现了数学神奇的魅力。今天就先从一段小视频来了解一下我们要学习的几何概型的有趣起源与发展吧！

（播放教师提前录好的微课）

二、前置学习过程回顾（前置学案附后）

师：好，了解了几何概型有趣的起源与发展，现在让我们开始这节课的学习吧。昨天我们利用了一节课的时间，已经进行了前置学习，现在就让我们一起回顾一下昨天同学们学习的过程吧！

（依次播放教师拍摄的学生学习过程的画面：1. 自行阅读、查看资料学习；2. 独立完成学案、记录疑惑问题；3. 小组交流讨论、解决力所能及的问题；4. 整理上交问题反馈单）

师：在图片中看到自己了吗？

（学生有说"有"的，有摇头的）

【"前置学习、以学定教"第一个关键词是"学"，学什么？如何学？学得如何？

这里，沈老师制订导学案，明确学习目标、指导学生学习；学生查看资料深度学习、拓展学习；学生小组讨论，自行解决能解决的问题。这些法子，解决了学生学什么、如何学的问题。至于学得如何？学生能解决的问题都解决了，不能解决的，便整理为问题反馈清单交给教师。至此，前置学习的第一个环节完成，生成了第二个环节的"教"和"学"任务】

师：老师整理了你们提交上来的问题反馈单，将你们存在的共性问题进行了梳理，主要是三个问题：分别是前置学案上的第 5 题和第 7 题，表示理解得不是很清楚，还有就是感觉会做题，但对概念依然有点模糊。那么，现在我们就一起来解决一下概念的问题。在解决之前，在我们昨天发的前置学案上，有这样一道题：让你们举一举生活中的古典概型和几何概型的实例。老师很好奇你们举了哪些例子，又是怎样举出来的呢？有哪个小组愿意上来展示一下自己的成果，上来展示的小组有机会按照我们的奖罚规则来填图这个大转盘哦！

【"前置学习、以学定教"的另一个关键词是"定"。如何定？定得如何？是教师展开第二个教学环节的逻辑起点。学生前置学习的情况是"定"的基础，课程标准、高考要求是"定"的依据。沈老师通过对问题反馈清单的梳理，整理出了学生前置学习没有解决的三个共性问题，也即第二个教学环节的基本任务】

三、成果展示

（有一个小组先举起了手）

师：好，你们小组来！

生 1：我们找到的古典概型是抛硬币和掷骰子，几何概型是老师画的这个大转盘。

师：同学们对这个例子有什么意见吗？

生 2：老师，我感觉他举的大转盘例子不对，如果大转盘是等分的，那么它的基本事件数就是有限个，应该是古典概型。

师：嗯，同学们对他俩说的有什么想法吗？

（同学们相互看看，不知道该怎么说好）

【此所谓"不愤不启，不悱不发"，教师一定要有足够的耐心，等待"启"和"发"的契机。此处，"同学们相互看看，不知道该怎么说好"就是"思考问题时有疑难想不通""想表达说不出来"的"时机"，是"启""发"的契机】

师：好，那么老师想先请你（指学生 1）解释一下，为什么抛硬币和掷骰子是古典概型呢？

生 1：因为抛硬币就两个基本事件，正面和反面，每个发生的概率都是二分之一，掷骰子有六个基本事件，每个发生的概率都是六分之一，所以它们俩是古典概型。大转盘的指针可以随机停在任意一个位置，基本事件数有无数个，所以它是几何概型。

师：嗯，你说得非常好，你从古典概型和几何概型的定义出发，来解释了它们为什么是古典概型和几何概型，那么我们现在看看，学生 2 说得有没有道理呢，如果这个大转盘是等分的，我们可不可以把它的基本事件数看作是有限个呢？（停顿一会儿，给学生思考的时间）就像这个大转盘，被等分了 12 份，那么就可以把它的基本事件数看作是 12 个，每个基本事件数发生的概率是均等的。在这个大前提下，它是不是也可以被看作是古典概型呢？

（学生纷纷点头）

师：所以，他们两个同学刚刚说得都对，以后我们要判断一个概率模型是不是几何概型，只需要从它的概念入手。你们刚刚的表现都很棒，找到一个自己喜欢的位置，填上属于你们组特有的标志吧！

【老师循循善诱的"启"和"发"，使问题水到渠成地解决。可贵的是沈老师不是给学生"讲"问题，而是始终在做一个引导者，引导学生探究问题，最后解决问题。这个"引导"的过程、这个"探究"的过程就是促进学生思维发展的过程】

师：通过刚刚两位同学的展示和说明，现在同学们对几何概型的概念清楚了吗？

（学生们有的说"清楚了"，有的说"看它们的基本事件数，是有限个还是无限个"，还有的说"基本事件发生的概率要相等"）

师：同学们说得都非常棒，看来同学们对几何概型的概念已经很清楚了，那么我们来思考一下，做一道概率题时，步骤应该是什么呢？

【引导学生进一步思考，深度学习】

（给学生们思考的时间）

（学生们开始说"先根据它们的概念判断是古典概型还是几何概型"）

师：很好，那第二步呢？

（学生们思索了一会儿，有声音说"看它是什么几何概型"）

师：也就是我们接下来应该判断它是哪种几何概率模型，它的测度应该是什么呢？

（学生们纷纷说"是长度，是面积，还是体积"）

师：嗯，非常好，那最后呢？

（学生大多都回答"用它的公式计算"）

四、小组互助答疑

师：好，现在我们知道了做一道概率题的步骤。昨天大多数同学提出对第5题和第7题不是很清楚，但是有的小组掌握了这两道题，那么，现在我们就用小组互相答疑的形式来共同解决一下这两道题吧！小组内讨论好可以讲哪道题，就可以直接上来讲解了，没有上来的小组要认真聆听，在台上同学讲解的过程中，如果有什么疑问可以提出来，有效的提问也可以为自己小组赢得涂色的机会哦。还有，如果有第二种、第三种方法，可以加倍得分！好了，时间交给你们，思考好的小组就可以随时上来讲解了。

（由于在前置学习环节，小组已经就题目讨论交流过，所以教师话音刚落，就有同学上台来讲第5题了）

生3：可以在这里作 AB 的平行线，让上下的比值是1比2，然后 P 点就在上面取符合题意的一点，再用上面的面积与下面面积比，就得到了九分之一。

（同学们表示对生3讲解的内容不是很理解）

生3：把这个平行线设成 D、E，CD 与 CA 的比值是1比2，当 P 在三角形 CDE 中移动时，就符合题意，然后用它们两个的面积比，就是九分之一。

生4：九分之一是怎么算出来的？

生3：这两个三角形相似，相似比是1比3，那面积比就是1比9了。（边讲边指图）

师：同学们对他讲解的内容还有疑问吗？

（学生们表示会了）

师：看来生3讲解得很棒，同学们都学会了这道题。但老师还是给一个小小的建议，如果下次我们上来讲题，先说一下它是哪种类型的题目，为什么是，然后按照步骤计算出结果，大家是不是就会听得更清晰呢？（在这个环节教学生表达）好，你的挑战成功了，为你们小组争得了荣誉，现在可以涂大转盘了。

【按照学习金字塔理论，"讲"的人学习收获最大，按照这个观点，生3收获最大，其他同学也深度参与进来了。我们一起思考，假如上面这道题是沈老师自己直接讲，其他学生的学习效果会有变化吗？让沈老师讲好，还是生3讲更好？】

师：还有一道题的机会了。

（有小组同学直接上来要讲题了）

生5：我讲的是第7题。（边说边在黑板上画图，指图说这个角度是30度，这个是90度，然后比是三分之一）

（表述得不是很清楚，生5也看到大家不是很明白的表情，有点紧张）

师：没关系，别紧张，试着整理一下语言，按照我们的解题步骤来讲解。

生5：题中说在角DAB内任作射线AP，基本事件数是无限个，所以是几何概型，题中说要AP与线段BC有公共点，所以就要在这个区域作射线，根据题中给出的长度（边说边标上了AB、BC的长度），就可以算出这个角是30度，这个角明显是90度，用90度比30度，就可以算出来了。

生6：是用30度比90度。

（生5在黑板上做了修改）

师：同学们对他的讲解清楚了吗？还有什么疑问吗？

生7：我们有别的方法，可以用弧度比。

师：很好，请你上来给大家讲讲。

生7：请大家仔细看图观察，射线AP与边BC有交点，那么射线AP在角CAB内运动，那么射线AP扫过的弧长是角DAB所对应弧长的三分之一，大家听明白了吗？（生7边讲边在图形上比画，所有同学齐声回答"听明白了"）

师：同学们既然听懂了这名同学所讲的方法，那么我们就请这位同学为他们这组在大转盘上涂上两块区域了。

生8：老师，我们有第三种解法。（这位同学把手举得很高）

师：好的，我们请这位同学上前来展示一下。

生8：其实我们还可以用面积之比，用射线AP所经过的与边BC有交点的扇形的面积比上整个扇形的面积，这样得出的答案也是三分之一（生8在黑板上写出了面积比的过程）。

师：同学们听懂了吗？

生（全体）：听懂了。

师：有没有什么疑问？

生（全体）：没有。

师：好，那么请这位同学在大转盘上涂上属于你们小组的三块区域（教师还没说完学生8就过去涂大转盘了）。

师：嗯，这名同学很积极呀！（同学们笑了）

【这是一个非常精彩的教学片段。看看教师的表现："没关系，别紧张，试着整理一下语言，按照我们的解题步骤来讲解。""同学们对他的讲解清楚了吗？还有什么疑问吗？""好的，那我们请这名同学上前来展示一下。"老师始终在鼓励、在关切，在游刃有余和顺其自然中推进教学。再看看学生的表现：生5的讲解引出了生6的纠正，以及生7和生8的不同解法。学生的内生动力得到了激发，学生的自信心得到了加强，学生的思维在碰撞与交流中得到了发展】

师：同学们讲得都非常好，请大家给我们自己一点掌声，表扬表扬我们自己。那么现在请同学们想一想，为什么这道题可以用角度、弧度还有面积之比呢？而且得出的答案都是一样的？

（全体同学想了一会儿，没人能回答出来）

师：请同学们想一想，扇形的面积公式是什么呀？

生：$S = \frac{1}{2}lr = \frac{1}{2}ar^2$。

师：好，请同学们仔细观察这个公式，在同一个扇形中，半径是一样的，面积之比等于弧长之比也等于角的弧度之比，因此，利用这三种方法算出来的结果都是一样的（同学们恍然大悟）。

五、当堂检测

当堂检测题目单

在三角形 ABC 中，$\angle ACB = 90°$，$\angle CAB = 60°$。

（1）在线段 AB 上任意取一点 M，$AM \leq AC$ 的概率是（　　）

A. $\frac{1}{3}$　　　　B. $\frac{1}{2}$　　　　C. $\frac{2}{3}$　　　　D. $\frac{\sqrt{3}\pi}{9}$

（2）在三角形 ABC 内任意取一点 M，$AM \leq AC$ 的概率是（　　）

A. $\frac{1}{3}$　　　　B. $\frac{1}{2}$　　　　C. $\frac{2}{3}$　　　　D. $\frac{\sqrt{3}\pi}{9}$

师：好了，同学们，我们这节课利用小组互助答疑的学习方式解决了上节前置学习留下的问题，那么现在请大家一起做一下当堂检测。

（师展示当堂检测PPT，并观察学生完成的情况，对个别同学进行了提示、指导）

（大约过了6分钟，教师观察同学们基本完成了测试题）

师：第一题的答案是？

生（全体）：B。

师：第二题的答案是？

生（全体）：D。

六、总结反思

师：看来同学们对这节课的知识已经掌握了，同学们用前置学习的方式出色地完成了本节课的学习任务。老师相信，在学习过程中，同学们一定都有所收获，那么我们看一看前置学习案上还有一个未完成的模块。

生（全体）：总结反思。

师：很好，现在就请同学们思考两分钟，今天我们都收获了什么呢？

（过了一会儿，有一个女同学举手）

生9：这节课很愉快，也收获了很多。我学到了几何概型的概念，也学到了一些经典题型，还了解到古典概型和几何概型的区别，也感受到了小组合作的好处和愉快。但是，讲题的同学声音有点小，如果能大声一点就更好了。

师：说得很好，本节课你不仅仅收获了知识，还体会到了与同学们交流学习的快乐，并指出了同学们需要改进的地方。

生10：自主学习可以让我们更深层次地理解所学知识，前置学习可以让我们学起来更轻松，小组交流可以有思想的碰撞和方法的融合，让解题更加多元化。

师：老师感觉你说得真的太棒了，听到你有这样的收获，老师真的很开心。

生8：这节课让我知道了以后上台讲题时，要像老师说的一样，先理清自己的思路，按解题步骤讲解会表达得更清楚。还有，通过自己查资料，学习到的知识更牢固，给别人讲完的题自己感觉理解更深刻了。

师：很好，看到同学们今天有这么多的收获，老师很高兴，但也有一点小失落，我以为会有同学说收获了和美女老师共度了一节课的美好时光，和大家开个小玩笑。同学们应该感受到了，今天的学习方式和以往我们常规的学习方式不太一样，本节课你们通过自己查资料、与同学互助交流获得了知识。通过这样一节前置学习的课堂，老师想让大家明白：第一，要相信自己，我们有能力通过自主学习获取很多知识。第二，老师不是你获取知识的唯一途径，在你成长的路上，老师只能帮助你走一段路，但如果你要是学会了思考、交流、表达、倾听，有问题时懂得与身边的人交流，就拥有了一个强有力的武器。

【两道"当堂检测"题似乎简单了些，"生（全体）：B""生（全体）：D"就是明证。但，"今天我们都收获了什么呢"不是个简单的问题，好在同学们回答得很精彩："这节课很愉快，也收获了很多""前置学习可以让我们学起来更轻松，小组交流可以有思想的碰撞和方法的融合""给别人讲完的题自己感觉理解更深刻了"。学生收获了愉悦的心情、收获了自信，也收获了知识、能力和素养，这是一堂成功的课】

师：最后，我们来看一下今天获胜的是哪个小组？

（教师指向大转盘）

生（全体）：红色小组和蓝色小组。

师：让我们恭喜他们。

（学生齐鼓掌）

师：如果老师把大转盘旋转起来，用这节课学习的知识，指针最有可能指向哪个小组呢？

生（全体）：他们两个小组。

师：指针一定会指向他们两个小组吗？

生（全体）：不一定。

师：我们说人生充满了不确定性，但今天他们两个小组用自己的努力将成功的几率扩到最大，老师希望今后你们也可以通过自己的努力，不断提高自己，获得成功。

七、课后探究

（师切换PPT）

师：同学们看看这幅图是什么？

生：好像是牛奶箱。

师：对，这是我家门口的牛奶箱，它和我们今天学的几何概型又有什么关系呢？我们说，数学来源于生活，这是我们下节课要探究的另外一类几何概型的题型，老师已经把它放在了下一节课的前置学案上，大家回去一探究竟吧！

【这道作业题有点吊胃口，学生回去得一探究竟吧？这作业倒是符合"提高作业设计质量，精心设计基础性作业，适当增加探究性、实践性、综合性作业"的要求。最近参加了一些活动，听了不同学校、不同学段、不同学科的一些老师的课，发现一个共同问题：作业设计仍显薄弱，值得进一步重视。希望有老师立一些课题，进一步研究；增强实践，进一步总结】

❖ 教学反思

本节课我采用的是"前置教学、以学定教"的教学模式。对本节课的反思如下：

一、设计思路

（一）课前

第一步：学生自行阅读、查看资料学习；

第二步：独立完成学案，记录疑惑问题；

第三步：小组交流讨论，解决力所能及；

第四步：小组反思小结，填交问题反馈；

第五步：教师梳理知识，落实以学定教。

（二）课中

第一步：通过微课导入；

第二步：成果展示互助答疑；

第三步：教师引导学生对未能解决的遗留问题和难点内容进行突破；

第四步：当堂检测；

第五步：反思分享。

（三）课后

对几何概型有初步认识，学会用本节课的知识解决我们生活中的一些常见的问题，感受数学来源于生活，应用于生活。

二、教学内容选取与组织

通过问题情境及习题设置，将学生思维层层推进，逐步生成和完善本节知识体系。

三、教学模式与组织形式

模式：前置学习、以学定教

组织形式：自主阅读、交流合作、成果展示、动手体验、反思分享。

四、教学成功与不足之处

我认为本节课我设计的前置学案比较合理，首先明确了学习内容与具体的学习目标，给学生自学指明了方向。而后通过学习，让学生们通过类比的学习方式，感受新知（几何概型）与旧知（古典概型）之间的区别和联系，可以很好地帮助学生理解几何概型的概念，加强对新知的理解与认识。最后通过让学生探究生活中有哪些几何概型与古典概型的例子，让数学回归生活，同时给出一些典型习题让学生自测学习效果，清楚自己对本节内容掌握的程度。通过完成前置学案，让学生增强了学习的自信心，让学生感觉即使没有老师，也是可以通过自己的能力获取知识的，这对提高学生的自主学习能力与学习兴趣至关重要。也正因此，学生前面做得好，课上每位同学都有自己明确的问题要解决，同时又可以帮助同学解决自己已经解决了的问题，所以课堂气氛非常好，学生参与度很高，学生都感觉自己是课堂真正的主人。本节课还有一个环节，就是给学生时间，让学生从多角度谈谈对本节课的收获，学生不仅仅很好地总结了本节的知识，更是从学习兴趣、学习方法、小组合作等都方面表达了自己的观点，着实给了我一个很大的惊喜。

当然，本节课也存在不足，在生 5 上来讲解题目时，一度因为表述不清，大家没有听清而感到紧张，我给予了及时的安慰与引导，让他慢慢按照解题步骤来讲，而后他也整理了思路把题讲解了出来，随后有同学表示还有其他方法。就这样，看似学生们都明白了，并且调动了学生的积极性，但静下来想一想，学生们真的都掌握了吗？其实不然。所以，在此后设计课时，针对此类难点问题，在个别学生讲解后，老师还是应该通过设计问题串的方式，帮助学生层层推进思维，让学生都能真正通过课堂学习攻克难点。

✥ 点评

一直想找个机会说说对"前置学习、以学定教"教学模式的思考，今天，不妨借此机会说说，与同人们共勉。

什么是前置学习？前置学习是对传统教学课型的结构性改革，在课前增加了一个教师指导下的学生自主学习环节；是对传统教学课教学目标定位的继承与革命，继承的是教学目标定位依然必须依据课程标准和考试要求，革命的是学情定位是基于学生的前置学习，学情研判更多地由感性走向理性、由大概走向精准，学情定位越准确，教学效率显然越高；前置学习有别于传统课的预习，预习是"序幕"，为"正课"开幕而设置，是体育课的"热身"，是准备，而前置学习是"课"的组成部分，是"课"的第一环节，是深度学习，不是准备；前置学习是学生的自主学习，是学生之间的合作学习，是学生把自己能学懂的东西都自己学懂，能相互解决的问题都解决掉。基于此，作为"第二环节"的课，必须是建立在"第一环节前置学习"基础上的课，必须是解决学生前置学习问题的课，必须是"高效"的课。前置学习既然是"课"的组成部分，是重要的教学环节，那么，老师绝不可撒手不管，需要精心设计"导学案",指导好学生学习。

为什么要探索"前置学习、以学定教"的教学模式？是新课程改革的需要,《普通高中课程方案（2017年版2020年修订）》要求"促进学生自主、合作、探究地学习"；是课堂改革的需要，新课程改革十数年，我们的课堂依然是"一讲到底""一灌到头"为主体。苏格拉底说"教育不是灌输，而是点燃火焰"；是学校质量建设需要，一位长三角的著名中学校长说"贵州学生在时间上的投入远远少于江浙的学生"。三天两头放假是我们所在区域学校的常态，前置学习为我们找到了一条更加灵活的教学组织模式，争取更多的有效时间。

一提到教学模式，有人就有抵触，找各种理由反驳，总之，原地踏步，不愿往前走半步。过去，我也常常问自己，既然模式没有用，模式不好，为什么全国那么多名校都有自己的教学模式，贵州的老师东南西北到处去学？后来，我想明白了，模式其实质不就是一种标准吗？"没有标准就没有质量"，有了标准自然就可以更好地抓质量了。一所学校，数百名老师，一名老师一周十数节课，那么多课，如何保证质量，建立标准一定是个可行的办法。贵州的学校，尤其是贵州的示范性高中，应该多有几所有自己教学模式的学校，在全国叫得响，让别人来学。我对"前置学习、以学定教"寄予厚望！

附录：《几何概型》前置学案

一、学习目标

1. 理解几何概型的意义和特点。
2. 掌握几何概型概率公式以及应用公式计算几何概型。
3. 会根据古典概型和几何概型的区别与联系判断概率类型。
4. 会用科学的方法来解决生活中的有关概率问题。

二、学后自测（自学本节内容后，请解答下列问题）

1. 基础知识梳理
（1）几何概型概念：＿＿＿＿＿＿＿＿＿＿＿＿＿＿＿＿＿＿＿＿＿＿＿＿＿＿＿＿＿＿。
（2）几何概型与古典概型的区别

	古典概型	几何概型
基本事件个数		
基本事件的可能性		
概率公式		

2. 自学效果检测
探究：请你举一个生活中的古典概型和几何概型的例子。
（1）在区间[1，4]内的所有整数中随机取一个整数 a，则这个整数 a 不小于2的

概率为 _____。

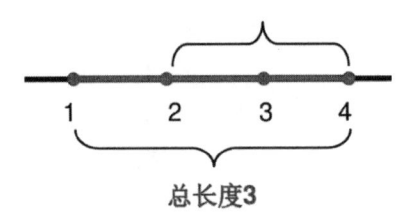

总长度3

（2）在区间[1, 4]内的所有实数中随机取一个实数 a，则这个实数 a 不小于 2 的概率为 _____。

（3）取一根长为 30 厘米的绳子，拉直后在任意位置剪断，那么剪得两段的长都不少于 10 厘米的概率为 _____。

（4）如图所示，在边长为 1 的正方形中随机撒 1000 粒豆子，有 180 粒落到阴影部分，据此估计阴影部分的面积为 _____。

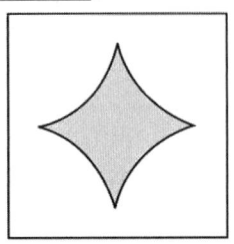

（5）在 $\triangle ABC$ 内任取一点 P，则 $\triangle ABP$ 与 $\triangle ABC$ 的面积之比大于 $\frac{2}{3}$ 的概率为 _____。

（6）如图，正方体 $ABCD\text{-}A_1B_1C_1D_1$ 的棱长为 1，在正方体内随机取点 M，则使四棱锥 $M\text{-}ABCD$ 的体积小于 $\frac{1}{6}$ 的概率为 _____。

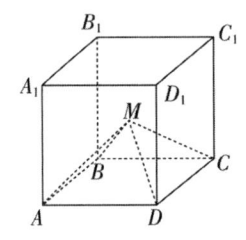

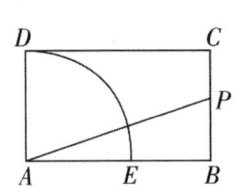

（7）如图，四边形 $ABCD$ 为矩形，$AB=\sqrt{3}$，$BC=1$，以 A 为圆心，1 为半径作四分之一个圆弧 $\overset{\frown}{DE}$，在 $\angle DAB$ 内任作射线 AP，则射线 AP 与线段 BC 有公共点的概率为 _____。

三、总结反思

外　语

The world of science understanding ideas: The new age of invention 课例评析

授课地点：贵阳二中
授课时间：2022 年 5 月 21 日
授课教师：陆　兰
点评教师：万学芬

教学设计思路

（一）前置学习任务布置

任务一：学习文章中所需要理解和使用的重难点词汇、短语并完成相关检测习题。

任务二：快速阅读文章，寻找文章中所涉及的古今中外科技发明所对应的时间和国家并进行分类。

任务三：仔细阅读文章，寻找文章重点信息并完成相关的填空任务。

（二）前置学习设计理念

1. 第一个前置词汇学习任务的设计理念：作为课程的创造者与开发者，教师在备课中结合学生已有的知识与经验，预判学生在达成本课教学目标的学习过程中会遇到的重难点词汇和短语，设置为前置学习任务。学生提前完成词汇短语的学习任务可以为后面的课堂做好充分的基础准备，以达到更好更高效的课堂效果。词汇学习是学生语言能力学习的基础，它在教师的教学过程中起着举足轻重的作用，前置性词汇的学习任务最终目的就是培养学生的语言能力和学习能力，帮助学生自主扎实高效地打好词汇基础。

2. 第二个前置阅读任务的设计理念：学生在前置词汇学习的基础上进入前置的阅读任务。按照教师的前置阅读任务进行快速阅读以寻找文章细节信息。同样是结合教学目标所需和学生已有认知的基础之上，教师进行了这部分前置任务的设计。学生在阅读的过程中会遇到第一部分的重难点词汇短语，需要思考、回忆或是再次学习之前所学词汇，并分析词汇在句子和文章中的用法和意义。因此，在这样的前置学习过程中加强了学生的自主学习能力和语言能力；在分类国内外不同时期的科技发明时，尤其是我国的古今发明,也增强了学生的文化意识。

3. 第三个前置寻找文章重点信息任务的设计理念:学习的过程是由简入繁、由易到难、分层推进的一个过程。第三个前置任务是建立在前两个任务之上,加大了一定的难度,同时紧扣本节课的教学目标而设置的。学生需要再次阅读课文,筛选梳理文章信息、进行对比和思考并填写一些核心词汇,在这一过程中,学生的语言能力、学习能力、文化意识以及思维品质都得到了很好的提升,并为课堂的高效学习做好了充分的准备。

教学过程

Teacher: Good afternoon, boys and girls!

Students: Good afternoon, teacher.

Teacher: It's so good to see you all. I am Ms Lu. I hope that you can have a good time with me in this lesson. OK?

Students: OK.

Teacher: First, I'd like to make comments on your Pre-learning result. The result shows that most of you have done a very good job. You are capable of learning the words and finding the basic information from the passage by yourself in advance. Zhu Jiayi, you have done a very good job with very good handwriting and you've got most of the correct answers. Well, among you students, there are some problems existing. Let's take a look at the two typical mistakes, "flexiblely", "discapable". There are about 90 percent of you getting them wrong. Can you now correct them?

Students: Remove the letter "l" "e".

Teacher: Good! When we change adjectives with "ble, ple, tle" into adverbs, we should change them into "bly, ply and tly". Now how about "discapable"?

Students: "uncapable".

Teacher: Good try, but not correct.

Students: "incapable".

Teacher: Very good! Yes, here we should use "incapable" which has the opposite meaning of "capable". Well, I know it is not easy to memorize them, but just try your best and keep practicing. You will do better. OK?

Students: OK.

Teacher: For the rest of the problems, you can work with your classmates after class. If there are still problems, please turn to Ms Lu. Will you?

【陆老师一上课就对学生前置学习中存在的问题作出评价。根据学习的内容,学生对在阅读中遇到的词汇有了一定的理解,也就是扫清了阅读障碍,让本节课的阅读可以顺利进行。根据布鲁姆的目标分类学习法,陆老师把学习理解部分放在了前置学习部分,已达到课堂深度学习的目的】

Students: Yes.

Teacher: So far, you have already read the passage. What's it about?

Students: Inventions.

Teacher: Yes! In Ms Lu's bag, there is an amazing invention. If you can guess it, you will have it! What's it?

Students: A time machine?

Teacher: Nope, I wish so. Well, I'd like to give you some clues. Please listen to me very carefully. First, it's techbased. And it is capable of traveling very fast. When people have long distance trips, they desire to take it. It is a means of transportation. Can you guess it now?

Student 1: High-speed train.

Teacher: Do you think so? Do you think he is correct?

Students: Yes.

Teacher: Let's check. Yes, it's a high-speed train. Congratulations! The high-speed train is also called one of the four great inventions in modern China. You know the other three?

Students: Taobao, Bike sharing,...

Teacher: Good. They have made our life more convenient. And we also have four great inventions in ancient China. They changed the whole world. There are also many other great inventions in the world. We are living in the new age of invention. In today's lesson, we will involve more about inventions. And we will improve our reading abilities as well as get to know what the spirit of invention is. Now let's look at the title. Which one is the key word?

Students: *invention*, *new*, *age*,...

【陆老师通过一个高铁玩具引入高科技的发明，再引入主题。这样的导入方式新颖，学生感兴趣，导入又紧扣主题，有效】

Teacher: Yes, *new age*! Why does the author use "new" to describe the age of invention? Please read the passage again very carefully and find the information from the three aspects: *Technology*; *Field*; *Inventors*. And underline the information you find.

Teacher: Now, please exchange what you've found with your group members.

Teacher: Let's check them together now. First, about *Technology*, which group wants to share?

Group 1: *3D printer*, *GPS technology*, *Solar technology*.

Teacher: Anything else?

Students: *Computing technology*.

Teacher: Good job! You are right! How about *Field and Inventors*?

Group 3: Inventions are everywhere in our life.

Group 4: Most inventors are working for a big international team.

Teacher: Good! You've found the information and you should make full use of the information to have a better understanding of the ideas of the passage.

Teacher: Please now look at the form. Make a comparison of inventions of the past and now. Work in groups to find differences.

Teacher: I've found some of you did a very good job. Now I'd like to invite some students to share with us.

Student 1: In ancient times, skills were very simple. And nowadays, very advanced and tech-based.

Teacher: Excellent! How about others?

Student 2: Scientists now are from different countries.

Teacher: Good! Now more and more scientists are working for the world. Do you know why the author uses "new" to describe the age of invention now?

Students: Because it's different from the past.

【老师通过分析标题，对标题的提问，让学生围绕为什么作者会用"new"这个词来描述这个发明的时代，从三个方面着手分析这个时代的"新"】

Teacher: You are right. We know the title is very important when we read a passage, for it tells us what the following passage is mainly about. So next time when you read a passage, you should read and analyze the title very carefully first. You got it?

Students: Yes, we got it!

Teacher: Now, here are some interesting pictures. What can you see in these pictures?

Students: Inventions.

Teacher: Yes, there are inventions in our daily life. Do you know the reasons that inspire people to invent these things?

Students: inconvenience; they want to solve problems;...

Teacher: You are correct. People want to solve problems. Any other reasons? Let's take Qian Xuesen as an example. What inspires him to invent?

Students: For our country.

Teacher: I agree with you! So many great scientists are working for the country, the people and the world. So how about you? Do you want to be inventors?

Students: Yes.

Teacher: Think about the problems in your daily life and think about what you want to invent to solve the problems.

Student 1: I want to invent a time machine because I want to go back to the time when I was 6 years old. I had a happy time then.

Teacher: That's a very good try. Anybody else?

Student 2: I want to invent a door. When I open the door, I can go anywhere in the world.

Teacher: Wow, very amazing imagination.

Student 3: I want to invent a room for my little sister because I love her so much.

Teacher: Very good brother.

Teacher: For the rest of you, do you think the 3 students' dreams can come true?

Students: Yes; no; maybe...

Teacher: We are not sure but as long as we try to think and create, our dream could be reality one day. Everybody can be an inventor because in the world of science, everything is possible. So many great inventions just begin with a crazy idea.

Teacher: I think everybody can be an inventor especially in this new age. Why?

Students: Because we have very fast developing science and technology now.

Teacher: Good. The new age of invention makes more things become possible.

Teacher: Let's make a summary. What have we learnt in today's lesson?

Students: We analyze the title; We find detailed information.

Teacher: Good job! Anything else?

Students: Compare with the past.

Teacher: Yes, we find the differences of inventions in the past and today. We also know the spirit of invention, right? In our study, we students should also have the spirit of invention—thinking about the problems in our study and try to find solutions. Never say never, will you?

【陆老师通过让学生从三个方面找到具体的信息来展现新的时代，通过比较古代的发明和现代的发明，让学生找到异同点，并设想现代身边的发明，鼓励学生要有发明的意识，为了使自己的生活便利，设计自己的发明。通过参与这些活动，不仅使学生获得了语言知识和文化知识，还根植科学思想于学生的心中，并激励学生努力学习，成为自己生活的发明家】

Students: Yes!

Teacher: Today's homework: Complete the thinking map on page 28 and think about what will be changed in our future life because of the highly developing science and technology. Share your opinion with us next time.

Teacher: Class is over. Thank you for your cooperation.

Students: Thank you! Goodbye, teacher.

教学反思

学生的英语学科核心素养是以学生为主体的素质教育，教师不仅仅要对学生进行书本内容的讲授，还要关注学生的英语语言运用能力、思维品质、文化意识和自主学习能力的培养。在日常教学中，教师常常会碰到学生英语学习兴趣不浓、英语语言应用能力弱、文化意识不足等问题。如何设计前置学习任务以及采用怎样的课堂教学策略来提升学生的英语核心素养是我这节课想要达成的主要目标。以下是我完成这堂课后的反思：

（一）教学亮点

本节课主要围绕本单元主题 The World of Science 为教学目标进行设置。通过精心设计教学活动，我顺利地完成了本节课设定的教学目标，有效地组织了课堂教学，基本达到了预期的教学效果。

1. 教学有趣味性

首先，为了迅速吸引学生的注意力和学习兴趣，我设计了一个猜物的热身活动，通过使用文章相关重点词语进行提示，鼓励学生积极猜测包里的高铁模型。效果如预期，学生非常专注地听提示词并积极大胆猜测。活动瞬间点燃课堂气氛，也紧扣了本课主题，为达成教学目标起到很好的铺垫作用。其次，在分享个人最想发明的东西这个环节，学生参与感强，课堂气氛活跃。在轻松愉快的氛围中，学生提升了英语语言运用和表达能力，这一过程也激发了他们对科学的崇尚和热爱。

2. 教学活动层层深入

教学活动应该符合学生认知水平，层层深入。从词汇的巩固到快速阅读寻找信息再到分类对比信息和最后得出结论，我始终致力于引导和启发学生层层深入地思考，进而使学生能够理性地表达自我观点，从而形成良好的思维品质。

3. 教学以学生为中心

本节课，教学方式多样，始终以学生为主体，将小组讨论、合作学习贯穿始终。通过前置学习问题的讨论、猜谜游戏、观看图片、小组合作完成信息收集、个人观点表达等多种方式，学生聆听他人观点、自我展示、互相学习提升。教师起到了引导作用，学生是真正的主体，把课堂交给了学生。

（二）教学的不足之处与改进方法

前置学习任务中，学生虽提前自学了文章中的重难点词汇，也因此很好地完成了大部分课堂任务，但是由于基础词汇仍旧匮乏，在进行个人观点表达时，很多想要参与的学生都放弃了。即便是勇敢站起来的学生，大多也表达得很艰难。如果我能在备课时更好地分析学生学情、预见学生的相关词汇句型的表达困难，提供模板和参考词汇，或是课堂上给予相关表达的输入，那么效果肯定会好很多。

总之，在今后教学中，我要更关注学生的学情，在教学内容、教学环节、教学方法上，合理分配布局，引发学生向思维的深层次发展，从而提高课堂教学的有效性。本着教学以学生为主体，结合教材文本内容，引领学生进行英语语言的感知、比较、评价、合作和交流，发展和培育学生的英语语言运用能力、思维能力、文化意识等，全面培育学生的英语核心素养。

◆ 点评

陆老师通过开头的猜词活动来激发学生对本节课话题的兴趣。导入话题后，老师提问 Which is the key word in the title The new age of the inventions? 以及 Why does the author use "new" to describe the age of the inventions? 整节课的教学中，老师让学生从课文中找到 Technology, Field, Inventors 三个方面的细节信息为阅读的任务，在寻找细节信息的教学过程中，以学生为主体，层层深入，从对细节信息的理解上升到突出 New。在德育的体现方面，学生对科学的发展和探究，包括对他们的日常生活以及将来的生活当中的一些发明和创造的思考和探讨，从这些方面都可以看到，这堂课对学生的德育教学目标是达成了的。关于核心素养部分，陆老师层层推进，从 Technology, Field, Inventors 这三个方面出发，对古代的发明和现代科技的发明不停地进行对比。通过学生的探究、复述以及制作思维导图等，在整个学习过程中逐渐达成了培养学生核心素养的目的。

附录一：前置学案

The World of Science
Understanding Ideas: The New Age of Invention

Class _____ Name _____

1. Learn the vocabulary and fill in the blanks with correct words.

virtual reality 虚拟现实；VR abbr.　virtual ['vɜːtʃʊəl] *adj.* 虚拟的，模拟的
wearable tech 可穿戴技术；　wear+able→wearable ['weərəb] *adj.* 可穿戴的
flexible ['fleksɪbl] *adj.* 易弯曲的，柔韧的　flexibly *adv.*　flexibility *n.* 灵活性
battery ['bætəri] *n.* 电池
in addition [ə'dɪʃən] 除……之外　in addition to sb/sth 除……以外（还）
capable ['keɪpəbl] *adj.* 有能力的　be capable of 有能力做某事
stuff [stʌf] *n.* 东西，物品
desire [dɪ'zaɪə] *n.* 欲望，渴望　desire for sth 渴望某事　desire to do 渴望做某事
never say never 别轻易说绝不

①Lithium-ion（锂离子）_____（battery）are used for emergency power supply.

②The first students will work on projects related to _____（wear）technology and the Internet of Things.

③Dogs seem to understand our needs and have a desire _____（help）us out.

④In addition to _____（read）for knowledge, we read for fun and inspiration.

⑤His generous donation filled our need for _____（addition）funds.

⑥If people keep telling you that you're _____（capable）, you begin to lose confidence in yourself.

⑦Sometimes you can't even _____（capable）deal with the relationship between people around you.

⑧First, choose the hand you often use so that you can apply it _____（flexible）.

⑨He has a desire _____ success though he has failed many times.

2. Read the text（pp. 26–27）quickly and put the following into the correct categories.

the steam engine	3D printers	gunpowder	papermaking
the compass	intelligent	walking	houses the radio
virtual reality	the telephone	wearable tech	the flexible battery
printing			

Inventions of Ancient China:

Inventions of the West:

Inventions of today:

3. Fill in the blanks with proper words or phrases according to the text.

\multicolumn{2}{c}{The New Age of Invention}	
interviewer	interviewee
Is the great age of invention over?	There have been golden ages in _____ and West.
Are most of the new great inventions _____?	Yes. For example, advances in _____ reality and _____ technology as well as the _____ _____. In addition, important advances have been made in medicine and _____ science thanks to increasing _____ power.
Can you give us some examples?	Sure. 3D printers _____ _____ _____ to replace hearts and bone parts. Intelligent walking house is _____ of using GPS to travel.
Impressive _____! Are you an inventor yourself?	Yes. Most inventors now work as part of _____ teams.
What is it that inspire us to invent things?	Most inventions start with recognising a _____ that needs a _____. But the real _____ of invention is to have an incredible _____ to think and create.
Will anybody invent a time machine?	Not at the moment, but _____ _____ _____!

附录二：课堂导学案

The World of Science
Understanding Ideas: The New Age of Invention

Ⅰ. Lead-in: a guessing game

What is the invention in my bag?

Ⅱ. Careful-reading: read the interview carefully and try to find the information that shows the reason why the writer uses new to describe the age of invention according to the following 3 aspects.

1. Technology: _____
2. Field: _____
3. Inventors: _____

III. Post-reading:

1. Work in groups to compare the inventions of the past & today according to the form and try to figure out the differences of today's inventions.

The New Age of Invention

Invention Aspect \ Time	Past Vs	Today	Differences of today
	gunpowder, papermaking, printing, compass, the steam engine, the telephone, the radio	virtual reality, wearable tech, flexible battery, replacement hearts and bone parts, intelligent house	
Technology	Papermaking: cooking, beating, drying…	Intelligent walking house: GPS, computing and solar technology	
Field	agriculture and industry	medicine, environment, energy,…	
Inventors	Cai Lun in China, Watt in Britain …	international teams	

The structure below may help you:

We are in the… of invention. Many inventions are… For example,… uses… ,… and… technology. Now inventions are in… Today's inventors not only work for their country but also…

2. Think about what inspires people to invent things and share what you want to create to solve the problems in your life with us.

IV. Homework

1. Complete the thinking map on page 28.

2. What do you think will be changed and appear in future life because of the highly developing science and technology? Please share your opinions with us next time.

Describing a place 课例评析

授课地点：六盘水市第三中学
授课时间：2022 年 10 月 18 日
授课教师：代润沙
点评教师：万学芬

教学设计思路

（一）前置学习任务布置

自主阅读导学案上的两篇文章，并根据导学案上的表格提前完成对生词和文章的理解，并完成书本上活动 1、2，这两个活动为之后课堂上的语言输入阶段做准备，提高了学生在这个阶段的阅读理解速度。活动 1 考查学生对文本大意及主要细节的理解；活动 2 引导学生关注与感官和感受相关联的用词与表达，为他们在语言输出方面丰富自己的语言提供帮助与支持。通过在课堂上收集学生们的前置学习答案，了解他们对两篇文本的理解，再引导他们在课堂上阅读，为这节课的重点写作部分做准备。

（二）前置学习设计理念

本节课的前置学习任务是在开展课堂教学前，引导学生在课前完成与写作主题相关的两篇阅读文章，旨在帮助学生搜索资料、整理思维。为学生唤醒、整理和补充已有的语言知识、语篇知识和社会生活经验，提前自主阅读老师准备好的两篇文章及整理文章中遇到的语言知识方面的问题，是为提高写作课堂教学效率，培养学生自主写作能力而设置的课前准备作业。在阅读基础上写作，是因为阅读材料本身就是一种资源（信息的、结构的、文体的等）。布置与阅读相关的前置学习任务的目的是唤醒学生已有的语篇知识，使其对新的写作主题的内容和要求具备初步的感性认知，在课前初步搭建联系新旧知识的桥梁，为学习及内化新的写作知识做铺垫，也使学生通过完成阅读任务为新的写作课堂学习做个性化的准备。

教学过程

Step 1 Lead-in

T：Class begins.

Ss：Good morning, Ms Dai.

T：Good morning, boys and girls. So it's my great pleasure to be here to have this class with you. Let's enjoy our class and don't be nervous. Now let's look at the screen and as you can see on the screen, we will describe a place today. Which place would you like to introduce?

Ss：China, Liu Panshui…

T：Our hometown. I'd like to share some pictures with you.

(Show them some pictures of our school on the screen.)

T：So can you tell me where the place is?

Ss：Our school.

【创设情境，激发兴趣，引出主题，激活背景知识】

T：Which words would you like to introduce our school to your friends?

Ss：beautiful, colorful, pretty, clean…

T：It seems that we like using some adjectives to describe a place. Today we will learn a new way to describe our school from different aspects. Let's explore the new way on our learning sheet. Have you looked up the new words on it?

(Check their prepositional learning before class.)

【前置学习内容是自主阅读两篇文章，并根据导学案上的表格提前完成对生词和文章的理解，并完成书本上活动1、2，这两个活动为之后课堂上的语言输入阶段做准备，提高了学生在这个阶段的阅读理解速度。活动1考查学生对文本大意及主要细节的理解；活动2引导学生关注与感官和感受相关联的用词与表达，为他们在语言输出方面丰富自己的语言提供帮助与支持。通过在课堂上收集学生们的前置学习答案，了解他们对两篇文本的理解，再引导他们在课堂上阅读，为这节课的重点写作部分做准备】

Step 2 Perceiving and understanding

Activity 1 Reading for ideas

①Read each sentence to figure out the aspects used to introduce a place.

T：Please read each sentence to figure out the aspects the writers use to describe a place.

[Students have several minutes to analyze each sentence to figure out the aspects the writers use to describe a place. Teacher goes around to help those in need.]

(After a few minutes)

T：Have you found out in which aspects the writers use in the two passages?

T：Now please check your answers with your group members. Pay attention to some key words.

Students check their answers in groups.

(Two students from different groups are invited to write down their answers on the blackboard.)

T：Do you have different opinions? Please add something.

Ss：influence, history, senses…

(*Teacher writes the key words the students find out on the blackboard to form a mind map.*)

T: As you can see on the blackboard, we can use some sensory details to describe a place. The writers give us a brief introduction of a place at the beginning, and use the exactly same sentence to end the passage.

(*Students read the last sentence together.*)

T: So when we introduce a place, we can also use the last sentence to end our own essay.

【在这个环节中,老师让学生读每个句子,并分析每个句子中,作者从哪个方面描写一个地方。接着,老师让学生小组合作学习,相互评价。学生在分析每个句子时,发展了他们的逻辑思维能力,在相互评价的过程中,发展了他们的批判性思维能力。这个环节目标明确,通过任务驱动,学生积极参与到课堂教学中,通过分析综合,归纳出描写一个地方的不同方面。老师以生为本,培养学生自主学习能力和分析综合能力。老师不是直接告诉学生,我们应该从哪些方面描写一个地方,而是通过学生的自主学习、合作学习和探究性学习来实现本环节的学习目标,这才体现了课堂教学的真、学习的真】

②Underline some useful expressions and sentence patterns to help us to describe a place.

T: Since we have known the specific aspects we can use to describe a place, now let's underline the useful expressions and sentence patterns to help us to introduce a place. Group1-4, please read the first passage, the rest of the class, the second one, please. I need two of you to underline them on the screen and the blackboard.

(*Two students are invited to underline the useful expressions and sentence patterns on the screen and blackboard.*)

After several minutes, share the useful expressions and sentence patterns underlined by the two students.

T: Are theirs similar to yours? Will you use them in your own writing?

Ss: Yes!

【代老师鼓励学生从语言特征的角度,再次阅读文段,梳理文章句子,形成写作框架,训练学生写作的逻辑性。积累有关用不同感官来介绍一个地点的语料,为写作环节做准备。以读促写积淀写作语料】

Step 3 Applying and Practicing. Transferring and Creating.

Activity 2 Describe our school by using what we have learnt from the two passages.

①Describe 1 aspect by using at least 2 sentence according to the requirement on your own.

T: Now it's our turn to write a descriptive passage of our school by what we have learnt from the two passages. Maybe the video will give you some inspirations.

(*Teacher plays the video of our school to the students. And the students watch the video carefully.*)

T: Please describe 1 aspect by using at least 1 sentence according to the requirement on your own.

(*Each of them is given a piece of note on which there is one aspect related to describing a place. They write their own parts according to the requirements on the note.*)

②Make up a passage with these sentences you wrote down in your group.

T: Now work in group of six, make up a passage with these sentences your group members wrote down, and write it down on the piece of paper.

(*Teacher hands out a piece of paper to each group. Give them ten minutes to finish their writing task and teacher goes around to help those in need.*)

【在这个环节，老师设计了两个活动，第一个活动是自己用从文章中学到的两个句子来描写自己的学校，这个活动主要培养学生迁移的能力，也就是用学到的知识来解决新的情境中问题的能力。第二个活动是和小组成员合作，用一些连接词把小组各成员的句子连接成一段话来描写自己的学校从视觉、听觉、触觉等各方面描述。这个活动不仅培养了学生的合作学习能力，也培养了学生的创新能力】

Activity 3　Assessment

①Exchange your group work with another group.

T: Please exchange your group work with another group.

②Use the checklist to evaluate（评估）your essay.

T: And evaluate their work by the checklist.

(*Teacher shows the checklist on the screen. The students begin to discuss and mark in their group according to the checklist.*)

After several minutes.

T: OK. It's our show time. Now I'd like to invite some of you to share your opinions with us.

(*After discussion in their group, some groups are invited to share their opinions with the whole class. Teacher uses Seewo to show their work to the whole class.*)

【在这个环节中，老师给出了从几个感官描写一个地方的好文章标准，让学生根据标准自我评价、组内互评和组间互评，在课堂上分享优秀的表达。这样的设计，不仅发展了学生的批判性思维，培养他们的鉴赏能力，而且以评促写，提高了大家的写作质量】

S1: First, they use the first sentence to give us a brief introduction. Then they give us some specific aspects, such as hearing, smell, feel, sight. And the handwriting is good.

T: Have they used something we learnt today?

S1: Yes. For example, hear birds singing; Better yet...

T: That's all?

S1: That's all. Thanks. (The rest of the class applaud.)

T: Anyone else?

S2 hands up.

(*Teacher uses her cellphone to show their work to the whole class.*)

S2: They give us a general introduction at the beginning.

T: Have they used something we learnt today?

S2: Yes. They use "a true feast for the eyes", "feel the breeze kissing our face".

T: Great.

(*The rest of the class applaud.*)

T: One more group.

(*Teacher uses her cellphone to show their work to the whole class.*)

S3: They don't have a general introduction and ending. But they use 4 specific aspects we learnt today.

(*Teacher corrects her pronunciation.*)

T: How about their handwriting?

Ss: Just so so.

T: Maybe they need try their best to practice their handwriting. Is that so?

(*The rest of the class applaud.*)

Activity 4   Summary and Homework

T: So after reading and writing a descriptive passage of our school, I'd like to share some pictures with you.

(*Teacher shows some pictures of excellent schoolmates to them.*)

T: As you know, the beautiful scenery of our school has always had a great influence on our people and cultures. What we can see, hear, smell… make up the excellent cultures and traditions of our school. There are so many excellent schoolmates who stepped into the world from here with their hardworking. After learning here for three years, I hope you can be one of them who can pass our excellent traditions and spread our cultures. Will you?

Ss: Yes.

T: This is your homework today. Read at least 3 pieces of work from your classmates and evaluate them by using the checklist. Write your own composition. Thanks for your listening today. See you.

Ss: Bye.

◆ 课后反思

Highlights and experience:

1. Overall, I've achieved all of my teaching objectives. On the one hand, students have showed us that they've learned the aspects the writers use to describe a place. Every student in this class writes his own sentence according to the requirement on the piece of note the teacher hand out to them. On the other hand, students describe our school by using what they have learnt from the two passages. All the six groups use the sensory details in their own writing. By the end of this class, they realize the excellent cultures and traditions of our school and students' love for our school has been greatly stimulated.

2. The design of activities is effective, because the activities go deeper and deeper and have logical relationship with each other. Almost every student in this class can describe our

school by using the sensory details they have learnt in this period. The good output shows that the input is effective.

3. The paragraphs written by students show that they have learnt the aspects and some useful expressions and sentence patterns about sensory details to describe a place. They also impressed me with some good words and sentences.

4. The students liked the articles I've chosen besides the one on the textbook and they had fun while learning. After class, some students told me that they not only learned the knowledge, but also enjoyed the class.

5. During the preparing process, I've met many considerate students and teachers who offered me a lot of help and encouragement. They did a great job in the Preparation For Lessons. They did read the two texts carefully and look up the new word before the class. I am very grateful to them.

Problems and strategies to solve them：

1. The time for writing seems not enough for all of them to finish the writing. It makes me realize that I should not only pay attention to the time allocation of the class but also give students more chances to practice their writing ability in my future classes. In this way, they can finish the writing part in the examinations quickly.

2. My blackboard writing is not so beautiful and my writing speed is slow, which takes me a lot of time to finish taking down students' words. So I have to practice more to increase my blackboard writing speed and write it better.

3. About my comments on students' performance, I think I should improve my ability to give students comments which are to the point. In the meanwhile, I hope my words can inspire students to continue to improve themselves.

4. The instructions given by me during the class should be more organized and clearer.

5. I need to learn more about how to motivate students to take an active part in the class.

◇ 点评

代老师这节课很成功，在教学设计方面，她用群文阅读的思路，选用了两篇结构相同、写作风格相同的短文。在前置学习部分，先让学生通过查词典等理解文章的大意，扫清了阅读障碍。课堂上老师设计了阅读，让学生分析作者从哪些角度描写一个地方，用了哪些短语、句子等，接着创设新的情境，让学生用自己在文章中学到的语言知识描写自己的学校，通过小组合作形成一篇文章，并根据标准互评互助，整节课达到教学评一体化的效果。在整个学习过程中，学生积极参与自主学习、探究性学习和合作学习。老师把浅层学习放在前置学习部分，课堂上主要是探究和分享，真正落实深度学习。课堂上，老师的设计层层深入，步步给学生搭建够得着的梯子，引导学生一步一步往上爬，最终实现育人目标，不仅提高了学生的学习能力，也让英语学科核心素养在课堂中着地。本节课深化主题意义，加强德育浸润，学生在良好的学习环境和氛围中，凭借自己的努力和勤奋，一定能传承我们学校的优秀传统和优秀文化。

附录: Prepositional learning

Describing a place—Reading for writing

Class _____ Group _____ Name _____

(Enjoy the class with being active and having fun~)

1. Read the two short passages and figure out which aspects the writer used to describe a place.

Passage 1 Beautiful Ireland and its traditions

Ireland's beautiful countryside has always had a great influence on its people and traditions. The country has a long history of producing great writers and poets. Its beautiful countryside excites and inspires all, offering something for each of the senses. The peaceful landscape of the "Emerald Isle" and its many counties is a true feast for the eyes, with its rolling green hills dotted with sheep and cattle. And down by the sea, you can hear the ocean waves and seabirds. In the morning in the mountains, you can feel the sun, smell the scent of flowers and hear the birds singing. With all this beauty, Ireland has developed traditions that include music, dancing, and dining. To have a chance of experiencing this, stop by a village pub and drink a glass of wine or a beer. Better yet, you can have some Irish Beef Stew. If you're lucky, you might be able to enjoy some traditional music and dancing, too. And if you introduce yourself to a friendly face, you are more than likely to experience local culture and customs first-hand.

Passage 2

Chong Qing's unique landscape has always had a great influence on its people and culture. The city has a feature of being mountainous. Its unique landscape inspires all, offering something for each of the senses. The amazing scene of continuous mountains and hills is a true feast for eyes, with well-ranged buildings and winding overpasses decorated. The echoes of light-rails going through a building make up the special music of the city. In the season of spring, feel the breeze kissing your face, and breathe in the sweet scent of fresh flowers while you are in South Mountain, where you can enjoy the beautiful night view of the whole city. With all these characteristics, it's not surprising that Chongqing has developed its unique culture and people. To have a chance of experiencing this, have a walk along the stone steps up and down the city. Better yet, enjoy the spicy but delicious hot pot. If you're lucky, you might be able to witness the frank and straightforward way of chatting between the neighbors. And if you introduce yourself to a friendly face, you are more than likely to experience local culture and customs first-hand.

2. Try to read and understand these words before class.

county /ˈkaʊnti/		feast /fiːst/		dot /dɒt/	
roar /rɔː(r)/		scent /sent/		stew /stjuː/	
custom /ˈkʌstəm/		cattle /ˈkæt(ə)l/		sensory /ˈsensəri/	
landscape /ˈlændskeɪp/		feature /ˈfiːtʃə(r)/		overpass /ˈəʊvəpɑːs/	
witness /ˈwɪtnəs/		frank /fræŋk/		straightforward /ˌstreɪtˈfɔːwəd/	

3. Checklist for Prepositional learning.

Items		Mark
Words or phrases you can't understand		
Description	Introductory sentence (s)	1. { }
	Sensory details	2. ①②③
	The ending sentence (s)	3. ( )
Cultures and traditions		circle
Words and sentence patterns you like		underline

4. Choose one of your favorite place and tell a partner why you think it is interesting, exciting or surprising.

Classroom record 课例评析

授课地点：六盘水市第三中学
授课时间：2022 年 11 月 1 日
授课教师：唐丽霞
点评教师：万学芬

教学设计思路

（一）前置学习任务布置

课前独立自主阅读文章，完成两个前置学习任务：第一个任务是查找生词，完成前置学习任务单中的表格，表格内容包括该生词的意义及使用该生词造句；第二个任务是学生在初步了解全文的前提下，回答与课文相关的两个问题。两个任务设计有层次，第一项任务旨在激活学生背景知识，增强其学习自信心；第二项任务激励学生进行探索性学习，为课堂上深层学习理解课文做好铺垫。

（二）前置学习设计理念

高一的学生已经具备自主借助工具书查词和理解生词的能力，教师将本文涉及的生词用表格的形式陈列，并要求学生填入生词的中文和例句。中文意义是较简单的前置学习要求，设计该项目一方面能够使学生提前熟悉本文核心词汇，扫除词汇障碍，为课堂上文章的深度学习打下基础；另一方面能够增加学生的学习成就感，激发学生的学习热情。造句是对学生词汇学习的较高要求，学生必须充分理解该词的意义和用法才能正确造句。设计该栏任务旨在暴露学生词汇学习的问题，课堂上教师引导学生在文章中进一步探究理解核心词汇在文本中的意义及使用，达到"以学定教"的目的；课标对英语阅读教学的要求除了基于文本的基本信息问题，还包括引导学生关注语篇结构的分析，将所获信息进行结构化的整理，从而实现深度阅读。对于高中学生来说，理解句子层面的问题，也就是提取事实性信息是很容易的，所以教师在前置学习任务中设计问题对学生课前的阅读浅层任务进行检测，在本文中包括英国由几个国家组成，最先加入英国的两个国家是哪两个。这两个问题既能有效检测学生前置学习的成果，又为课上分析英国发展简史打下铺垫。课中则将重点放在培养学生的高阶阅读能力上，帮助学生通过各种"抓手"分析文章结构，通过时间轴概括英国发展简史，引导学生思考"英国"这个名字背后包含的意义，乃至思考我们国家名字背后的文化内涵和意义，逐渐使学生具备语篇分析能力和深层阅读的能力。如此这般，前置学习与课堂学习有机结合，循序渐进地实现学生对语篇不同层次的理解，达成课标要求的从语篇的高度来教阅读，培养学生的批判性思维和提升其思维品质。

教学过程

Step 1 Greetings and Lead in

T：Class begins！

Ss：Good Morning，Miss Tang！

T：Good Morning，everyone！Sit down，please！

Ss：Thank you，Miss Tang！

T：Today，we will explore one country in Europe. It's Ying Guo in Chinese. Can you tell me the English name of "Ying Guo"？

Ss：England，Great Britain，UK…

T：It really has many names，right?

Ss：Yes！

T：You must be very confused by the reason why it has different names just like many people in the world. And we know that every name has it's own meaning, history and culture. So let's explore the name of the UK and see what's in a name?

（从学生普遍感到困惑的问题进行导入，有效激发学生学习热情）

【导入部分直接问"英国"用英语怎么说，让学生说出不同的英文名字并产生困惑：哪一个名字才是英国的正确名字？再次设疑，究竟一个名字承载着什么样的意义。唐老师通过这样的导入方式引起学生的兴趣，激发学生的好奇心，并带着好奇去探究文章的内容。这样的导入直接且有效】

Step 2 Prepositional Learning

Task Checking：

T：Before this class，I assigned all of you to read the passage and look up the new words and phrases to overcome the vocabulary obstacles to understand the passage well. Have you finished?

Ss：Yes.

T：Great！Now let me check whether you can deal with some simple questions by your own. I think you now can finish such tasks whose aim is to learn language knowledge individually，right？

（前置学习任务课堂反馈）

Ss：Yes.

T：Is there any volunteer who can show us your answer sheet?

S：I want to have a try. The four countries of the United Kingdom are Scotland,

England, Wales and Northern Ireland. The first two to be joined together were England and Wales. The two chief advantages of studying the history of a country are helping you understand more about the country and its traditions and making visiting it more enjoyable.

T: Perfect answer! Given that you've known the content of this passage well, I am sure this class can go smoothly.

【英语阅读课布置前置学习任务的目的是让学生通过串联已经掌握的基础知识来解决相对简单的问题,对即将学习的新内容进行自主性学习,暴露较深层次的关键问题和难题,留待上课通过小组合作和教师引导解决,充分保证课堂的高效性。唐老师通过让学生展示生词表和回答针对课文内容的若干浅层问题对学生进行检测,既能让学生体验成功感,增强其学习自信,又能激发学生的求知欲望和学习的积极性】

Step 3 Reading circle

1. Group work

T: You're very familiar with the reading circle model now. Today we'll form expert reading circles to explore and solve several difficult problems. We have totally 9 groups here today. Group1-Group3 will be our passage readers to conclude the main idea of each paragraph and then analyze the structure of the passage. Group4-Group6 will be our summarizer to give a brief summary of the history of the UK based on the timeline you draw. Group7-Group9 are the culture connector whose role is to connect the culture between China and the UK by discussing the given questions. Am I clear? Do you know what you will do in your reading circle?

Ss: Yes.

T: OK. You will have eight minutes to finish your own tasks and later several students will show us your role sheet and make some explanation. Let's begin!

【唐老师利用阅读圈模式将不同阅读任务按照其难度等级分别安排在前置学习阶段和课堂授课阶段,前置学习过程中学生产生的疑问和本节课的难点通过阅读圈活动小组合作完成或由教师引导学生探究解决】

2. Presentation

T: Time is up! First let's ask one of your passage readers to show us your main idea and analyze the structure for us. Let me see what you've found in your reading circle. Is there any passage reader volunteer who would like to share with us?

S1: Let me have a try.

T: OK, you please.

S1: By analyzing each sentence in the first paragraph, we can know this paragraph mainly tells us there is a puzzle about the name of the UK. According to the time and event words in the second paragraph, we can conclude it's main idea: The origin of the names of the UK. The third paragraph introduces the similarities and differences of the four countries in the UK. The fourth paragraph emphasize long and interesting history of the UK. The fifth paragraph gives more history to learn. We can get the main idea of the last two paragraph by finding out the topic sentence. That's all about the main idea of each paragraph.

【分析文章的篇章结构时，教师给予了学生充分的抓手，在概括段落大意的时候适当给学生"搭架子"，比如先让学生勾画出文章中的时间和事件名词，再通过简单分析得出段落大意。概括段落大意是高考英语阅读中较"高大上"（难点重点）的要求，而"搭架子"则是最"接地气"（符合学情、简单高效）的方法】

T：Perfect. Please go back to your seat. Just now this group show us the exact main idea of each paragraph. And as you all know, we've learned three methods to get the main idea：find out the topic sentence；underline the key words and analyze each sentence. With the three methods, we can conclude the main idea easily. So far, we've known the main idea of each paragraph, now let's try to analyze the structure of the passage according to the main ideas. Is there anyone who want to have a try?

S2：It is difficult for us to finish this task. But I still want to have a try.

T：Very brave. We should know if you rise to a challenge, you will have an opportunity to acquire great knowledge and enjoy personal growth.

【课堂逐渐深入，在处理较难任务时唐老师适时鼓励学生迎难而上以获取知识和获得个人成长】

S2：We think we can divide the passage into three parts. The first part is the first paragraph：Introduction. The second part is paragraph2 to paragraph4：The culture, history and tradition of the UK. The last paragraph is the third part. It is the conclusion of the passage.

T：You analyze the passage by dividing it into three parts, which is a method we usually use to analyze a passage. But today I want to guide all of you to explore a new way to analyze it. By doing that, we can not only figure the structure of the passage, but also make sense of the content of the name of the UK. Shall we go now?

Ss：OK.

T：Let's see the think map on the screen. Actually, this passage uses "Asking and Answering" model. It raises a problem in the title firstly. That is a puzzle many people are confused：What's in a name? Then the author answer the question from different aspects in the passage：The origin of the names, the similarities of the four countries in the UK, the history, culture and tradition brought by the four groups in the history of the UK. At last, we can answer the question raised in the title which is also concluded in the last paragraph：In the name of the UK, there are history, culture and traditions. So have you got the structure of the passage?

Ss：Yes.

【唐老师在对学生进行评价时使用希沃白板的"动态思维导图"，文章的篇章结构在学生眼前逐级展开，生动地模拟了理解这篇文章的思维过程，引导学生在这一过程中由浅入深领会文章主题：英国的名字背后的意义。其效果比PPT好，使学生摆脱了因文章过长过难而导致的理解障碍，有利于提高学生的阅读技巧和发散性思维，进一步巩固和提升了学生基于前置学习的自主学习能力】

T：Good! Since we've mastered the main idea as well as the structure of the passage, in the process of analyzing the structure, we can see lots of time and events words, by which we can draw a timeline of the history of the UK from the 1st century to the 20th century. Now it's time for one of the summarizers to show us your timeline and give a brief summary of the history of the UK. Which group want to have a try?

S3: I would like to share my summary. This is the timeline of the history development of the UK. From it we can see clearly that in the 1st century, Romans arrived and their achievements are towns and roads; In the 5th century, Anglo-Saxons came, they left language and ways to build houses; In the 6th century, the Vikings came and influenced the vocabulary and names of locations across the UK; In the 11th century, Normans conquered England after the Battle of Hastings and had castles built, legal system changed, and new words from French introduced; In the 16th century, Wales was joined to Kingdom of England; In the 18th century, Scotland was joined to England and Wales, "Kingdom of Great Britain" was formed; In the 19th century, Ireland was added, "United Kingdom of Great Britain and Ireland" was created; In the 20th century, the southern part of Ireland broke away, the name changed to "United Kingdom of Great Britain and Northern Ireland" finally. That's all for my summary. Thank you!

T: You really did a very amazing job. Now we've learned both the structure and the detailed information of the passage. Can you take in some nutrients from the best of the culture of the UK?

【汲取外国优秀文化营养，实现英语阅读课育人功能，同时为下一个任务挖掘"中国"这一名字背后的意义提供借鉴】

S4: We can learned that the UK is a country which hold multi-culture and we also know that the reason why the UK developed so quickly in modern history is that it mix the best culture of different groups such as the ways of building towns and roads from Romans.

T: Excellent! All of us should know that every country has it's best culture and we should be always inclusive for learning other countries' nutrients to enrich ourselves. Just as what I said at the beginning of this class, every name has it's own meaning, history and culture. And the name of our cDountry can date back to as early as Xizhou Dynasty which meant "the center of the world" at that time. After the revolution of 1911, the country was officially named "Republic of China". Since new China was founded, the name of "the People's Republic of China" has been used till now. Today, "Zhong Guo" is not only a name of a country, but also stands for the culture identity as well as national awareness of our Chinese people at home and abroad. That is "What's in a name?" of our country.

【由彼及此，通过汲取外国文化中的营养，总结我们国家历史文化中的优秀传统和有趣故事，引领学生积极探索"中国"这个名字背后的丰富内涵，增强学生的文化自信和民族自豪感】

Step 4 Assessment

T: In this class, we explored the name of the UK and our country, you now can make full sense of the culture, history and tradition beneath a country. Now you can evaluate yourself according to the given reference standard.

Step 5 Homework

T: In this class, our summarizer gave us a brief summary of the history of the UK by simply listing the time and events. I hope all of you can use your own words to summarize the UK's history as your homework. The second homework, please do research to explore "a name" you're interested in. It can be a name of a road, a city, a country or a brand. We will share your findings with our classmates next class. Are you clear?

Ss: Yes.

T: Fine! That's all for this class. Thank you!

课后反思

Highlights and experience:

1. The teaching objectives are all achieved successfully in this class as planned. Through this class, the students. can not only finish their different reading tasks to analyze the structure by concluding main idea of each paragraph, to summarize the brief history by drawing the timeline and take in nutrients from the culture of the UK, but also cultivate their discourse awareness with the guide of the teacher by using mind map and enhance their national sense of pride by analyzing the name of our country while showing their creative thinking and critical thinking.

2. Prepositional learning tasks effectively aroused the students' interest. It is beneficial for strengthening the students' confidence and developing their good habit of lifelong learning. They successfully finished some relatively simple tasks before this class individually, which made it possible for them to challenge some more difficult reading tasks by working with their group members and discussing thoroughly.

3. Reading circle worked well in this class. Reading circle got the students who would solve the same problem together to have a sufficient communication. They managed to analyze the structure and summarize the brief history of the UK as well as present their own opinion based on their understanding of the passage with reading circle, which shows the positive effects of reading circle on developing their thinking capability and cultural awareness.

4. Mind map is very helpful when analyzing structure of a passage. It showed both the structure of the passage and detailed information in this class, making it easy for all the students to solve the key problem in this passage: What's in a name?

Problems and strategies:

1. The time for students' presentation seems not enough so that not all the students can get what the other groups have found in the reading circle. Students are the center of a class, so how to make sure students have sufficient communication to achieve teaching objectives

effectively is what I should focus on in my future classes.

2. The ability of my comments on students' performance need improving to not only evaluate them in the class but also encourage them to enjoy learning English.

3. It seems that the students can not be fully inspired to get involved in the activities in the class. So I will continuously study the method which can motivate the students to acquire knowledge and improve their ability as well as cultivate their culture awareness in an English class.

点评

这是一节大胆创新和全面贯彻新课改理念的课，唐老师使用了"前置学习+阅读圈"的模式达成英语阅读高效课堂教学的探索和实践。

这节课充分发挥了前置学习的优势，学生在课前独立完成新知识的提前探究，提前渗透，课前自主解决语言基础问题和浅层次的文章理解问题，将英语阅读的深层问题——分析文章篇章结构和厘清时间逻辑关系以掌握作者的写作思路等难点留待上课在小组合作或者教师引导下进行合作探究解决。前置学习有效激活了学生的先期知识，暴露出学生阅读能力的短板作为课堂教学设计的目标和依据：缺乏语篇分析意识，语篇分析能力较弱，不能通过厘清本文的时间顺序来把握作者的写作思路并基于这两点得出自己的理解和判断。真正实现了配合教师在课堂上开展高效教学。在设计前置学习任务时，分层多样，层层深入地引导学生进行自主学习。

这节课还采用了阅读圈的模式进行阅读课的大胆尝试。阅读圈以学生为中心，以小组为单位，组内设置若干角色，开展分工阅读再集中讨论交流学习感知，将前置学习任务中有着同样难题的学生集中在同一个阅读圈，大家目标一致，学习动机充分，为课堂高效学习提供了有力保障。

附录：

What's in a name?
Reading and Thinking

Prepositional learning:

1. Look up the new words and phrases and finish the following chart to make sure you overcome the vocabulary obstacles and understand the passage well.

word/phrase	Chinese	Sample sentence
nearby		
surrounded		
evidence		

word/phrase	Chinese	Sample sentence
achievement		
location		
as well as		
belong to		
add to		
join to		
break away		

2. Read the passage individually to have a basic understanding of the context and try to answer the following questions:

1) What are the four countries of the United Kingdom?

Which two were the first to be joined together?

2) According to the text, what are two chief advantages of studying the history of a country?

In class:

1. Activity in a reading circle

Passage Readers, Culture Connectors and Summarizers have a deeper communication to explore more about the name of the UK:

2. Presentation

1) Passage Reader explains how they get the main idea of each paragraph and shows the structure;

2) Summarizer shows the timeline and gives a brief summary of the history of the UK;

3) Culture Connector presents their opinions about the two questions.

Reading role	Reading Task
Passage Reader	Step 1. Analyze each sentence/underline topic sentence in a certain paragraph; Step 2. Conclude main idea of each paragraph; Step 3. Analyze the structure of the passage.
Summarizer	Step 1. Circle the words of time and list the events in the passage; Step 2. Draw a timeline of the history of the UK according to the listed time and events; Step 3. Give a brief summary of the UK's history according to the timeline.
Culture Connector	Work with the circle and discuss the following questions: What nutrients can we take in from the name of the UK? What's in the name of "Zhong Guo"?

3. Assessment

评分标准（满分 10 分）	评分
As a Passage Reader, if I can figure out the structure of the passage by analyzing main idea of each paragraph with reading circle.	
As a Summarizer, if I can give a brief summary by drawing the timeline of the history of the UK.	
As a Culture Connector, if I can appreciate the best of the culture of the UK by exploring the name of it.	

After class：
Homework：

1. Summarize this passage based on our learning in this class；

2. Introduce "a name" you are interested in by using the structure and content we learned in this class.

Role Sheet of a reading circle
Role Sheet for Passage Reader

Class _____ Group _____ Name _____

As a Passage Reader, you are expected to：

1. Conclude main idea of each paragraph：

Para. 1 （Analyze each sentence）　　　　Para. 4 （Topic sentence）
_____　　　_____

Para. 2 （Circle time and events）　　　　Para. 5 （Topic sentence）
_____　　　_____

Para. 3 （Find out key words）
_____

2. Analyze the structure of the passage according to the main idea of each paragraph.

Role Sheet for Summarizer

Class_____ Group_____ Name_____

As a Summarizer, you are expected to:
1. Complete the timeline below:

```
Romans arrived
towns & roads
    |
   1st C   5th C   8th C   11th C   16th C   18th C   19th C   20th C  →
```

2. Give a brief summary of the UK's history using your own words according to the timeline.

Role Sheet for Culture Connector

Class_____ Group_____ Name_____

As a Culture Connector, you are expected to think over the questions and answer.
1. What nutrients can we take in from the best of the culture of the UK according to the passage?
2. What can we learn from the name of our country "Zhong Guo"?

_____
_____
_____
_____

Animals in danger
Grammar：Review of attributive clause
课例评析

授课地点：六盘水市第三中学
授课时间：2021 年 10 月 15 日
授课教师：吕敬静
点评教师：万学芬

教学设计思路

（一）前置学习任务

1. 学生课前自行阅读文章 *Saving the Antelopes*。
2. 学生通过回忆定语从句相关知识来帮助自己勾画出该篇文章中的定语从句。
3. 学生把定语从句誊写下来，可以缩短某些过长的句子，但要注意一定要把定语从句的部分包含进去。
4. 学生写完句子后，在组内和别的组员核对是否都找到了一样的句子。如果出现不同的答案，小组成员要展开讨论，确定最终答案。
5. 学生完成以上课前置学习任务后，由组长组织组员完成关于组内对定语从句相关知识掌握情况的简单问卷调查。该问卷主要是了解组员在掌握定语从句时有哪些认知和困难。

（二）前置学习设计理念

以上前置学习任务的安排主要是基于以下四点考虑：
1. 激活学生对于定语从句的认知，从而帮助学生识别定语从句；
2. 训练学生的观察和梳理能力；
3. 培养学生的自主学习和合作学习的能力；
4. 教师通过了解具体学情来展开针对性更强、更高效的教学，即"以学定教"。

教学过程

Ss：Students（学生）　　T：Teacher（老师）　　IW：Individual Work（个人学习活动）

GW: Group Work（小组学习活动）　CW: Class Work（班级学习活动）

Step 1 Greeting（问好）CW

T: Good morning, boys and girls!

Ss: Good morning, teacher!

T: Today, there are many teachers who come from other cities. Let's warmly welcome them.

Students: clap their hands warmly.

T: I do hope we can enjoy the class in which we can communicate, share and work with each other, will you?

Ss: Yes. / Absolutely. / OK.

【吕老师从课堂一开始就有意识地在课堂用语中使用定语从句，给学生创设目标语言学习的自然语言环境，让学生能在真实语境中感知学习目标语言，并且从课堂最开始就给予学生激励和指导性语言，这一点也为学生接下来的学习打下了很好的心理和情绪基础】

Step 2 Something about prepositive learning—before-class activities.（检查学生的前置学习并处理相关问题）CW, IW

T: Before the class, you were required to read, understand a passage which is about saving the endangered antelopes on page 66, and you underlined and wrote down all the attributive clauses you could identify in the passage, and then exchanged your underlined sentences with your group members and another group to make sure you found all the attributive clauses. Have you found them?

【学生的前置学习任务是阅读一篇关于拯救濒危动物藏羚羊的文章，在阅读的同时画出含有定语从句的句子，读后把画出的定语从句写在一张纸上。在这个过程中，培养了学生在阅读的同时关注重要信息的阅读习惯，学生在写下句子时培养了归纳总结的习惯，在读和写的过程中也调动和复习了判断定语从句的知识。课堂上老师要求学生小组内组员相互阅读彼此的句子，再和其他小组交换阅读。学生不断地阅读和分析其他同学的句子，这不仅仅强化了有关定语从句的知识，而且通过比较他人的句子和自己的句子，发展了自己的批判性思维】

Ss: Yes!

T: Well done! Then how many attributive clauses have you found?

Ss: Nine.

T: Exactly! There are nine attributive clauses in the passage. Please look at the PPT to check if your sentences are the same ones which I display on the SEEWO.

(Students check their sentences quickly.)

T: Since you have done a really good job, I am curious about how you can identify them. Are there any characteristics in the sentences? Any experience to share with me?

S1: There is which, who, why, whose in the sentence.

S2: The clauses describe nouns or pronouns.

S3: We can often translate the clauses into Chinese as "的".

S4/S5/S6:…

T: Excellent! You are knowledgeable about attributive clause. We can make a short conclusion about what you said just now. Which, whose, and words like them are called relative words, the nouns or pronouns which are modified by attributive clause are called antecedent. Do you still remember them?

【在这个过程中，教师很好地运用了任务驱动：前置学习的内容是阅读文章并写下文章中的定语从句，课堂上的交流阅读，学生做到组内评价和组间评价，老师给出标准，学生根据标准进行自我评价。前置学习的目标明确，可检测、可评价、可达成。一是前置学习内容为本节课的学习做好铺垫，学生对本节课的学习做好了准备；二是通过前置学习，教师搭建了新旧知识连接的桥梁，也为深度学习定语从句搭建了梯子】

Step 3 Learning contents and objectives.（学习内容及学习目标）CW

T: Now, let's begin our class. Today we are going to review attributive clause. As we know, when we learn a grammar, we always focus on the form (structure and usages), function and use. That is to say, in this class, we are going to focus on these aspects of attributive clause. Now, please read the learning objectives together to get to know what we are going to do and achieve in this class. One, two, begin.

Ss: At the end of the class, we will be able to master basic usages of attributive clause by combing and analyzing the structure and relative words; use attributive clause more proficiently by finishing different tasks; realize the function of attributive clause by analyzing and thinking logically and critically; deepen the awareness of protecting the animals in danger.

【通过对教材的深入分析和结合前置学习对学情的准确把握，制定出符合课标、体现了英语学科核心素养的本节课的教学目标：通过本节课的学习，第一，学生能通过梳理和分析定语从句的结构和关系词去掌握定语从句的基本用法；第二，学生能在完成各种定语从句相关的任务后，更熟练地运用定语从句，学生通过分析和思考能够意识到定语从句的功能；第三，学生们能够在完成各项任务的过程中逐渐意识到保护野生动物的重要性。吕老师对这节课的教学目标的定位是由浅入深、具体实用的，能让学生的语言能力、思维品质、学习能力及文化品格的发展在学习过程中都有具体的落脚点和实现方法。这是一堂让人很期待的深挖文本、主题意义明确的生本课堂】

Step 4 While-class activities

Activities 1 Figure out the structure and basic usages

Task 1 Structure IW, CW

T: Now, please take out the nine sentences which you wrote down previously and use different marks to mark the antecedent, relative word and attributive clause of each sentence. _____ for antecedent; ▢ for relative word and ～～～ for attributive clause. I will invite one of you to mark the sentences on the white paper which I have posted on the blackboard. Are you clear?

Ss: Yes.

T: Who would like to have a try here?

T: The girl with a pair of glasses (S7), please!

Students mark their sentences and S7 mark the sentences on SEEWO.

T: Finished? OK, now, please look at the girls answer and yours to check.

Teacher guides the students to go through the underlined parts quickly to help all the students get the correct answers.

T: Now, please observe the sentences and underlined parts carefully. Can you find the order of relative word, antecedent, and attributive clause of each sentence? You can focus on the marks.

Ss: Yes, we can.

T: Tell me the order of the marks, please!

Ss: The first is _____, the second is _____ and the third is _____.

T: In other words, the first is antecedent, the second is relative word, and the last is attributive clause. We can draw a conclusion that all attributive clauses share the same structure: antecedent+relative word+attributive clause. Do you think so?

Ss: Yes.

【吕老师指导学生用直观明了的不同符号勾画标注出各个句子中的先行词、关系词以及定语从句的部分，同时邀请一名同学在希沃上来完成，其他同学在比对自己的和希沃上答案的过程中，教师能了解到同学们的掌握情况，并且通过在希沃上修改让所有同学知道正确答案，整个环节既是除盲，又是巩固。从逐一观察句中的符号顺序到总结出定语从句的基本结构，这些都是学生自主完成的。学生对定语从句的基本结构有了牢固的掌握，为接下来的学习做好铺垫。这样的课堂是真正以学生为主体的课堂】

Task 2 Basic usages. IW, CW

T: Now we have mastered the structure of attributive clause. As we all know, as for relative words, there are relative pronoun and relative adverb. Do you still remember how to choose proper relative word for each attributive clause?

Most of the students said yes, while a few of students said they were not so sure.

T: Now, please look at the passage. You can also find the passage on your guided learning sheet. It is also about the endangered antelopes, which is closely related with the reading passage in our book. There are blanks for relative words. Please try to fill in the blanks. Before you do these, I have some tips for you. First, circle the nouns or pronouns before the blanks. Second, decide what each of them refers to? Person? Thing? Place? Time? or reason? Third, choose proper relative pronouns or relative adverbs to fill in the blanks, according to what the noun or pronoun refers to. Do you understand me?

Ss: Yes, we can.

T: Now, I would like to give you a specific example. Please look at the first blank. Let's circle the noun before it. It is "antelopes", which refers to animal, a thing. So we can choose "which" or "that" to fill in the blank. Boys and girls, please follow the tips to fill in the blanks on your guided learning plan. And two of you will be invited to the blackboard to write down your answers. Who would like to have a try? Hands up. OK, the boy in the corner (S8). And this time I need someone who always keeps silent. The shy girl in blue coat in the second group (S9), please! Come on, you can do it! Trust yourself!

The Tibetan antelopes 1_____ live on the Qinghai-Tibet Plateau is a unique species of China. The antelopes 2_____ wool is soft, light and warm were hunted by poachers 3_____ made much money by selling the wool. This was the reason 4_____ the antelopes' number went down sharply. Fortunately, the poachers 5_____ were cruel and mad were caught and punished. Hoh Xil Nature Reserve, a place 6_____ more than 70,000 Tibetan antelopes are living, was founded. It is also a place 7_____ is a heaven for other animals. We are looking forward to the days 8_____ the antelopes can live a safe and happy life.

(Students follow the tips to fill in the blanks, and S8 and S9 write down their answers on the blackboard.)

T: Have you finished all the blanks?

Ss: Yes.

T: Very good. Now check your answers with the answers on the blackboard.

(Students check their answers one by one.)

T: Now speak out your answers together to let me know your answers.

Ss: The second one is whose, and it refers to affiliation…

(During the process, students have controversial answers to blank 6, 7 and 8.)

【结合本模块及本课时所依托的课本阅读文章，教师编制和加工了一篇相关小短文，该文章既帮助学生突破如何选择定语从句的关系词这个重难点，又延续和深化了该模块的主题，让学生的学习有情境可依托。在学生自己动手之前，给学生进行了如何选择关系词的简短复习、提示和示范，再以具体的某一空为例，来具体化刚才的解题小贴士。这样不仅利于学生接下来更高效地去使用和掌握这些规则，也使得教师的"导"的课堂作用得以充分发挥。在选择学生到黑板上来板书答案的时候，不单单只关注主动举手的同学，也关注到在课堂上沉默寡言的同学。对于后者加以鼓励，使其获得信心和更多的学习内驱力。接下来全班同学将自己的答案和黑板上同学留下的答案进行比对，就会发现答案产生了分歧（最主要集中在6、7、8题）。这个过程激发起了同学们的好奇心，不禁交流起来。由此可见，学生学习的内驱力得以激发】

Task 3 Breakthrough of key and difficult point. IW, CW

T: Just now I heard different voices about blanks 6 and 7. Let's stop at the blanks to have a close look at them. The correct answer to blank 6 is where and which or that is for blank 7.

(Some students look so confused.)

T: I can understand why some of you look so confused, because you are wondering why answers to blank 6 and blank 7 are different, although antecedents before them are the same words. If you don't get the correct answers, please stand up to let me know how many of you are confused about this point. Don't worry. I will help you. OK?

(Students nod their heads, and the students who don't get correct answers stand up)

T：Look at the screen please. First, please look at and read the sentence in green table.

Ss：More than 70,000 Tibetan antelopes are living in the place.

T：A place 6_____ more than 70,000 Tibetan antelopes are living. Pay attention to "in the place". In this sentence, "in the place" is used as the adverbial of place, so we should choose relative adverb "where" to fill in blank 6. Are you clear now?

(Students, especially these who are standing, nod their heads.)

T：Now, please look at the screen again. Please look at and read the sentence in yellow table.

Ss：The place is also a heaven for other animals.

T：It is also a place 7_____ is a heaven for other animals. This time place is used as the subject of the attributive clause, so we should choose relative pronoun "which" or "that" to fill in blank 7. Do you understand?

(Students, especially these who are standing, nod their heads.)

T：The same in true about blank 8. Any one can explain it to us?

S10 stands up to give us reasonable explanation and then sit down. All the students clap their hands for him.

T：In order to check if you have mastered the difficult point here, I would like to show more sentences with attributive clause for you to choose the proper relative words for them. OK?

Ss：OK.

(Students look at the sentences on the screen and use what they have learned just now to fill in the blanks.)

I will never forget the days _____ I was in Hol Xil.

I will never forget the days _____ I spent with the antelopes.

I couldn't accept the reason _____ the poachers gave to us.

The reason _____ they were hunted was known to all.

T：OK, I see all of you have finished. I will show you the correct answers. The students who are standing, if you get the correct answers, please sit down.

(All the standing students sit down.)

【在课堂上，教师通过学生的表现定位学生的错点和难点，鼓励做错的同学站起来，更准确地掌握学情，做到以学定教。仔细观察我们会发现，原来吕老师在前置学习中就安排了目前阶段学生定语从句学习情况的调查。通过该调查对学生定语从句学情的把握以及教师用教学经验对学情的预估，再结合本课堂中学生现场的具体表现，从而成功地做到了以学定教，实现了重点突出、难点突破。在鼓励学生从站起来说出自己的不会之处，到引导学生解决难点后再坐下的过程中，教师对学生予以关爱、鼓励、肯定和期待，激励学生、引导学生和陪伴学生，使学生体验到参与课堂学习活动的获得感和满足感。学生在这部分实现了对定语从句重要基础知识的突破和巩固，为

【后面的迁移使用奠定了坚实基础】

Activity 2 Use attributive clause. CW, IW, GW

Task 1 Use attributive clause in sentences. IW, GW

T: Till now, we have reviewed the structure and basic usages of attributive clause in the passages about the Tibetan antelopes. It is time for us to put what we have learned into practice. Besides Tibetan antelopes, there are many other endangered animals in the world, which need our protection. In the following class, let's try to use as many attributive clauses as possible to introduce four endangered animals to make more people know them. Please look at the screen.

T: Do you know them?

Ss: Ha ha, we just know Northeastern tiger. / Are the tiger Northeastern tiger?

T: Northeastern tiger? No. They are Siberian tiger, blue whale, African elephant and northern bald ibis. The information about them has been given on your guided learning plan. Have you found the information table?

Ss: Yes!

T: The information is based on the following five aspects of each animal: general description, habitat, food, why in danger and numbers left. Each group of you has information about one of the four animals on your guided learning plan. Each group member will be given a task sheet on which there are two aspects of your group endangered animal. Group 1&Group 2: Siberian tiger; Group 3&Group 4: blue whale; Group 5& Group 6: African elephant; Group 7& Group 8: northern bald ibis. Try your best to write a sentence with attributive clause to introduce the animal from the two aspects. Can you follow me?

(Some students nod heads while some of them are not so sure.)

Description （总体描述）	Habitat （栖息地）	Food （食物）	Why in danger （濒危原因）	Number left （所存数量）
largest member of the cat family	forests in Siberia (Russia), Northeast China	deer, wild pigs, sometimes fish	hunted for body parts used in traditional medicine	about 1,000; perhaps 500 in China, some in Hunchun Reserve (Jilin Province)

T: Never mind! If you are confused, I will give you an example to help you. Now, let me take the Siberian tiger as an example.

Siberian Tiger, which is the largest member of the cat family, lives in the forests in Siberia and Northeast China. (description 总体描述+habitat 栖息地)

T: Can you understand now?

Ss: Oh, I see.

T: Now, please get your task sheet and try to finish your sentences as soon as possible.

T: Boys and girls! Have you finished yet?

Ss: Yes!

T: Now, please share your own sentence with your group members. Try to appreciate each other's sentence and try to help each other to correct the sentences if there is any mistake. OK? Ss: OK!

T: We have two minutes to do this. Here we go!

(Students share their sentences happily with group members.)

T: Now, I would like to invite three students to share their sentences with all of us.

Many students raise their hands high to show they are confident with their sentences.

T: The boy who smiles happily in group 8 (S11). Yes, you, please.

S11: The northern bald ibis is alarge black bird with long red beak, which lives in the coastal areas of Morocco.

T: Well done! Let's give him a big hand.

Students clap their hands.

T: Then I want to pick two non-volunteers, who are quiet beauties. I will use a wheel of fortune to find the two "lucky dogs".

(Students begin to laugh happily and pretend to be nervous.)

(S12 and S13 are chosen by the wheel of fortune.)

S12: The African elephant, whose favorite food is grass, leaves and fruit, is the world's biggest land animals.

S13: The blue whale is hunted for oil and meat, which is the biggest animal.

T: Wow, all of you have done a really good job!

【有了前面的铺垫，教师在这个活动中鼓励学生从知识的学习过渡到知识的使用，从书上的藏羚羊联想到其他濒危动物，从个人学习转变为小组合作学习。小组合作学习是有效学习的一种常见方式。在这里，吕老师结合学习内容，给每个小组预先设置了学习任务，让组员聚焦学习任务，从个人操练句子到小组分享句子再到全班共享句子，让学生在这个过程中主动学习使用定语从句描述濒危动物。在小组成员写一个含定语从句的句子介绍濒危动物再分享的过程中，学生很好地运用了先前所学的定语从句知识，同时因为语法知识中涉及濒危动物保护，学生保护濒危动物的意识也在潜移默化中得以提升。从前置学习任务到上一个任务再到这部分的学习任务，吕老师是把本节课教学的语法内容和本模块教材中 READING，READING AND WRTIING and TASK 几个部分进行了整合和开发利用，这是新课程理念中强调的多边互动学习中的教师与教材的互动，做到这一点是难能可贵的】

Task 2 Use attributive clause in a passage. GW, CW

T: Just now, we shared some sentences with our peers, but, do you think, the scattered sentences are enough for people to get to know the endangered animals?

(Students say no and shake their heads.)

T: Definitely not. So now, please cooperate with your group members to form a complete passage with as attributive clauses to introduce your group's endangered animal. If you can, try to add more things to make your passage fluent and coherent. The table on the screen may help you. Write down your passage on the big white paper given to your group. Please finish your passage in 7 minutes. Are you clear?

定语从句		书写			流畅连贯		
正确	有错误	优	好	一般	非常连贯	一般	只有单个句子
10分/个	5分/个	10分	7分	5分	10分	7分	5分

Ss：Yes.

(Students attend to their own duties to finish the passage.)

T：Boys and girls! Time is up. Now, please score your passage in your group according to the standard in the table. You can use blue pen to score it.

(Students have heated discussion to score their group's passage.)

T：Now, we have known many things about the endangered animal in our group. Are you curious about the other endangered animals?

Ss：Yes.

T：OK. Now please exchange your group's passage with the group next to you. Read each other's passage to score the passage with a red pen, according to the standard in the table to see if you have the same opinion?

(Students have more heated discussion to score their group's passage.)

T：Now, please hold your passage high to let me know which two groups have got the highest average score.

(Students hold their passage high in the air.)

T：Wow, group 3 and group 6 have got the highest average score. Congratulations!

(All the students applaud warmly.)

T：Now, I will take photos of the two passages to display them on SEEWO. You read the passage together! OK?

Ss：OK!

(Students read the passages together.)

【第二个小组任务是让组员合作，在先前写的句子的基础上写出一篇完整的介绍濒危动物的文章。从教学活动的安排可以看出，这是螺旋式的任务设置，从易到难，符合学生的认识规律和学习规律。在小组进行基于情境、问题导向下的合作式、探究式、互动式的小组学习过程中，一方面教师制定出针对小组学习任务的非常具体的评分标准去引导学生高质量地完成学习任务，让学生能够进行高效合理的自评和互评；另一方面，老师在整个过程中一直充分参与到各个小组的学习活动中，对学生加以指导和鼓励，使得学生学习的效果和效率都大大提高。小组完成文章后，要互评和分享，老师再做补充和点评。整个环节下来使得优质信息、学习资料灵活运用，也充分展示了教师在课堂上的作用和学生的主体地位】

Activity 3 Think about function and deepen the awareness. GW, CW

T：We have learned so many things about endangered animals in the process of reviewing and using attributive clause. The following sentences are taken from the passage we learned in this lesson. Observe and understand the sentences carefully to try to answer the questions to figure out the functions of attributive clause.

A volunteer is someone <u>who works without being paid</u>.

Q: What part of the sentence defines（定义）what a volunteer is?

The poachers left only the babies, <u>whose wool is not worth so much</u>.

Q: What part of the sentence explains why the babies were not killed?

The Tibetan antelope is an animal <u>whose wool is worth a lot of money</u>.

Q: What part of the sentence give us detailed information about the animal?

The poachers <u>who were cruel and mad</u> were punished.

Q: From what part of the sentence can we know the writer's feeling and attitude to the poachers?

(Students have a short discussion with their partners to realize that all the answers to the questions are the attributive clause in each sentence.)

T: All these tell us attributive clause can be used to define the antecedent, to explain something, to give more detailed information about the antecedent, and to express the writer's attitude, and feelings.

T: All the attributive clauses learned and used in this class are all about the endangered antelopes and other endangered animals. Actually these sentences are not enough for us in terms of saving and helping them. We need to do more to help and protect them. It is important for us human being to build a shared future for all life on the earth. However, what we have done for the endangered animals has paid off. Let me show you a short video about this.

T: What do you see in the video?

Ss: There are more and more Tibetan antelopes on the plateau. And the Tibetan antelopes are no longer endangered animals, instead, they become near-endangered animals.

T: That's it. It is a really a piece of good news, isn't it?

【老师在通过设置问题引导学生思考指出定语从句功能的同时，也引导了学生深化保护动物的意识】

Step 5 After-class self assessment（课后自评）IW

T: Today we have learned many things about attributive clause and endangered animals by learning on ourselves, sharing and cooperating with others. I think you have a wonderful performance. Are you satisfied with your own performance?

(Most of the students say yes.)

T: Think about your own performance and then fill in the self-assessment table after class, thus you can do better in the future.

自评项目	标准	优、良、中、合格、差
语言能力	能够牢固掌握定语从句的结构及关系词的惯用法	
	能够在关于濒危动物的不同语篇环境中熟练使用定语从句	
	能够通过和组员的沟通、交流、合作获取知识，解决问题	
思维品质	能够通过观察、分析、归纳、总结，构建定语从句的相关知识体系	
	能够通过思考问题去发现和关注英语中定语从句的交际功能，而不单单是语法功能	
	能够通过本课内容去主动了解更多濒危动物，让自己和身边人的保护意识得以加强	
学习能力	能够发现问题，并调用已有知识去解决问题	
	能够积极主动地进行自主学习及合作学习	
	能够融会贯通所学定语从句知识并迁移运用	
文化品格	能够意识到很多国家和地域都有濒危动物，有很多世界组织在保护着它们	

【该课后自评表很好地帮助学生学会从各方面去评价自己的课堂表现。学生能找到自己的长处以增强学习自信心，同时也会排查出自己做得不足的地方，明确下一步的学习目标和任务。我们之前说吕老师在本堂课最开始所设定的教学目标是可检测、可评价、可达成的，这份课后自评表也能够很好地倒逼着学生去实现这节课应该达到的学习目标】

Step 6 Homework

T：OK，the last thing in this lesson—homework：please finish Exercises 2，3 and 5 on PP. 54－55 on text book and then finish more sentences to find more usages of attributive clause：that；prep. +relative pron. Are you clear?

Ss：Yes.

T：So much for this lesson. Thank you for your listening and cooperation.

(Students applaud warmly to put an end to the lesson.)

【吕老师课后作业的布置是很用心的，既有对本节课重难点知识的巩固，又有对后期教学内容的铺垫，这样的作业是有效的】

课后反思

Highlights and experience：

Generally speaking, all of the identified teaching objectives have been achieved. I took the students' learning objectives as the center of my teaching activities. The tasks I had designed, including the prepositive learning tasks, provided scaffolding for the students, which helped them achieve their learning objectives from easy to difficult and from easy to complicated. During the learning process, the students' existing knowledge and passion were activated. The students worked with each other and me cooperatively and effectively. Their awareness of protecting endangered animals and their thinking abilities were strengthened in the process of reviewing, learning, and application of attributive clause. Last, I learned a lot from other teachers in the preparation for this lesson.

Problems and strategies to solve them:

I finished this lesson on time, but there was some regret. First, one of the steps for the students to make sure of the structure of attributive clause was left out because of my carelessness, in which one of the students should have gone to the blackboard to put the words of the structure of attributive clause in right order. Second, the time allocation should have been distributed more reasonably. More time and attention should have been given to the students. Next time, I will take care of more about their emotion and feelings in the class, especially when they meet difficulties and need help. Third, although as a whole, the structure of my teaching design is clear and logical, the logic chain should be improved. A part which is about the progress the government has made in protecting the antelopes should be added at the end of the design, thus the logical chain can be fully completed and the emotional value can be submitted more deeply and naturally.

◇ 点评

总的来说，这是一堂成功的语法复习课，是贯彻了新课改理念的代表性课堂。该堂课以前置学习为铺垫，课中问题为引领，课堂活动为驱动，学生合作探究互动为主要路径，教师引导为辅助，课后自评改正为补充。该课从语法常见的三要素入手，在引导学生复习掌握了定语从句的基本结构和基本用法之后，把课程的重点安排在引导学生的实际使用上，整个教学内容是对教材大单元的整合、开发、利用。在教学过程中，引导学生突破重难点，整堂课贯穿着很科学的学习活动观，学科核心素养得以体现。学习活动中的任务都是螺旋式的，非常符合学生学习的认知规律和学习规律。活动的设置与单元主题的契合度也很高，以保护动物为主线来复习定语从句。教师的课堂用语非常亲切，在课堂用语中有意识地反复出现定语从句这个目标语言，使学生能够在自然真实的语境中体验目标语言。最重要的是，整堂课都是以学生为主体的生本课堂，就像富兰克林说的："告诉我，我会忘记；教给我，我可能记住；让我参与，我才能学会。"

本节课突出新课程理念的特点有以下三点：

第一是前置学习、以学定教、先学后教。学情是决定教师教什么、怎么教的重要标准。学生都具有独立学习、独立思考的能力，学生可以带着问题学，也会在学习的过程中发现问题。让学生先学，是尊重学生主体地位的表现，更是对学生学习潜力的开发和挖掘。

第二是学生主体，教师主导。在吕老师的引导和点拨下，学生开展自主学习、质疑讨论、合作学习、探究学习。在整个课堂中，学生以练为主，自己练，小组练，全班练，学生的能力得到发展和突破。

第三是多边互动的教学。本堂课中，吕老师深挖教材，在大单元学习的概念下进行教材的重组和开发利用，在课堂上给学生提供多模态的学习素材并创设学习情境，较好地实现了教师、学生、教材及教学环境的多边互动。

附录：Animals in danger
Grammar review of attributive clause

Without grammar, little can be conveyed. Let's go for it!

Before-class Prepositive Learning（前置学习）

Read the passage Saving the Antelopes in READING, underline the attributive clauses in it and write them down neatly（工整地）.

Animals in danger
Grammar review of attributive clause

Without grammar, little can be conveyed. Let's go for it!

课堂导学案

Activity 1 I can figure out the structure and the usages.

1. Observe the attributive clauses from READING and then use different marks to underline the antecedent, relative word and attributive clause of the above sentences.
（用＿＿划先行词，用 ▢ 划关系词，用〜〜划定语从句）

2. Observe the marked parts of the sentences to figure out the structure of attributive clause.

	+		+	

3. Fill in the blanks. First step: circle the words before the blanks. Second step: decide what each of them refers to? Person? Thing? Place? Time? Or reason? Third step: choose proper relative pronouns or relative adverbs to fill in the blanks.

The Tibetan antelopes, ＿＿＿＿ live on the Qinghai-Tibet Plateau is a unique species of China. The antelopes, ＿＿＿＿ wool is soft, light and warm were hunted by poachers ＿＿＿＿ made much money by selling the wool. This was the reason ＿＿＿＿ the antelopes' number went down sharply. Fortunately, the poachers ＿＿＿＿ were cruel and mad were caught and punished. Hoh Xil Nature Reserve（可可西里自然保护区）, a place ＿＿＿＿ more than 70,000 Tibetan antelopes are living, was founded. It is also a place ＿＿＿＿ is a heaven for other animals. We are looking forward to the days ＿＿＿＿ the antelopes and other endangered animals can live a safe and happy life.

Activity 2 I can use attributive clause.

1. Pick your own task-sheet. Write at least one sentence with attributive clause to introduce two aspects of an endangered animal of your group.

	Description（总体描述）	Habitat（栖息地）	Food（食物）	Why in danger（濒危原因）	Number left（所存数量）
Siberian Tiger 西伯利亚虎 Group 1	largest member of the cat family	forests in Siberia (Russia), Northeast China	deer, wild pigs, sometimes fish	hunted for body parts used in traditional medicine	about 1,000; perhaps 500 in China, some in Hunchun Reserve (Jilin Province)

续表

	Description （总体描述）	Habitat （栖息地）	Food （食物）	Why in danger （濒危原因）	Number left （所存数量）
Blue Whale 蓝鲸 Group 2	worlds biggest animals (100 tons or more)	oceans, especially the Arctic(北极) and the Antarctic Waters(南极洲)	Plankton (small organism 浮游生物)	hunted for oil and meat	less than 5,000; perhaps only 2,000
African Elephant 非洲象 Group 3	worlds biggest land animals(5 tons)	forest, river valleys（河谷）,semidesert（半沙漠）,Africa	grass,leaves,fruit	hunted for ivory(象牙), which is used for carving	400,000(1.3 million in 1980)
Northern Bald Ibis 北秃朱鹮 Group 4	large black bird with long red beak(喙)	Morocco, coastal areas	insects, small reptiles(爬行动物),frogs,fish	unknown, maybe natural causes	200–300; some birds recently seen in Middle East

Example：Siberian Tiger, which is the largest member of the cat family, lives in the forests in Siberia and Northeast China. （description 总体描述+habitat 栖息地）

2. I can use attributive clauses to introduce an endangered animal.

Suppose you are wildlife protection propagandists（野生动物保护宣传员）, write a passage to describe the animals in danger to make more people know them and help them. Give the sentences you wrote just now to your group to form a passage. If you can, add more things to make it fluent and coherent（流畅连贯）.

看看哪组文章的定语从句用得又多又好；看看哪组的书写最漂亮；看看哪组的文章最流畅。

定语从句使用情况		书写情况			流畅连贯		
正确	有错误	优	好	一般	非常连贯	一般	只有单个句子
10分/个	5分/个	10分	7分	5分	10分	7分	5分

Activity 3 I can figure out why attributive clauses are used.

Read Sentences and answer questions. （short group discussion）

1. Jiesang found a group of poachers <u>who were killing the endangered antelopes.</u>

Q：What part of the sentence tells us what poachers are?

2. The poachers left only the babies, <u>whose wool is not worth so much.</u>

Q：What part of the sentence explains why the babies were not killed?

3. The Tibetan antelope is an animal <u>whose wool is worth a lot of money.</u>

Q：What part of the sentence give us detailed information about the animal?

4. The poachers <u>who were cruel and mad</u> were punished.

Q：From what part of the sentence can we know the writer's feeling and attitude to the poachers? Does the writer like the poachers?

Conclusion: Attributive can be used to define（定义）the antecedent（先行词）, to explain something, to give more detailed information about the antecedent, and to express the writer's attitude, and feelings.

结语：

As we can see, attributive clause can give us various information. The attributive clauses we have learned in this lesson help us know more about the endangered Tibetan antelopes and other endangered animals. They are in danger because of various reasons, mainly human reasons, which means we human can save them. Let's protect them!

Let's become better!

Self-assessment after class 课后自评表

自评项目	标准	优、良、中、合格、差
语言能力	能够牢固掌握定语从句的结构及关系词的惯用法	
	能够在关于濒危动物的不同语篇环境中熟练使用定语从句	
	能够通过和组员的沟通、交流、合作获取知识，解决问题	
思维品质	能够通过观察、分析、归纳、总结，构建定语从句的相关知识体系	
	能够通过思考问题去发现和关注英语中定语从句的交际功能，而不单单是语法功能	
	能够通过本课内容去主动了解更多濒危动物，让自己和身边人的保护意识得以加强	
学习能力	能够发现问题，并调用已有知识去解决问题	
	能够积极主动地进行自主学习及合作学习	
	能够融会贯通所学定语从句知识并迁移运用	
文化品格	能够意识到很多国家和地域都有濒危动物，有很多世界组织在保护着它们	

Homework 课后作业

Ⅰ. Finish exercises on PP. 54-55 on the text book.

Ⅱ. Finish the following exercises to find the usages of "that" and "pron. + which".

1. Who's the comrade _____ you just shook hands with?
2. He talked about the teachers and schools _____ he had visited.
3. He is the only man _____ I can find for the work.
4. You must watch carefully everything _____ the teacher does in class.
5. This is one of the most exciting football games _____ I have ever seen.

6. The last place _____ we visited in the countryside was a farm.

9. Is there any question _____ troubles you much?

10. This is the very book _____ I am after.

11. He is not the man _____ he used to be.

12. There is a rocket motor _____ _____ the direction of the satellite can be changed.

13. What does a household look like _____ _____ you have one parent who has to work, or two parents who are working full-time?

14. A country's capacity to produce wealth depends upon many factors, _____ _____ _____ have an effect on one another.

15. The athletes _____ he will compete come from Greece and Czech Republic.

16. He'll never forget the day _____ he was admitted to the Olympic Games for the first time.

17. A great number of cultural relics have been found in a village _____ there are lots of old temples.

18. The musicians _____ _____ we have great interest toured Europe with us.

19. The sun gives us heat and light, _____ _____ we can't live.

20. The student _____ _____ we were talking is the best student in our class.

21. I'll never forget the day _____ _____ she said good-bye to me.

22. Who can give me the reason _____ he hasn't turned up yet?

23. He paid the boy $10 for washing the windows, _____ _____ _____ hadn't been cleaned for at least a year. (大部分窗户)

Can you summarize the usages of "that" in attributive clause?

How to use prep.+relative pronoun?

Learn to describe and design your own restaurant 课例评析

授课地点：六盘水市第三中学
授课时间：2022 年 10 月 31 日
授课教师：赵玉秀
点评教师：万学芬

教学设计思路

（一）前置学习任务布置

1. 自主完成重点词和短语翻译
2. 完成两篇与课堂主题相关的英语语法填空

（二）前置学习设计理念

1. 英译汉题目的设计目的是让学生提前掌握课堂上所需的重点单词和短语，扫除词汇障碍，为课堂教学做好铺垫，培养学生的语言能力和学习能力。

2. 语篇语法填空的设计目的是围绕主题创设情境，铺垫语言。语篇一通过对文章的填空复习重点单词的变化，引入课堂的主题。语篇二通过语法填空的相关练习，让学生学习如何用高级句型表达自己最喜欢的餐馆，并且思考如何描述自己最喜欢的餐馆，怎么用高级句型描述。针对比较难的部分，课堂上大家一起解决。通过这些任务培养学生的逻辑性、创新性。

教学过程

Step 1 Greetings and teaching objectives

T：Good morning, everyone.

Ss：Good morning, Ms Zhao.

T：There are so many excellent teachers here. Let's show our warm welcome. Look at the pictures and tell me what kind of restaurant it is.

Ss: A lamian noodles restaurant, a Peking Roast Duck restaurant and a fried pot restaurant.

T: Good for you! So, you can know we will talk about restaurant today. First of all, read the teaching objectives of the class.

Ss: At the end of class, we will be able to learn some sentence patterns about describing a restaurant, to develop the cooperating ability by designing a restaurant in groups and to promote some food and its culture of Liupanshui.

【在课堂的开始，老师通过图片导入和朗读教学目标，让学生明白这节课需要做什么、学什么，为后续的教学做了很好的铺垫】

Step 2 Make a summary of the prepositive learning

T: After checking your prepositive learning task, I find most of you have done a good job. You have learned some important words and phrases to describe a restaurant and you also have known about my favorite restaurant. However, there are some common mistakes. Who'd like to correct them? Please put up your hand. (At the same time, the teacher shows the mistakes on the screen.)

S1: The noun form of decide is decision.

S2: It should be extremely!

T: Well done! Let's learn to describe a restaurant by using advanced sentences.

【检测学生前置学习任务完成情况。通过前置学习的英汉互译，学生已经掌握介绍餐馆所需的基本词汇和短语，同时通过语法填空的练习了解如何介绍自己喜欢的餐馆。赵老师通过PPT展示学生特别突出的问题，再次强调。前置学习有布置、有检查、有评价】

Step 3 Learn to describe a restaurant

T: let's analyze my favorite restaurant. ①My favorite restaurant is named Spicy Chicken Factory. ②It is located in the center of the city so it takes you a few minutes to drive there. ③Spicy chicken is the specialty which is made of chicken, chilies and a lot of ingredients. ④Decorated in a special style, it can make you feel the warmth of home. ⑤Anyone liking spicy food can enjoy a big meal. What do you think of my description of my favorite restaurant?

S3: Sentence 1 uses passive voice and sentence 2 is more advanced by using a clause.

S4: Sentence 3 is better by using the attributive clause.

S5: Sentences 4 and 5 are expressed by using the non-finite verbs.

T: Great! When we describe a restaurant, we can use the following sentence patterns.

1. ... is named...

2. It is located in... so...

3. ... is the specialty which is made of...

4. Decorated in a... style, it can make you feel...

5. Anyone liking... can enjoy a big meal.

T：Can you summarize in which aspects we can describe a restaurant?

S6：Name, location, cuisines, decoration and customer.

T：Good job! As you know, we can describe a restaurant in the following aspects: name, location, cuisines, decoration and customer. I have shown you my favorite restaurant. Do you have a favorite restaurant?

Ss：Certainly!

【让学生通过观察文章，找出文章句型表达的奥秘之处，培养学生学习英语的能力，同时通过让学生来总结具体从哪些方面来描述餐馆，培养学生获取信息、概括信息的能力。在这个过程中，教师引导学生一步一步完成学习要求】

Step 4 Talk about your favorite restaurant

T：Well. It is your time to show your favorite restaurant. Pair-work: Talk about your favorite restaurant by using these sentence patterns. Clear? If you have any problems, ask me for help. Now you can begin. (5 minutes later) Which group would like to try? Don't be shy. That group, please.

(Li Wei and Liu Yuanheng make a dialogue.)

Li：Would you please introduce your favorite restaurant?

Liu：It is named Dream of Hot Pot.

Li：Where is it?

Liu：It is located in Zhongshan district, in the centre of the city. It takes just a little time to get there.

Li：What is its specialty?

Liu：Hot pot is made of all kinds of meat and vegetables, such as mutton potato and so on.

Li：How is its decoration?

Liu：It is decorated in a Chinese ancient style so it makes people feel interested in it.

Li：Do you like spicy food?

Liu：Yes, of course. So anyone likes spicy food can enjoy a big meal. How about going with me next time?

Li：Great.

T：Thank you so much! You are so fluent in English. You have done a good job. Now I want to check whether you have listened carefully. What is her favorite restaurant's name?

Ss：Dream of Hot Pot.

T：Well done. Let's change the way of practicing describing a restaurant. Play a game: ask & answer & repeat. I ask a question about the favorite restaurant. Then, I ask one of you to answer it by using the sentence pattern. Next, the rest of you repeat your classmate's answers. Clear?

Ss：Yes!

T：Let's begin. Where is your favorite restaurant?

S4: The restaurant is located in Chuanxin district.

T: Repeat!

Ss: The restaurant is located in Chuanxin district.

T: How is it decorated? How do you feel?

S7: Decorated in an ancient style, it can make you feel interested.

Ss: (Repeat) Decorated in an ancient style, it can make you feel interested.

【通过对话活动，让学生使用前一个活动中所学到的句型来表达自己最喜欢的餐馆，通过游戏检测学生是否能够正确使用介绍餐馆的句型。这些活动培养了学生的语言能力】

Step 5 Design your own restaurant

T: You have done a good job! We have talked about our favorite restaurants. As you know, with the development of Liupanshui, more and more people come here and travel here. It is your time to design your own restaurant to show our specialty to these travelers and also you can create new cuisines. You can design it by writing a passage or drawing a mind map. Design your restaurant in the following aspects: name, location, cuisines, decoration and customer. If you have any problems you can ask me. Now you can start.

【本活动通过小组合作完成设计自己的餐馆，目的是传播六盘水美食或者自己创造新的菜式。这个活动的设计充分体现了核心素养的学习能力和创新能力；同时还联系实际生活，传播本地饮食及文化，极大地激发了学生的兴趣】

Step 6 Exchange and evaluation

T: (10mins later) Attention please. I have seen some amazing works of you. Now, you need to exchange your work with other groups and try to evaluate their work by the following checklist.

1. Does their restaurant include all the five aspects?   Yes (   )   No (   )
2. Does their restaurant show our specialty?   Yes (   )   No (   )
3. Is their design creative?   Yes (   )   No (   )

【本活动通过小组之间的交换评价，让学生能从别组的同学身上学到很多东西，呈现自主学习劲头】

Step 7 Presentation

T: OK, everybody. Time is up. Give the work back to the owner. Who would like to try? Don't be shy. Have a try. OK!

Goup4: Today I'd like to introduce our new restaurant. It is named Moon of Fried Pot. There are many specialties of Liupanshui in our restaurant. Fried pot is its specialty which is made of potatoes, meat and many vegetables. Located in ancient town, it can make you feel warm. The decoration is simple and comfortable. We want to attract people who are interested in spicy food. If you are interested in our restaurant, you can call at 1223 5688. And this is our logo. It is full of love. I hope all of you will come to a restaurant and enjoy a big meal.

T：Thank you. I like your confidence. Which group would like to say something about their work according to the checklist?

Group 5：In my opinion, their design is nice. Their restaurant includes all the five aspects and also shows our specialty—fried pot. Interestingly, they add something new—a logo, which impressed me a lot. What's more, when introducing, they use the sentence patterns that we have learnt.

T：Thanks a lot. You are really a good judge.

【选设计比较好的小组展示，学生的自信心得到了加强；通过其他小组的点评，学生的思维在交流中得到了发展，正好体现了英语学科素养之批判性思维。整个活动都是学生在呈现和点评，充分体现了以学生为主体的地位，学生的各种能力得到了很好的锻炼】

Step 8 Summary

T：Your work is so beautiful. I like it so much. Because of limited time, we have to stop knowing about your works. According to your works, I have seen your warmth to the travelers. I have a question for you. According to these aspects of describing a restaurant, which one is the most important? Yes, cuisines! We want to show our food to other people. As you know there are so many kinds of delicious food in our city. There are so many kinds in one city. How about in our country? There are more. (The teacher shows a map of China which marks different specialties in different regions.) I believe one day you will have a chance to enjoy all kinds of delicious food. I hope you can enjoy delicious food and enjoy your life. At the same time, don't forget to spread the food and culture to the world.

Step 9 Homework

T：Don't forget your homework. Write a composition about your new restaurant and hand them in tomorrow. Class is over. Goodbye.

Ss：Goodbye.

【作业的布置很有意义，巩固所学，通过写作提升学生的语言能力】

Blackboard design.

Food and culture
Project：Design your own restaurant

1. … is named… →name

2. It is located in… so… →location

3. … is the specialty which is made of… →cuisines

4. Decorated in a… style, it can make you feel… →decoration

5. Anyone liking… can enjoy a big meal. →customer

课后反思：

1. Generally speaking, the teacher has achieved all of the teaching objectives. The students have learned some important sentence patterns of describing a restaurant and also know how to describe a restaurant by working in groups. Through the activity, the students not only learn to describe a restaurant but also spread the food culture of Liupanshui.

2. The design of the activities is effective because they make students think logically and also cultivate their cooperating ability.

3. The restaurants which are designed by students are really impressive because they use the sentence patterns that they have learned and also their designs are really creative.

点评

本节课的主题是人教版（2019）选择性必修二 Unit 3 Food and Culture 的 project 部分。首先，赵老师通过前置学习让学生掌握本课的基本单词和短语，也确定了介绍餐馆的难点所在，从而确定上课的重点。其次，教师通过用实例介绍自己最喜欢的餐馆来引导学生从 name, location, cuisines, decoration and customer 这几个方面介绍餐馆，从而引入各种高级句型，培养了学生的语言学习能力，同时也为后边的输出做准备。然后，通过两人对话谈论自己最喜爱的餐馆活动和 ask &answer &repeat 活动让学生有意识地将这些句型用进去。最后，通过让学生设计和呈现自己的餐馆来培养学生的创新能力和语言能力。整个教学设计结构紧凑，同时根据学生的实际情况也对教学内容进行了适当的整编和创新。让学生学会了从不同方面描述餐馆的高级句型的输入，到句型的输出运用，再到小组合作完成餐馆的设计从而推广当地饮食文化，通过这一系列的活动的实施，关注了学生的学习理解能力、应用实践能力和迁移创新的能力层层递进，从而完成了预定的教学目标。通过一系列的设计活动，让学生综合使用了语言，激发了学生的思维，培养了学生积极推广六盘水饮食和文化的意识。在整节课中，学生非常积极，参与度很高，通过学生的对话和课堂成效可以看出，达到了预想的效果。

附录：Prepositive learning task

1. 汉译英

1. _____ 蒸   2. _____ 煮
3. _____ 炒   4. _____ 炸
5. _____ 炖   6. _____ 特色菜
7. _____ 位于某地   8. _____ 适合每一个人的口味
9. _____ 以……的风格   10. _____ 装修（v）
11. _____ 饱餐一顿   12. _____ 由……做成

2. 语篇阅读填空

（语篇1）

Eating at restaurants hasn't always been known as the best choice for people 1. _____ are trying to keep a healthy diet. It is 2. _____ （extreme） hard for people to avoid food that isn't so good for them when dining out. However, you don't have to give 3. _____ your love of restaurants. There are ways that you can eat healthier food when dining out while you can still enjoy the experience.

One method is to take time 4. _____ （read） the nutrition information. Some restaurants post it on their menus or their website. If you know you're going to visit 5. _____ certain restaurant, you should check the website first. If no nutrition information 6. _____ （list）, you should check the menu at the restaurant before you order.

Another way is to think about not eating cream or butter sauces. Instead, consider 7. _____ （choose） a sauce that could add a rich flavor to your food without extra calories.

Eating out doesn't have to be an unhealthy 8. _____ （decide） as long as you make wise choices. You could still enjoy all of the benefits of dining out and be pleased with your choices later on.

（语篇2）

My favorite restaurant 1. _____ （name） Spicy Chicken Factory. It is located in the center of the city 2. _____ it takes you a few minutes to drive there. Spicy chicken is the specialty 3. _____ is made of chicken, chilies and a lot of ingredients. 4. _____ （decorate） in a special style, it can make you feel the 5. _____ （warm） of home. Anyone 6. _____ （like） spicy food can enjoy a big meal.

任务要求：

1. 完成填空

2. 思考：How can we describe our favorite restaurant?

《学校案内》课例评析

授课地点：六盘水市第三中学
授课时间：2022 年 10 月 31 日
授课教师：易琴琴
点评教师：万学芬

教学设计思路

（一）前置学习任务布置

结合本节课的教学重难点，围绕教学目标，前置学习导学案主要从以下几个方面进行了设计：

1. 以给汉字标注假名的形式引导学生对重点词汇进行前置学习。
2. 以填空的形式对本节课需要重点巩固的存在句语法结构进行了前置训练。重点设计了存在句"場所に物があります"和"場所に人/動物がいます"中助词和存在动词的运用。
3. 以句型为依托设置助词填空，引导学生完成重点句型和重点助词的前置学习。
4. 设置阅读理解的学习任务，培养学生带着问题阅读语篇的阅读能力。
5. 设置用所学日语知识对本校"運動場""食堂""寮""実験センター""庭"进行介绍的前置任务。引导学生灵活运用所学语篇知识介绍生活环境，训练知识迁移能力。
6. 以学习小组为单位安排绘制校园地图的前置学习。引导学生用日语去熟悉校园。

（二）前置学习设计理念

1. 设计词汇整理与学习的前置学习任务，是因为本节课的重点词汇里含有学生容易出错的拗音和长音单词，需要在课前、课中、课后进行反复训练。

在前置学习中将運動場、食堂、寮、実験センター、庭等场所名词与这些场所里会出现的如：バスケットボール、テニス、ケーキ、美味しい料理、池等通过整理进行关联记忆。培养学生联想和发散性思维能力。

2. 本堂课的课堂活动中要重点巩固的语法知识是"場所に物があります"和"場所に人/動物がいます"。句型中的重点是助词"に"和"が"的准确运用以及存在动词"あります"和"います"的区别。

在前置学习中设置了第二、第三、第四这三道不同形式的主观题，从概念理解、重点突破、句型应用这三个不同的维度开展学习，有效完成该知识的课前准备。

3. 场所介绍的前置学习一方面引导学生活学活用本课语篇知识，另一方面将有效的课堂时间里不能也没有必要全部进行的教学活动在前置学习中完成。

4. 校园地图绘制的前置学习实现了新课程理念下的跨学科学习，培养了学生小组合作意识，增强了校园文化自信。

教学过程

师：では、今日の授業を始めましょう。

班长：起立。

全员：先生、おはようございます。

师：皆さん、おはようございます。着席。

师：皆さん、第三高校に来て、もう三ヶ月になりましたよね。第三高校をどう思いますか。（同学们来到三中快3个月了，三中给你留下了哪些印象呢？）

生：きれいです。

师：はい、学校がきれいですね。どうぞ。

生：料理がおいしいです。

师：はい、食堂に色々なおいしい料理がありますね。どうぞ。

生：先生がすごいです。

师：先生がいいですね。

生：クラスメートはすごいです。

师：はい、クラスメートがいいですね。

【师生规范而流畅的日语寒暄，将学生很好地带入了日语课堂。本节课的主题是"学校向导"，易老师开篇通过情境导入方式，引导学生用所学日语知识以词组、短句的形式表达了对三中的感知，学生富有激情地描述了美丽的校园、美味的食堂料理、优秀的老师、可爱的同学等画面，产生了很好的代入感和校园情怀】

师：皆いろいろ話しましたよね。学校での生活が楽しいですね。（谢谢同学们的畅所欲言，听得出大家的学校生活很愉快，是吧？）

生：はい、楽しいです。

师：本当によくできました。みんなよくできたのは昨日よく準備したからです。では、一緒にみんなが書いた「案内文」を読んで、間違いがあるかを確認しましょう。（大家都在努力地用所学知识描绘三中，也说得特别到位。这是大家前置学习用心准备的结果。下面我们一起来看一下几个同学所写的"向导文"，帮助他们看一下在表达上有没有出现什么问题）

（教师PPT展示学生前置学习作业，学生进行自评和互评）

生1：老师，食堂里有超市应该用助词"に"。食堂にスーパーがあります。

生2：老师，那里不对。池塘里有鱼应该用存在动词"います"、不能用无意志的"あります"。

生3：老师我来补充一下，运动场里不仅有バスケットボール，还有卓球和テニス。

师：谢谢同学们的积极发言。你们不仅帮助同学发现了存在的问题，还进行了补充，课堂上计划要解决的问题也得到了解决。

【通过前置学案的处理，教师引导学生以互评的方式解决了学案中凸显出来的问题。利用学案不仅引导学生归纳了知识，还引出了重点知识的学习，达到了很好的互助学习效果】

师：この第三高校を先生も大好きです。では、一緒に第三高校を楽しみましょう。（作为三中人，老师也很喜欢我们的学校。接下来让我们一起欣赏一下美丽三中吧）

（"美丽三中"视频欣赏）

【在学生主观描述的基础上，通过"美丽三中"视频展现大美三中春、夏、秋、冬不同季节里的美丽风景，引人入胜。为学生完成介绍学校的课堂任务做了很好的铺垫】

师：きれいな第三高校にお客様が来ます。青木健太さんという日本の中学生です。私たちから健太さんに第三高校の運動場と食堂を案内することになりました。みんなできますか。（我们美丽的三中将迎来日本客人，他是日本中学生青木健太，学校聘请我们（13）班的学生担任运动场和食堂的向导，向健太介绍学校运动场和食堂。大家能胜任本次任务吗?）

全员：できます。（能）

师：じゃ、みんな一緒に頑張りましょう。どう案内するつもりですか。（那一起加油吧！你们打算怎么介绍呢?）

生：ここは運動場です。テニスは運動場にあります。

师：はい、よくできた。

生：運動場にサッカーがあります。バスケットボールもあります。

师：はい、「も」も使いました、よくできた。

生：運動場に人がいます。

师：はい、学生と先生がいますよね。

生：運動場に草がたくさんあります。

师：ああ、きれいですね。

生：運動場にサッカーとバスケットボールがあります。

师：はい、「と」もつかいましたね、よくできた。

生：あそこは食堂です。料理がおいしいです。

师：はい、料理がおいしいですね。

生：食堂の下にコンビニがあります。

师：はい、よくできた。

生：ご飯はおいしいです。

师：はい、どうぞ。

生：食堂のケーキはおいしいです。

师：はい、どうぞ。

......

【该部分是对本课所学重点知识（日语存在句）的一个运用巩固。结合学生的认知水平和课堂时效，教师将展现的内容从环节一的整个校园集中到了运动场和食堂的介绍。教学设计合理、重点突出。针对学生的回答，教师以鼓励为主深挖学生在知识运用和内容表达上的亮点，较好地对学生进行了鼓励。同时也在评价中恰到好处地进行了补充和提升，展现了教师扎实的教学功底和课堂组织能力】

师：みんないろいろ話しましたね。よくできました。場所を案内する時、どう案内したらいいかよね、では、先生が作った図書館案内を聞いて、参考にしましょう。（感谢同学们精彩的发言，大家的介绍非常详细。在介绍场所的时候还可以怎样介绍呢？作为参考，老师给同学们准备了一个关于图书馆介绍的视频。请欣赏）

（播放老师以市三中图书馆为背景录制的"図書館案内"视频）

【教师将教材中的会话内容以学校图书馆为实际场景拍摄成短视频。视听结合完成了对学生的语言输入。基于教材而又不完全依赖教材的授课方式体现了教师灵活的教学技巧。同时，本环节对图书馆的向导也形成了示范，给学生下一环节的小组活动树立了信心】

师：課前に、皆さんは運動場案内と食堂案内の案内文を書きましたよね。では、グループの文をまとめて、"案内会話文"を書いて、学校案内の練習をやりましょう。最後に担当の人から発表してください。（课前每个同学都写了有关运动场和食堂的向导文。接下来，我们以小组为单位，对组内的向导文进行研讨，编写一份向导对话。模拟本次接待任务，完成后我们进行小组展示）

生：はい。

师：みんな分かりましたか。（大家明白了吗？）

（PPT展示活动任务）

生：はい、分かりました。

师：会話文を作る時、あいさつも入れてね。（同学们在编写会话时请记得加上寒暄语哦）

生：はい。

师：黒板に書いてある場所代名詞と存在文を参考にしてね。（黑板上写的有关场所代名词和存在句的表达方式也请大家写入对话中进行练习）

生：はい、分かりました。

师：では、始めましょう。（那么，开始吧）

......

（学生开展小组活动，老师进行随堂指导）

师：みんなできましたか。

生：はい。

师：では、発表にはいりましょう。

第3组

生1：はじめまして、ここは第三高校です。いらっしゃい。

生2：はじめまして、青木健太です。どうぞよろしく。

生1：ここは食堂です。
生2：あ、すごいですね。
生1：食堂においしい料理があります。
生2：わあ。
生1：ここは運動場です。
生2：人はたくさんいますね。
生1：ええ、今は体育の時間です。
これは学校の葉書です。どうぞ。
生2：どうもありがとうございます。
生1：いいえ。
全員：拍手。
師：わあ、よくできました。葉書まで用意しました。
では、次のグループ、どうぞ。
第2組
生1：こんにちは、六盤水市第三高校です。いらっしゃい。
生2：どうぞ、よろしくお願いします。
生1：ここは運動場です。ほら、運動場に人が"あります"。
生2：人は多いですね。
生1：ええ、今は体育の時間です。
生2：すごいですね。
生1：テニスと卓球は運動場にあります。
生2：すごいですね。
生1：バスケットボールとサッカーもあります。
生2：すごいですね。
全員：拍手。
師：よくできました。運動場にあるバスケットボールやテニスやサッカーなども案内しました。（同学们表现得很好，把运动场里的篮球、网球、足球也进行了介绍）
（老师板书句子：運動場に人があります）但是，这里出现了个小错误，大家发现了吗？
生：「人があります」应该改为「人がいます」。
師：そうです。人の場合は「います」を使います。
では、つぎのグループに入りましょう。
第5組
生1：ここは運動場です、学校の南にあります。
生2：わあ、たくさんの学生がいますね。
生1：ここは食堂です。
生2：わあ、たくさんの席がありますね。
生1：はい、そうです。
師：はい、簡単に運動場と食堂を紹介しました。副詞のたくさんを使いました。

よくできました。

第8組

生1：こんにちは。第三高校の王文です。

生2：こんにちは、青木健太です。よろしくお願いします。

生1：ここは運動場です。

生2：はい、テニスがありますね。

生1：はい、バスケットボール場と卓球場もあります。

生2：わあ、すごいですね。人はたくさんいますね。

生1：ええ、今は体育の時間です。

生2：そうですか。

生1：あそこは食堂です。食堂は二つあります。

生2：わあ、すごいですね。

生1：食堂にスーパーもありますよ。

生2：どこにありますか。

生1：食堂の下にあります。

生2：果物はありますか。

生1：はい、あります。りんごとバナナがあります。

生2：では、果物を買います。

生1：そうですか。

生2：どうもありがとうございます。

生1：いいえ。じゃ、さようなら。

生2：さようなら。

全員：拍手

师：本当によくできました。いろいろ話しました。学校をもっと好きになりました。（感谢这组同学精彩的表演，真的非常棒。听众对我们的运动场和超市也是赞不绝口。听了你们的介绍，感觉更喜欢我们的学校了）

では、発表をここまでにしましょう。（那么，我们今天的小组发言就到此结束。同学们觉得大家的发言怎么样）

生：すごい。

师：はい、すごい、または。

生：学校が好きです。

生：学校が分かりました。

师：はい、学校のことがよくわかりましたよね。

【学生课堂活动环节，是主要的输出部分。在这个环节的活动中，学生完成了"向导会话文"的编写和展示。在学生讨论期间，每个学生明确了自己的亮点与不足；教师实时对各小组进行指导，开展了个性化教育。从展示成果来看，小组合作成效显著，既检验了学生的学习情况，又强化了重难点知识的运用巩固。教师的及时补充化解了学生存在的盲点】

案内のほかに、生徒たちは第三高校の地図を書きました、それをプレゼントとして、青木健太さんにあげます。みんなよくできました。（除了运动场和食堂的介绍之外，有心的同学们还绘制了三中的地图，准备把它作为礼物赠送给健太。大家真的是太有心了，我们一起来欣赏一下同学们的作品）

　　（展示同学们绘制的八幅地图）

　　生：わあ、すごいですね。

　　【将学生绘制的三中地图以送给日本朋友当礼物的形式展现出来，这算得上一个巧妙的设计。小组合作绘制地图培养了学生的合作意识；绘制本校地图培养了学生的校园文化自信和跨学科学习能力；教师对学生加以了肯定和鼓励，激发了学生持续学习的动力】

　　师：相信在我们这样有心的同学们的努力下，我们三中的发展目标定能早日实现。我们的发展目标是什么呢？

　　（PPT展示三中办学目标）

　　师、生："创办六盘水领军、贵州一流、全国知名的贵州省一类示范性普通高中"。

　　师：同学们，为了实现我们共同的目标。加油！がんばってね。

　　生：はい。

　　【通过了解三中、介绍三中，再到本环节为实现三中发展目标而努力奋斗，教学目标和树人目标都很好地达成了】

　　师：本堂课的学习内容到此结束，接下来请同学们填写Can-do评价表，对本堂课的学习情况进行自我评价。

　　师：みんなできましたか。

　　生：はい、できました。

　　师：では、今日の宿題はこれです。下面是今天的作业：请以"町案内"为题，写一篇200字左右的介绍文，用日语介绍你的家乡。

　　生：はい。

　　师：では、今日の授業はここでおわります。

　　班长：起立。

　　师：先生、さようなら。

　　生：みなさん、さようなら。

❖ 课后反思

　　通过本次公开课从课前准备到上课，再到课后感受的反思，对以下内容感受颇深。首先，从公开课的准备来看，要想呈现一堂满意的课，提前准备是必不可少的，切不可以有拖延情况。提前备好课后，在上课之前还能萌生新意，使教学设计更加完备。其次，备课一定要基于学生，以学定教。将重要的内容通过反复的简单训练，让学生真正能够学有所得才是最重要的。老师要站在学生的角度设计问题和教学，以免低估知识难度，导致重难点突破不到位。

　　再次，教师应该是一个成长型教师，要敢于接受新技能和新的挑战。一项技能的获得（如视频剪辑）其实就是几个小时专注学习和不断运用摸索的问题，学会了增长技能，长期受用，学不会就只能每次都去请教别人。

通过本堂课的设计，我更加明白了怎样确定教学目标，通过怎样的课堂活动能够有效达成目标。在教学活动设计上有了一些新的体会。同时也存在对学生的备课不足的问题，导致在课堂活动的语言表达环节中学生未能很好地展现。在今后的教学活动中我会更好地实施前置性思考，有的放矢地做好教学设计。

❖ 点评

这是一堂将"学生主体、教师主导"的新课改理念落实到前置学习和课堂活动中的优秀示范课。教学设计目标明确，目标落实到位、重难点突出。通过完整的教学环节设计，较好地达成了知识目标和学科素养目标。教学过程中听、说、读、写、译各要素相结合，有效地培养了学生的综合能力。

"日语课程要培养的学生核心素养"在本堂课的教学中得到了很好的体现。通过对学校文化的理解与表达培养了学生的语言能力，视听结合感知了校园文化，绘制地图彰显了学生校园文化意识，完成介绍家乡的作业任务培养了学生的家国情怀，各环节的递进较好地培养了学生的文化意识。从词汇到句子、从向导文到向导会话文的转化，再加上小组合作时的归纳与整理，这些过程较好地培养了学生的思维品质。前置学习与课堂教学相结合，自主学习与合作探究相结合的方式较好地培养了学生的学习能力。

附录：《学校案内》前置学案

クラス _____ グループ _____ 名前 _____

一、给下列日文汉字标注假名并熟读。

案内 _____   日本語 _____   体育館 _____
学校 _____   図書館 _____   食堂 _____
教室 _____   運動場 _____   寮 _____

二、根据本课所学知识填空。

1. 在存在句中，存在动词 _____ 用于表示无生命的物品的存在。其否定形式是 _____。存在动词 _____ 用于表示有生命的人或动物的存在。其否定形式是 _____。

2. 存在句中，地点名词后面用助词 _____ 提示，表示 _____。事物名词后面用助词 _____ 提示，表示 _____。

三、助词填空。

1. 学校 _____ 運動場 _____ あります。
2. 池 _____ 魚 _____ います。
3. 教室 _____ テレビ _____ ありません。
4. パン屋 _____ 食堂の1階 _____ あります。
5. 第三高校 _____ STEAMセンター _____ あります。

四、阅读课本上的会话文，回答问题。

1. 明光中学校の図書館に日本語の本がありますか。

2. 日本語の雑誌はどこにありますか。

3. 体育館に誰がいますか。

五、结合学校实际，运用所学日语知识对学校里的下列场所进行简单介绍。

運動場：

食堂：

寮：

実験センター：

庭：

六、请以小组为单位，绘制一张学校简图，用于介绍学校。

七、根据课堂活动所得，整理完成体育馆和食堂的向导文。

体育館：

食堂：

八、课后作业。

随着中国旅游业的发展，计划到中国来旅游的日本人也在不断增加，请以"町案内"为题，写一段200字左右的小短文，将你的家乡介绍给日本游客。

题目：

（200字稿纸）

200字

260字

附：Can-do 確認シート

次の項目をどの程度できたか確認ください。

（请就本课学习目标达成情况进行确认）

学習目標	得点（満点5点）
場所代名詞を正しく使えるか？	
簡単に学校案内できるか？	
あいさつしたか？	
グループ活動を楽しんだか？	

物　理

《篮球运动中的部分力学问题分析》课例评析

授课地点：六盘水市第三中学
授课时间：2022 年 11 月
授课教师：尹　凤
点评教师：刘　勃

教学设计思路

（一）前置学习任务布置

阅读教材《篮球运动中的部分力学问题分析》的相关内容，完成下列任务：

任务一：完成斜抛运动的基本模型构建，已知斜抛运动的水平位移及落地时的速度偏角，求解斜抛运动的初速度及射高。

任务二：完成前置学案牛顿第二定律中超重与失重的问题。

任务三：记录下你阅读教材以及完成学案的过程中遇到了什么疑惑与困难，并与同伴交流讨论。

（二）前置学习设计理念

1. 学情分析

高三的学生已经基本掌握了平抛运动基本模型的构建，但是对斜抛运动的掌握欠缺，不能将运动合成分解的方法达到熟练应用的地步，所以斜抛运动的基本模型构建在一轮复习中仍是重要的点；另外，学生对于所学的知识不能很好地融合，形成体系，加之对情境类问题产生畏难的心理，达不到学以致用的效果，所以需要设计基本模型建构的题目，在前置学习的基础上，一是巩固基础，二是以此为引，带领学生体验情境融入。

2. 前置学习目标（学生尽量完成，未达成的部分通过同伴交流和课堂学习的形式进一步完善）

目标要求	学科素养
掌握斜抛运动的特点和性质，掌握研究斜抛运动的方法，并能应用解题；理解牛顿运动定律，并会分析实际问题；结合动能定理、动量定理解决问题。	物理观念：斜抛运动、动能定理、牛顿运动定律的概念； 科学思维：应用基本模型解决相关实际问题； 科学探究：探究篮球运动是否为斜抛运动； 科学态度与责任：从生活走向物理，感受物理与生活的联系。

3. 前置学习重点、难点

能够将情境融入基本模型，也能从情境中抽象出基本模型。

4. 前置学习思路：情境导入—问题引领，题目讲解—分析总结，得出结论。

教学过程

一、情境导入

师：物理是一门以生活实际为基础的实验学科，将生活实际或社会热点问题融入题目中，是近几年高考命题的方向。2022年10月1日，中国女篮拿下世界杯亚军，这是中国女篮时隔28年再次登上世界大赛的领奖台，让所有国人骄傲，而这也必将会成为今年的一大热点。今天我们将以篮球为主线复习部分力学知识。

【前置学习，不仅仅要让学生学习课本知识，还应关注实事，关注知识的产生、发展与应用，因此，学生的前置学习要以课本为知识"道"场、以生产生活实际为背景、以思考为生发器，在自己的思维中建立新的领域。学生的学习基于课本，但绝不能局限于课本，要尽力规避学生成为死读书、读死书的"书虫"】

师：通过本节课的学习，需要达成的素养目标：（展示目标任务）

师：投球是篮球运动中的核心动作，下面有请高三（22）班梦之队队长为大家表演一段投篮，请大家掌声欢迎。同学们请关注：被投出的篮球在空中的运动轨迹。

（学生表演投篮动作，活跃了现场气氛）

【课前这一段，既是情境引入，也是在告诉同学们知识源于生活，后面的学习又会告诉学生学习知识的目的是解释和反作用于生活，并生成更高层次的知识，在思考的作用下，知识，是可以自我进化的】

二、基本模型建构（斜抛运动）

师：被投出的篮球在空中的运动轨迹是什么曲线？（PPT展示）

生：抛物线。

师：其实，通过观察我们是不能确定它是抛物线的，你们是怎样确定的？（PPT展示）

生：篮球做斜抛运动。

师：忽略空气阻力，只受重力，是斜上抛运动。为什么篮球运动中可以忽略空气阻力？（PPT展示）

生：空气阻力对运动影响很小，远小于重力。

师：实践是检验真理的唯一标准，我截取了中国女篮世界杯比赛中十佳球之一的视频。用物理实验软件tracker对篮球进行追踪，得到轨迹图像，用计算机进行数据拟合得到这条抛物线，这一结果也证明了，篮球在空中的运动是斜抛运动。

【对于篮球空中运行轨迹是抛物线这一点，尹凤老师引导学生观察→抽象（出PPT中的抛物线）→质疑（你怎么确定的？）→分析等，而非直接告诉学生"大家看，轨迹是抛物线。"教学生学会学习，学习和研究的首要环节之一是观察，但观察源于感官，是一种主观感受，需要进一步分析论证观察结果，这便是科学精神。教师的治学态度，润物细无声般地影响着学生的学习态度和方法，从而导致学生前置学习的差异。所以，以学定教，既是在教知识技能，答疑解惑，又是在教学生学会学习】

三、情境中抽象基本模型

师：怎样将篮球的运动与斜抛运动的基本模型进行融合呢？我们一起看一下这道题。（PPT 题目）

（学生大声读题）

【感觉此处大声读题大可不必，因为读出声来本身就会有意无意地分散一部分注意力，所以解题时，一般都是默读，很少有人是把题大声读出来的】

师：同学们，这道题是否有似曾相识的感觉？它和我们前置学习的第一题的解题思路和方法是完全一样的。前置学习中的是基本模型构建，这道题融入了篮球运动的情境。一起看一下，哪些位置是相同的？

生：落点速度与水平成 45 度，水平位移相同。落点与抛出点共线……

四、前置学习成果展示

题目一：

师：关于前置学习的题目，大家已经认真地通过小组讨论的方式研究过了，接下来，我们采取系统随机抽取的方式，选一组同学来讲这道题。在课前每个学习小组已经挑选了一人的作业上传至课件中。

生（第一组）：（1）边写边讲：根据斜抛运动的基本知识，我们知道斜抛运动具有对称性，所以答案是与水平成 45 度斜向上；

师：有没有不同的答案？通过批改前置学习任务，老师发现，有沿切线方向这种答法，不是很准确，但是能够想到"曲线运动中速度沿切线方向"这个点就很好。

【核对前置学习答案的同时锻炼学生的表达能力，借助学生的讲解指出前置学习中存在的问题以及可取借鉴之处"能够想到曲线运动中速度沿切线方向这个点就很好"，这是一种成长型的鼓励表扬方式，值得老师们借鉴】

生：（2）将速度进行分解，然后在 x 轴上列出方程是这个，在 y 轴上列的是这个。（在 PPT 上指明）

师：这名同学应用了斜抛运动的基本模型来解决这两个问题，思路很清晰，接下我们再随机抽取一组来讲解后面的两个问题。

生（第七组）：我们是根据第二小问求出的时间乘以 2 得到的总时间，最后一问我们用的是动能定理的方法，列出式子（书写）。请同学们注意这个速度代值。

师：这名同学的讲解特别好，指明了方法的同时，明确地告诉了大家解题过程中需要注意的事项。斜抛的最高点速度不为零。还有没有其他的解题方法？

生：我将斜抛运动分成两个平抛运动来考虑，运用了这个公式（书写）计算起来更加方便。

师：几名同学的表达很清晰，思路也很明确，从不同的角度解决了这个问题。简单地总结一下考点：本题考查的是斜抛运动，解决这类问题的方法可以选两个，一个

是动能定理，一个是运动观点，运动学观点就是老师为大家总结的三个步骤：1. 分解；2. 列方程；3. 找关系。（板书）

【学生完成所有展示后教师归纳小结，引导学生的认知。这一过程也可由学生尝试完成】

题目二：

师：接下来一起看前置学习任务的第2题，哪名同学能为大家讲解一下？

生：（阅读题干，讲解选项）A选项：我用的判断超重与失重的方法是看加速度的方向，加速度向上所以是超重；B选项：正确的说法应该是相等的，根据牛顿第三定律，这是一对作用力与反作用力，两个力等大反向；C选项：是正确的，和A选项的判断方法一样；D选项：用牛顿第二定律（书写公式 $F=ma$），代入公式就可以了。

师：感谢这名同学的讲解，本题考查了牛顿定律，A、C选项考查牛顿第二定律中的超重与失重，B考的是牛三，D考的是牛二，同学们注意牛二列式时力是指合力。

【前置学习与预习的区别之一便是：预习是熟悉学习内容，课上还会再次学习，而在前置学习中学生学会的知识课堂上不再重复，教师只针对学生不会的问题和认知不完善的问题进行讲解。尹凤老师本节课便是在借助学生对前置成果的展示，完善学生前置作业中反馈的共性问题】

五、基本模型中融入情境

师：请思考，本题能与篮球运动中的哪个动作对应呢？

生：跳投、投篮、运球。

师：可以和跳投融合到一起。虽然老师身高不太够，但是也有一个篮球梦呢，接下来由我为大家表演跳投。（现场表演）我们将这一情境融入基本模型中，这个题就改编成了这样：

篮球运动员的定点跳投动作可分解如下：静止在地面上的运动员先屈腿下蹲，然后突然蹬地，重心上升双脚离开地面，离地后重心继续上升，到达最高点后投出篮球。

【在学生前置学习基础上，以学定教深入学习，扫除死角之后，用一道高考真题作为课堂检验和知识巩固的载体，完成以学定教的课堂检验环节】

师：请思考：篮球运动中还有哪些动作可以和我们所学的知识融合到一起呢？

生：扣篮、运球、传球、三步上篮。

师：接下来我们看一下与扣篮相关的题目。

（小组讨论）

生：本题用的是那几个比例关系式中的一个。（将式子列出，计算）

师：这个同学讲得很简洁，请大家注意，在这个部分应用了逆向思维，把减速到零看成是反向加速。

【在完成"跳投"之后，进而启发学生研究扣篮动作中的物理现象，并留下运球、传球、三步上篮的空白（探究空间），教师授课适时停止，为学生留下可探究思考的空白，效果往往优于"知无不言、言无不尽"的"贴心型"讲授】

六、课堂小结

师：本节课我们以篮球运动为情境，复习了几个基本概念和模型的构建，体验了从情境中抽离出基本模型和将情境融入基本模型的过程。（PPT展示作业）

【现象→抽象→理论→研究→解决现实问题】

物理的学习很难，但它亦像一场篮球比赛，只要我们勇于拼搏，无论结果怎样，都足够精彩。本节课的最后，把一段女篮世界杯比赛的精彩视频分享给大家共勉。

【情境贯穿的课堂，融入哲思的课堂，意犹未尽的课堂。这一切均源于教师"前置学习、以学定教"中既完善学生的认知，又教学生观察、探究、思考和解决问题的能力】

◆ 教学反思

本节课达成既定目标，整体教学设计没有问题，但是在教学过程中有以下几个小问题需要注意：

1. 由于场地的限制，现场投篮的表演效果不佳，要在活跃课堂气氛上下功夫。
2. 前置学习任务第一题的设置可以更为精准，以减少学生处理的难度。

【问题的质量，往往决定了一堂课的质量。但教师以学定教的课堂问题基于学生的前置学习的共性问题，方向上保证了问题的有效性】

3. 课堂容量有待提高，本节课预设的问题是四道，但是最终只完成了三道。

【看似教师课上讲得少了，实则学生课后想得多了】

4. 作业的设置应更加注意梯度。

◆ 点评

尹凤老师执教的《篮球运动中的部分力学问题分析》，不局限于现实观察得到的猜想，进一步借助信息技术模拟验证。在实际情境"篮球运动"中，观察发现物理现象，带领学生体验基本模型中抽离生活情境，将生活情境融入基本模型。尹老师的教学设计符合学生的认知特点，重点突出，难点突破。尹老师的专业知识扎实，教育教学业务能力强，信息技术使用熟练得当，具有较强的课堂驾驭能力。教学思路清晰，分析问题条理清楚，逻辑性强，对学生的点评精准到位，重视学生解题思想和解题方法的培养，注重培养学生思维的深刻性，有深度，拓展好。

在前置学习中，为学生所留问题设置恰当，一方面，不简单到一眼看出，另一方面不复杂到望尘莫及，这是一类具有一定的探究和思考空间的前置问题。

在"以学定教"环节中，尹凤老师在学生展示前置学习成果的基础上进行补充、完善和加深，这正是"以学定教"的宗旨所在，导学生不通的，教学生不会的。

附录：《篮球运动中的部分力学问题分析》前置学案

一、前置学习（基本模型构建）

1. 如图所示，做斜上抛运动的物体落地时速度方向与水平方向的夹角为45°，抛出点与落地点的水平距离为9.8m，不考虑空气阻力，g 取10m/s²，求：

（1）物体抛出时的速度方向。

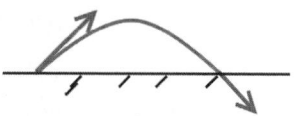

（2）物体抛出时的速度大小。

（3）物体在空中飞行的时间。

（4）物体上升的最大高度。

问题反馈：

2. 图（甲）是某人站在力传感器上做下蹲、起跳动作的示意图，中间的点表示人的重心。图（乙）是根据传感器采集到的数据画出的力—时间图线，甲图中 a-g 各状态与乙图中各点对应，其中有几个点在图（甲）中没有画出，取重力加速度 $g = 10$m/s²。根据图像分析可知（　　）。

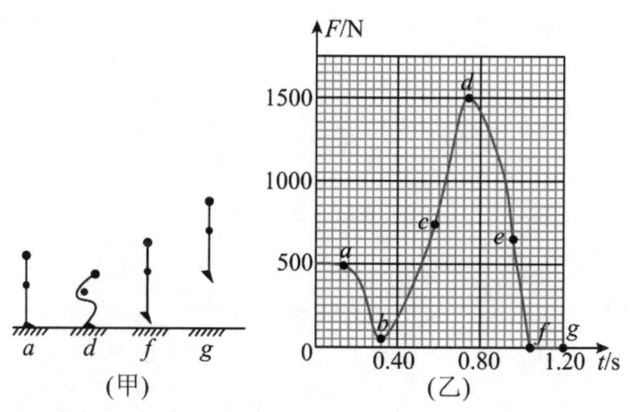

A. c 点对应时刻人处于失重状态
B. d 点对应时刻人对传感器的压力大于传感器对人的支持力
C. e 点对应时刻人处于超重状态
D. d 点对应时刻加速度小于 f 点对应时刻加速度

问题反馈：

二、以学定教（情境融入基本模型）

1. 2022年10月1日，中国女篮取得世界杯亚军，这是时隔28年再次获得此项荣誉。在篮球比赛中，篮球投出时角度太大和太小，都会影响投篮的命中率。在某次投篮时，篮球以与水平面成45°倾角准确落入篮筐，设投球点和篮筐正好在同一水平面上（如图），投球点到篮筐距离为9.8m，不考虑空气阻力，g取10m/s²，求：

(1) 物体抛出时的速度方向；

(2) 物体抛出时的速度大小；

(3) 物体在空中飞行的时间；

(4) 物体上升的最大高度。

2. 篮球运动员的定点跳投动作可分解如下：静止在地面上的运动员先屈腿下蹲，然后突然蹬地，重心上升双脚离开地面，离地后重心继续上升，到达最高点后投出篮球。图（乙）是某运动员站在力传感器上完成定点跳投动作过程中根据传感器采集到的数据画出的力—时间图线，甲图中 a—g 各状态与乙图中各点对应，其中有几个点在图（甲）中没有画出，取重力加速度 $g=10$m/s²。根据图像分析可知（　　）。

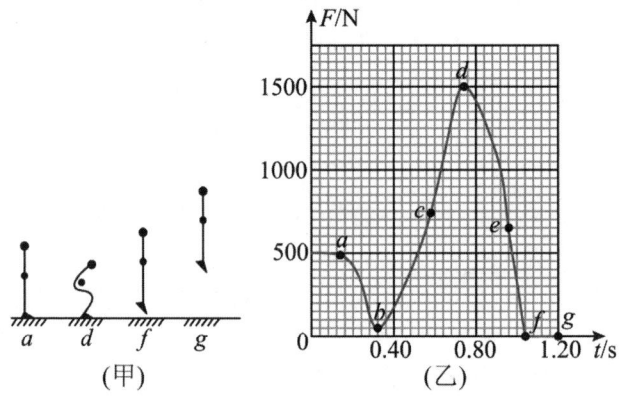

A. c 点对应时刻人处于失重状态

B. d 点对应时刻人对传感器的压力大于传感器对人的支持力

C. e 点对应时刻人处于超重状态

D. d 点对应时刻加速度小于 f 点对应时刻加速度

三、课堂探究（情境中抽象基本模型）

1. （2019·全国·高考真题）如图，篮球架下的运动员原地垂直起跳扣篮，离地后重心上升的最大高度为 H。上升第一个 $H/4$ 所用的时间为 t_1，第四个 $H/4$ 所用的时间为 t_2。不计空气阻力，则 t_2/t_1 满足（　　）。

A. $1<\dfrac{t_2}{t_1}<2$　　　　B. $2<\dfrac{t_2}{t_1}<3$

C. $3<\dfrac{t_2}{t_1}<4$　　　　D. $4<\dfrac{t_2}{t_1}<5$

基本模型：

2. 打篮球是高中生喜欢的体育活动之一，原地拍球时候，由于撞地时篮球动能有所损失，所以需要在高点往下击打篮球，如图所示，假设图中同学某次在篮球上升的最高点竖直往下击球，手与球的作用距离为 0.25m（还没到达地面），球离手瞬间获得 5m/s 的速度，球的质量为 0.4kg，不计空气阻力，g 取 10m/s²，则本次拍球（　　）。

A. 人对球做的功为 5.0J

B. 人对球做的功为 4.0J

C. 手给球的冲量为 2.5kg·m/s

D. 手给球的冲量为 2.0 kg·m/s

《力的正交分解的应用》课例评析

授课地点：六盘水市第三中学
授课时间：2019年12月19日
授课教师：张利纯
点评教师：刘　勃

教学设计思路

（一）前置学习任务布置

阅读教材《篮球运动中的部分力学问题分析》的相关内容，完成下列任务：

任务一：思考合力和分力的本质关系是什么？

任务二：思考总结什么是正交分解？

任务三：利用正交分解计算合外力练习题1道。

任务四：思考如何用正交分解法处理平衡态问题。

任务五：利用正交分解法处理非平衡态问题题目两道。

任务六：记录下你阅读教材以及完成学案的过程中遇到了什么疑惑与困难，并与同伴交流讨论。

（二）前置学习设计理念

1. 自主学习部分

任务一：温故（本部分内容为学生课前自主学习合作探究完成）

（1）复习本节课需要用到的上节课学习过的重要理论知识：①合力、分力、平衡态和正交分解的概念；②用正交分解法处理平衡态问题时两个相互垂直方向的选取原则。

（2）以例题的形式复习前面学习过的正交分解的重要应用：计算合外力和处理平衡态问题。并且通过课上随机点名展示本例题的解题过程这一教学环节，培养学生的表达交流能力，同时让教师更好地掌握学生对于上节课学习过的正交分解的两个重要应用的掌握情况。

任务二：知新（本部分内容为学生按照老师的要求课上完成）

（1）本部分主要带领学生共同探讨利用正交分解法处理非平衡态的问题。

（2）本部分只有一道例题，但是明确要求用两种方法（即两种正交分解方案）解决，通过对比两种正交分解方案共同得出利用正交分解法处理非平衡态问题时两个相互垂直方向的选择方案。

（3）在解决本例题前先通过下面问题层层深入地引导学生找到解决方案：

①动力学有两类基本问题：已知运动求受力和已知受力求运动，本例属于哪种问题？

②连接力和运动的桥梁是什么？

③本例中具体已知了运动的哪些信息？

④根据已知的运动信息，我们应该选取哪个运动学公式来计算这个桥梁加速度？

（4）本例题为在老师的引导下师生共同解决。

2. 应用实践部分

本部分为通过一道课堂练习题检查学生对于用正交分解法处理非平衡态问题的掌握情况。

教学过程

一、导入新课，明确学习目标

师：力的正交分解法是力学问题的重要处理方法；本节课，我们共同探究力的正交分解的应用（板书标题）；本节课我们先回顾整理已经学过的力的正交分解的相关内容，再共同探索其在新问题背景下的应用；所以，我们的前置学习导学案中自主学习部分有两个任务，任务一，温故；任务二，知新。

【前置学案的设计理念：复习旧知，构建新知】

生：查看前置学习导学案上的两个学习任务并齐声回答。

师：首先，请语文课代表声音洪亮、感情饱满地为大家读一下本节课的学习目标具体有哪些。（学习目标：①进一步理解合力和分力的关系，强化"等效替代"思想；②进一步掌握力的正交分解方法；③整合力的正交分解方法的常见应用；④对比认识力的正交分解法在处理平衡态和非平衡态时的应用差异）

生：语文课代表大声朗读，其他学生认真听，明白本节课的学习目的。

【课堂教学目的明确，有的放矢】

二、自主学习任务一：温故

师：下面我们共同完成前置学习导学案中自主学习部分中的任务一"温故"中的相关内容。首先，我们共同复习两个比较简单的基础知识内容：（1）合力和分力的本质关系是什么？

生：等效替代。

师：（2）什么是正交分解？

生：把一个力向两个相互垂直的方向上分解。

师：下面我们共同看一下第三个问题，利用正交分解计算合外力。

请一名同学大声朗读例1题干并给所有同学讲解自己的解题思路，同时使用希沃手机助手投屏展示其解题过程，然后老师做补充解释并加以强调。

例1：一木箱装货后质量为50kg，木箱与地面间的动摩擦因数$\mu=0.2$，某人以200N斜向下的力推木箱，推力的方向与水平面成30°角，g取10，求木箱的加速度大小。

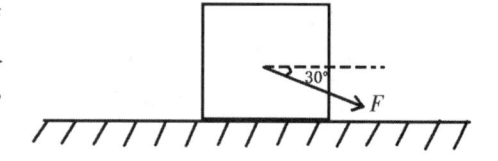

（1）计算加速度a我们一般考虑几个思路？

生：两个。根据已知的受力情况，根据牛顿第二定律计算或者根据已知的运动情况利用运动学公式计算。

师：（2）本题应采用哪种方法计算？

生：根据已知的受力情况根据牛顿第二定律计算。

师：这样，本题计算加速度的问题就变成了计算合外力问题，那么，根据已知的分力情况计算合外力，我们一共学习过几种方法？

生：两种，平行四边形定则和正交分解法。

师：本题应该采用哪种方法计算合外力更合适？

生：正交分解法。

师：下面我们共同回忆一下利用正交分解法处理平衡态问题，分别请两名同学回答两个简单的基础问题：（1）什么是平衡态？

生：我们把物体处于静止或匀速直线运动状态称为平衡态。

师：（2）用正交分解法处理平衡态问题时，两个相互垂直方向的选取原则是什么？

生：让尽可能多的力落到这两个相互垂直的方向上，即迁就力。

师：请一名同学大声朗读例2题干并给所有同学讲解自己的解题思路，同时使用希沃手机助手投屏展示其解题过程，然后老师做补充解释并加以强调：

例2：已知一个物体在倾角为θ（$\theta<45°$）的斜面上可以匀速下滑，求物体和斜面之间的动摩擦因数μ。

师：物体处于什么状态？

生：平衡态。

师：物体处于几力平衡状态？

生：三力平衡。

师：考虑到支持力和滑动摩擦力相互垂直，我们应采用处理三力平衡的五种方法中的哪一种方法？

生：正交分解法。

师：两个相互垂直的方向应该怎么学则比较合适？

生：沿斜面方向和垂直于斜面方向。

【张利纯老师对前置学案的处理方法是：学生展示前置学习成果，核对答案，教师借此了解学情，继而教师通过系列问答，引导学生对前置学习内容进行完善和深度思考理解。前置学习中学生已掌握的知识教师不再重复，这便是前置学习与预习的区别所在，前置学习帮助学生建构更加明晰的知识框架，突破前置学习中碰到的"卡点"，这便是以学定教】

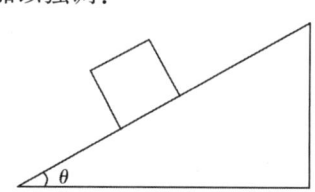

三、自主学习任务二：知新

师：温故而知新，上面只是作为储备铺垫，下面我们共同探讨力的正交分解法在新的问题背景下的具体应用，这个新的问题背景就是非平衡态问题。

师：请一名同学大声朗读例3题干，然后老师通过几个有针对性的问题引导学生找到解题思路：

【因为有了前置学习，所以可以直接让学生上台展示，省下思考探究的时间用来直接攻克学习中碰到的"卡点"】

例3：一个滑雪的人，质量 $m = 75\text{kg}$，以 $V_0 = 2\text{m/s}$ 的初速度沿山坡匀加速滑下，山坡的倾角 $\theta = 30°$，在 $t = 5\text{s}$ 的时间内滑下的路程 $x = 60\text{m}$，求滑雪人受到的阻力（包括摩擦力和空气阻力、g 取 10）。

师：动力学有两类基本问题：已知运动求受力和已知受力求运动，本例属于哪种问题？

生：已知运动求受力。

师：连接力和运动的桥梁是什么？

生：加速度。

师：本例中具体已知了运动的哪些信息？

生：初速度、时间和位移。

师：根据已知的运动信息，我们应该选取哪个运动学公式来计算这个桥梁加速度？

生：位移时间公式。

师：利用位移时间公式共同计算出加速度的值。本例要求我们用两种方法求解。在黑板上按要求用两种方法分解力求解。

师：对比两种方法，第一种方法只分解了力，没有分解加速度，第二种方法力和加速度都分解了，哪种方法解题更加简单？

生：第一种方法更简单。

师：看来，两个相互垂直方向的选择如果不恰当，就会大大增加解题难度。在利用正交分解法处理非平衡态问题时，两个相互垂直的方向的选取原则是不分解加速度，即迁就加速度。

【学生在与教师的一问一答中，逐步深入思考问题，解决实际问题的同时，学会分析问题的方法】

四、应用实践

师：学以致用，下面我们共同探讨一下例4。请一位同学大声朗读例4题干。

例4：有一表面粗糙、倾角 $\theta = 30°$ 的斜面固定在水平地面上，一质量为 m 的物块在水平向右的恒力 F 作用下沿斜面匀加速向上运动，已知物块与斜面间的动摩擦因数为 μ，求物块运动的加速度大小。

师：本题应该用计算加速度的两种方法中的哪一种来

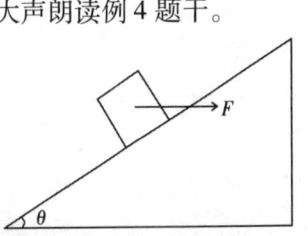

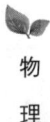

处理？

生：根据已知的受力情况利用牛顿第二定律计算。

师：研究对象的质量是已知量，这样计算加速度问题就变成了计算合外力问题。扣住本节课主题，本题我们用正交分解法来计算合外力。本例中，支持力和滑动摩擦力、重力和外力 F 分别垂直，两个相互垂直的方向我们怎么选择较为合适？

生：研究对象处于非平衡态，应该迁就加速度。

师：共同按迁就加速度的分解方案解题。

学生自行完成，教师就答题过程给予指导。

五、特殊情况

师：凡事总有例外，在个别情况中，虽然研究对象处于非平衡态，但分解加速度解题更加简单。

请一位同学大声朗读例 5 题干。

例 5：如图所示，电梯与地面夹角为 $\theta = 30°$，当电梯加速上升时，人对电梯的压力是重力的，则人与电梯间的摩擦力是其重力的多少倍？

师：引导学生首先用保全加速度的分解方法解，发现进行不下去，改用分解加速度方法解出。

【张利纯老师允许甚至有意引导学生在学习过程中体验失败，在失败中总结原因，重新尝试新的方法，相较于教师为规避学生失败而提前引导指点，学生在失败中积累的经验记忆会更加深刻长久，成为难得的学习体验】

师：强调：像本例这种非平衡态分解加速度问题的解法并不常见。所以，今后碰到非平衡态问题时，还是优先尝试保全加速的分解方案，如果行不通再用分解加速度的方法求解。

六、课堂总结

师：本节课我们共同体会了正交分解法在解决实际问题中的应用，并共同发现了它的一些应用规律，正交分解法不仅可以处理平衡态问题，也可以处理非平衡态问题，当我们在后面的学习中遇到需要用正交分解法处理的问题时，我们应该优先选择迁就加速度的方法来建立平面直角坐标系。本节课我们就共同学习到这里。

【本节课主题是"力的正交分解的应用"，因此教师最后的总结主要是从方法技巧上进行总结，符合课堂主题。此处，如果让学生结合课前学习时碰到的困难和"卡点"，谈一谈破解心得的话，做学生的知识技能内化总结，有利于达到更好的教学效果】

◇ 教学反思

课堂，是一门注定有遗憾的艺术，通过本节课的具体教授，我有如下几方面的思考：

一、对教学目标的反思

物理是一门社会口碑不太好的学科，谈到物理，大家第一反应就是难，就是自己可能学不会，这往往让相当多的同学对物理望而却步，也使一部分学生因没有攻克物理难点的决心和毅力而轻言放弃。基于以上情况，我们在设置教学目标的时候应该根据自己所教班级的具体情况进行设定，应保证本节课的内容难度让学生踮踮脚能够到，这样既有助于保持学生对物理的学习兴趣和信心，又有助于克服学生的畏难心理。而对于这个目标的达成实际操作起来并不容易，本节课，最后一道题（例5）在授课时就明显感觉吃力。

对于物理学科素养的渗透，这是一个贯穿于整个高中物理课堂的持久战，一节课的渗透不宜贪多，也不可能有很多的实际渗透，让学生在几个有限的方面有深入体会就达到了我们的预期目标。

二、对课后作业的反思

课后作业是巩固课上内容的重要手段，通过认真批改，它可以把学生掌握的情况及时地反馈给老师。本节课属于一节基于解决实际问题的具有小结性质的应用课，而非教材原有课题，故本节课在课后作业布置方面略显简略，但我们不能否认课后作业对学生学习的重要作用，对于本节课课后作业的布置也是需要我后期持续思考的问题。

三、对现代信息技术教学手段的思考

多媒体等现代信息技术丰富了一线教师的教学手段，它帮助我们更好地达到了教学目标，比如有些微观物理实验不具备实验条件、实验现象也不明显，用Flash等技术手段就能很好地解决这一困局。本节课在具体授课时我使用了希沃手机助手来帮助我实时展示学生的学习成果，使用了随机点名方法激发学生参与课堂的积极性。但是，万事总有度，我们并不能一味地追求信息技术而忽视了传统板书的重要性。本节课涉及了研究对象的受力分析、尺规作图等物理学的基本操作，这方面的教学，教师应该具体在黑板上操作而并非用PPT代替，也给学生树立作图规范性的榜样。传统板书最大的优势在于"留痕"，本节课的例3我设计了两种解法做对比，用传统板书更加合适。

四、关于课堂小结方法的反思

受限于课堂时间，本节课没有把课堂小结环节完全交给学生来做，如果时间允许，我更希望以学生画思维导图、老师展示、学生交流补充的方式来开展。

五、关于前置学习任务的布置

前置学习任务的布置原则是让课下服务于课堂，所以要保证前置学习任务与课堂教授的新知识具有逻辑关联性。前置学习任务也给学生提供了自主学习探索以及跟他人进行交流合作的机会，提高课堂效率。我们不能为了布置前置学习任务而去布置，应该精选任务内容及难度。除了任务内容及任务难度以外，我们还应该重视任务的量，学生的课余时间是有限的，不能因为本学科的前置学习任务挤占其他学科的学习时间，否则可能会给学生造成负担。

六、课堂教学中，教师要主动"放手"，敢于"放手"

我们在课堂教学中往往不敢把时间还给学生，不敢"放手"，教师做了很多学生可以做的事情，原因在于担心课堂"失控"，担心学生给出与预期不一样的答案而带偏整体课堂走向。教师直接给出结论十分容易，但是如果交给学生，可能会有错误方向，教师此时就需要引导学生得出正确答案，可以说，这样的教学方式是比较吃力的，也增加了完不成教学任务的风险。但我们应该认识到学生做的好处，学生做，是基于深入思考，能使其理解更加透彻，运用更加自如，也培养了学生思考交流的好习惯。这种教学方式，很有可能会出现完不成教学任务的情况，但这只是起步阶段，经过一段时间以后，学生一旦养成了勤于思索的好习惯，教师就可以不用再讲基础知识。

课堂教学的探索永无止境，在后面的教学工作中，我将以课堂实际教学为起点，继续思考如何让课堂变得充实而有趣，让学生喜欢并学有所获。

◈ 点评

张利纯老师的《力的正交分解的应用》一课，在学生完成前置学习对知识有了大致了解的基础上，引导学生对知识进行了完善和深层系统理解梳理。课上先通过学生的前置成果展示了解学生的学习情况和知识掌握程度，继而在此基础上采用系列问答式对学生进行引导，突破思维"卡点"，帮助学生完善知识体系。整堂课建立在帮助学生自我搭建知识体系的理念之上，因此，一堂课的大多数时间是留给学生展示、思考、互助、总结的，教师的引导成为贯穿一堂课的主线，学生的参与与内化成为一堂课的主体。

张利纯老师允许甚至有意引导学生在学习过程中体验失败，在失败中总结原因，重新尝试新的方法，相较于教师为规避学生失败而提前引导指点，学生在失败中积累的经验记忆会更加深刻长久，成为难得的学习体验。而失败，也是前置学习中学生难以避免的成长过程，有反思的碰壁，胜于无反思的一路畅通。

前置学习允许学生碰壁与失败，鼓励学生在碰壁与失败后及时思考、研讨、反思、总结、积极寻找解决问题的突破口，从而训练提升学生发现问题和解决问题的能力，以学定教，鼓励教师采用多元的方式帮助学生发现问题，突破思维"卡点"。

附录：《力的正交分解的应用》前置学案

【学习目标】

1. 进一步理解合力和分力的关系，强化"等效替代"思想；
2. 进一步掌握力的正交分解方法；
3. 整合力的正交分解方法的常见应用；
4. 对比认识力的正交分解法在处理平衡态和非平衡态问题时的应用差异。

【自主学习】

任务一：温故

一、合力和分力的本质关系是什么？
二、什么是正交分解？
三、利用正交分解计算合外力

例1：一木箱装货后质量为50kg，木箱与地面间的动摩擦因数 $\mu = 0.2$，某人以

200N 斜向下的力推木箱，推力的方向与水平面成 30°角，g 取 $10\,\dfrac{\mathrm{m}}{\mathrm{s}^2}$。求木箱的加速度大小。

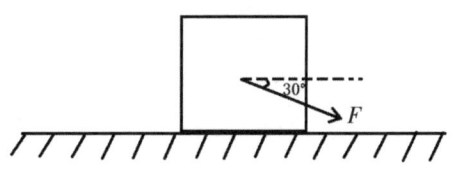

四、用正交分解法处理平衡态问题
1. 什么是平衡态？

2. 用正交分解法处理平衡态问题时，两个相互垂直方向的选取原则是什么？

例2：已知一个物体在倾角为 θ（$\theta<45°$）的斜面上可以匀速下滑，求物体和斜面之间的动摩擦因数 μ。

任务二：知新
正交分解在非平衡态问题中的应用
例3：一个滑雪的人，质量 $m = 75\mathrm{kg}$，以 $V_0 = 2\mathrm{m/s}$ 的初速度沿山坡匀加速滑下，山坡的倾角 $\theta = 30°$，在 $t = 5\mathrm{s}$ 的时间内滑下的路程 $x = 60\mathrm{m}$，求滑雪人受到的阻力 [包括摩擦力和空气阻力、g 取 10。$\dfrac{x^2}{a^2} - \dfrac{y^2}{b^2} = 1$（$a>0$，$b>0$）]。

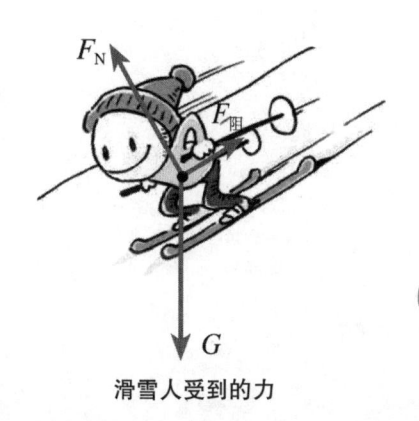

滑雪人受到的力

方法一：将滑雪人受到的所有力沿山坡和垂直山坡两个方向正交分解

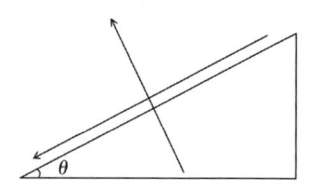

方法二：将滑雪人受到的所有力沿水平和竖直两个方向正交分解

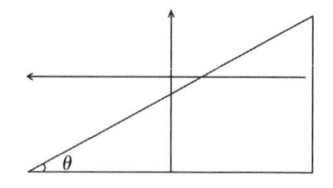

【应用实践】

例4：有一表面粗糙、倾角 $\theta=30°$ 的斜面固定在水平地面上，一质量为 m 的物块在水平向右的恒力 F 作用下沿斜面匀加速向上运动，已知物块与斜面间的动摩擦因数为 μ，求物块运动的加速度大小。

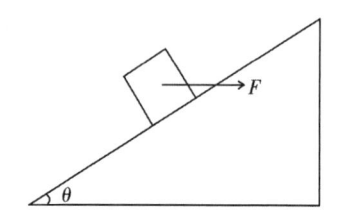

化 学

《电解池》（第1课时）课例评析

授课地点：六盘水市第三中学
授课时间：2022年11月3日
授课教师：伍　能
点评教师：刘　勃

教学设计思路

（一）前置学习任务布置

阅读教材《几何概型》的相关内容，完成下列任务：

任务一：知识回顾——铺垫学习基础。

任务二：自学梳理——初建知识体系。

任务三：学习检测——学然后知不足。

任务四：问题反馈——完成反馈填写。

任务五：记录下你阅读教材以及完成学案的过程中遇到了什么疑惑与困难，并与同伴交流讨论。

（二）前置学习理念

本节课采用了基于建构主义的课堂教学模式，该模式以学生前置学习为基础，以问题为中心，通过学生独立的探究活动，解决问题，发现问题，再解决问题，以达到学生构建电解池原理模型和发展化学学科素养的教学目标。

教学过程

一、学习目标展示

师：在多媒体课件上投放学习目标

【课堂目标，不仅教师要了然于胸，学生也应心知意会，这样，整堂课才有了方向，学生的学习活动目标更加明确，不易跑题，学习初衷也就有了一定的保障。前置学习、以学定教的课堂，更多的是将课堂目标建立在学生反馈的问题之上，因此课堂目标会在课标目标上有所改进与提升，因为学生已在课前自学中完成一些目标，课堂

上无须再重复，只用在学生课前自学的基础上完善和加深。这样的目标更有深度，这样的课堂效率更高】

二、新闻引入

师：和同学们分享一段最近看到的新闻视频。（播放新闻视频）

师：为了求证新闻的真实性，通过网络我购买到了这款水质检测仪。下面对新闻中的实验进行演示。

【知识的探究来源于生活实际问题：探秘"水质检测仪"，用知识明辨真伪，提升学生探究欲望的同时，也让学生感受到本节课学的是有用的知识。同时培养了学生批判质疑的科学精神（眼见不一定为实，谨慎求证，客观解释才是真理）】

生：观察实验并记录实验现象。（溶液产生不溶于水的绿色浑浊物质）（观察）

师：1. 自来水为什么变浑浊，是自来水脏吗？

2. 这种检验自来水的方法科学吗？如何破解。学生带着问题思考。（质疑）

生摇头，有的表示不知道，有的说可能不科学。

师：要解决这个问题，我们一起学习电解池，首先我们来回顾课前学习的情况。（回顾总结前置学习成果）

3. 前置学习回顾

师：昨天我们已经进行了前置学习，现在就让我们一起回顾一下昨天同学们学习的过程吧！（依次播放教师拍摄的学生学习过程的画面：1. 自行阅读、查看资料学习；2. 独立完成学案、记录疑惑；3. 小组交流讨论、解决力所能及的问题；4. 整理上交问题反馈单）

师：老师整理了你们提交上来的问题反馈单，将你们存在的共性问题进行了梳理，主要是四个问题：

1. 改进后的实验装置有实验现象吗？对具体的实验现象有好奇心；

2. 对电解氯化铜溶液能产生铜和氯气一知半解；

3. 知识点碎片化，对电解池原理模型模糊；

4. 对离子放电先后问题不太清楚。

师：让我们采用互相学习的模式解决这些问题，首先我们从实验探究开始。

【展示学生前置学习中反馈的共性问题，是本节课教师引导学生探究解决的重要内容，是以学定教】

三、小组互助进行实验探究、成果展示

生：小组合作，结合导学案提示（前置学习讨论过），先预测实验现象，然后用提供的实验器材，按照改进的装置图，动手连接装置，观察并记录实验现象，在实验过程中完成导学案的表格填写。

【伍能老师实验前置的方式为：学生提前熟知实验的目的和操作流程，猜想并记录实验结果，课上实验观察现象与课前猜想做对比，发现猜对与猜错的地方，进而思考探究背后的原理。实验放在课上，可以更好地利用有限的实验器材，确保实验的规范与安全。这是一个非常不错的实验前置的操作方式】

师：指导学生做实验，指出学生实验过程中存在的问题。

探究：小组合作进行实验探究，完成表格。

步骤及注意事项	预测	现象	结论
步骤1：用导线和提供的器材按下图连接装置，观察现象 （CuCl₂溶液装置图）			
（CuCl₂溶液、NaOH溶液装置图） 步骤2：接通电源，一段时间后，是否有气泡产生？用正确的方式闻闻注射器前细软管出口处有无气味？预测可能是什么气体，用提供的试纸进行检验。然后迅速将细软管插入NaOH溶液中，将注射器轻轻向后拉少许并稍微倾斜，观察两电极的变化，记录现象。 注意：实验前注意检查电池组是否松动。实验完后，撤去导线，整理桌面，不玩耍实验仪器		与直流电源负极相连的石墨棒上： ， 与直流电源正极相连的石墨棒上： ，	

师：同学们都完成实验了，现在哪个小组的同学来分享一下实验成果（几个同学举手），大家很积极，现在先请第一小组的同学来分享。

生1：没有接通电源，我们预测无现象，实验结果无现象。接通电源一段时间后，在与电源正极相连的石墨棒上看到了气泡，我们认为是氯气，而在与电源负极相连的石墨棒上看到红色固体，我们认为是铜。

师：那如何证明气体是氯气的？

生1：啊……（师：别紧张，再想想，哪名同学帮帮忙？）

生2：我来回答，我们闻到了刺激性气味，根据物质的元素组成，我们认为是氯气，我们用湿润的淀粉碘化钾试纸检验，发现试纸变蓝，由此确定是氯气。（大家鼓掌，对两名同学表示赞同）

师：两名同学做实验很认真，观察很仔细，现在哪名同学来说说两个实验对比能得出什么结论？

生3：我们认为两个实验对比可以说明CuCl₂不通电不反应，通电发生氧化还原反应生成Cu和Cl₂。

师：回答得很好，其他同学还有不同的意见吗？

（学生都摇头）

【伍能老师传递给学生的批判质疑的科学精神和大胆猜想、小心求证的探究方法，

超越了知识和技能本身,是一种更高层次的学习】

师:好,那现在我们再来探讨一个问题,将课本的装置改进后有什么优点?同学们讨论一下再来回答。

(学生热烈地讨论问题,气氛非常融洽)

师:现在哪个小组来分享一下讨论的结果?(几个组的同学举手)现在我们请第二组的同学来回答吧!其他组的同学可以补充。

生4:我们组经讨论认为,改进后的实验装置注重有毒气体的处理,同时还节约药品。

师:其他小组有不同的想法吗?

生5:我们觉得对比课本实验,该实验操作简便,现象也很明显。

师:同学们很棒,能够对实验进行正确评价,有化学工作者应具备的优秀素养。那实验的改进对我们在生产、生活有什么启示?

生2:保护环境,节约资源。

【学生对课前公示的共性问题进行思考、交流、讨论,最后再由教师进行点评,补充完善,解决共性问题的同时,培养了学生学习、交流、展示的能力。教师不再是课堂的主角,退而成为学习的观察者和参与者。学习在此刻,真正成了学生自己的事情】

师:回答简短,抓住要害,很棒。向氯化铜溶液通电发生了氧化还原反应,我们把这个过程叫作电解,而这个装置叫作电解池。

师:同学们在前置学习中,对 $CuCl_2$ 经直流电的作用,分解生成了 Cu 和 Cl_2 这个现象有疑惑,现在同学们互助讨论这三个问题后,就能找到答案。

【将共性问题2具体化,并分解为学生可以通过思考探究而解决的三个小问题。这是教师"以学定教"中重要的一个工作:设计解决学生共性问题的方法。而伍能老师的设计,将学习和探究的机会加工成为可探究的难度后,重新返还给了学生】

四、小组互助构建电解池工作原理模型

(1)通电前氯化铜溶液中有哪些离子?如何运动?

(2)结合实验现象,说明通电后离子、电子怎么移动?

(3)结合实验现象,说明在阴阳两极,离子会发生什么反应?如何用化学符号表示?

(学生热烈讨论,教师指导)

【教师要随时关注学生是否真正参与到了课堂学习之中,而这也是不难判断的,上课时从求知若渴到豁然开朗的表情、热烈讨论的举动等,都说明学生能够也热衷于参与到课堂学习活动中来】

师:同学们讨论完毕了吗?(学生点头)哪个小组来分享一下讨论的结果?(两个同学举手)有请第四小组,他们举两次了(同学们笑了起来)。

生6:问题1:溶液中有 Cu^{2+}、Cl^-、H^+、OH^-,自由移动。

问题2:电流从正极流出,经导线和溶液形成闭合回路,电子从电源负极流到阴极,从阳极回到正极。结合实验现象,Cu^{2+} 移向阴极、Cl^- 移向阳极。

第三个问题不是太清楚。

师：哪名同学来帮帮他，并给大家展示一下发生反应的过程？

生 7：我认为得电子的是 Cu^{2+}，发生还原反应；失电子的是 Cl^-，发生氧化反应。

生 7 回答完后，在黑板展示如下：

阴极：$Cu^{2+}+2e^-=Cu$

阳极：$2Cl^--2e^-=Cl_2\uparrow$

总反应式：$Cu^{2+}+2Cl^-\xrightarrow{电解}Cu+Cl_2\uparrow$

师：同学们应该把掌声送给两位同学，他们回答问题有理有据，推论严密，非常好。

师：现在我们来用动画模拟一下这个微观过程，同学们注意观察。电解 $CuCl_2$ 溶液移向两极的离子有哪些？氧化性、还原性的强弱顺序是什么？哪名同学来给大家说说？

生 8：我觉得移向阴极的有 Cu^{2+}、H^+，移向阳极的有 Cl^-、OH^-，结合实验现象，可得出得电子能力：$Cu^{2+}>H^+$，失电子能力：$Cl^->OH^-$。

师：很棒，大家鼓掌。刚才在讨论中有同学问我，离子的得失电子与什么有关，现在和大家说说，离子的得失电子因素比价复杂，在中学一般是根据经验判断，现在将得失电子能力的顺序给大家展示。（PPT 展示）

（全体认真记录）

【问题的解决先由学生自我思考、展示，然后再由同伴补充完善，教师最后再帮助学生挖掘深度、扫除死角，这便是前置学习"以学定教"所倡导的师生教学中的出场顺序。教师应尽可能少地占用学生思考、交流和探究的机会】

师：通过讨论，我们已经熟悉电解氯化铜的工作原理，现在要进一步将其升华为解决问题的模型，请同学们讨论完成课本第 105 页"思考与交流"。

（学生认真按照课本提示完成解题模型，一些组在激烈讨论）

师：哪个小组的同学到讲台上给大家展示一下解题模型（说完，两个同学举手），让第五组的代表来给大家展示，其他同学补充。

（生 9 上黑板给大家演示解题模型）

师：其他同学有不同的见解吗？

生 3：我觉得电子转移标得不对。（边说边走上去重标）

师：咱们班很多同学基础很好哇，学习认真，乐于助人。

【至此，前置学习所产生的共性问题全部解决，接下来就是对所学知识的运用，一来是在实践中对所学知识的巩固，二来回归到本课开始时所留下的"水质检测仪"是否可靠的问题上，前后呼应】

五、学以致用，提升学生化学素养

师：同学们通过实验探究、讨论学习，已经熟悉电解池的工作原理，并且应该初步会利用电解池工作原理解决问题，现在我们回到课前提出的问题，先来看看水质，刚才的水变成什么颜色了？

生：红褐色。（学生一脸好奇，仿佛若有所思）

师：（展示水质检测器的简化装置，并介绍构成）同学们能利用电解原理解释自来水在水质检测器下变浑浊的原因吗？讨论一下。

（学生激烈讨论，很多组在急于找出答案，可以听到有些组在大声说，是铁失去电子变为二价铁，然后结合氢氧根变成绿色沉淀，最后被氧化变为红褐色沉淀，学生脸上充满喜悦，因为他们居然能用化学解决生活问题）

师：我已经听到有的小组说出答案了，现在请这个小组的同学来汇报（很多同学笑了）。

生10：根据构成电池的电极可知，阳极为铁，失去电子变为二价铁，二价铁与溶液中的氢氧根结合产生氢氧化铁，呈灰绿色，后来被空气氧化成红褐色。

师：非常好，但有一个问题，氢氧根从哪里来？

生10：水电离的。

师：但水电离出的氢氧根很少，试着想想阴极现象和可能发生什么反应？

生10：不太清楚。

生11：我觉得是不是水中的氢离子得电子释放出氢气，所以才产生氢氧根的。（同学们赞许地点头）

师：两名同学太棒了！为什么纯净水中此现象不是太明显呢？你能提出合理猜想吗？

生：估计是含杂质太少，不导电的缘故？

师：那用生活中的什么物质可以证实这个猜想？（话音刚落，一个同学举手）

生12：盐巴。（大家笑了，因为正确说法是氯化钠）

师：刚好我带了一些盐巴来，我现在把它加入纯净水，再用水质检测器来检测一下（边说边做实验，让一个同学帮忙将实验投放在大屏幕给大家展示，通电后，纯净水立即产生绿色浑浊物）。

（学生边看实验边惊叹）

师：那这种水质检测器科学吗？

生：不科学。

师：解决了新闻中的问题，同学们有什么感想？

（有的说学好化学解决生活问题，有的说可以骗人，大家笑起来）

师：不是可以骗人（笑着说）！而是要利用所学化学知识对与化学有关的社会问题作出正确的价值判断，提高我们服务社会、追求真善美的人文素养。这才是大家该追求的。

师：由于时间关系，今天课堂上的两道练习题大家回去讨论解决，不能解决的明天我们再一起探讨。

【预备好的练习题未能在课堂上完成，留待学生课后完成，相对于学生体验探究式学习，两道练习未完成的遗憾已显得无足轻重了，关键不是学多少，而是学的质量高不高、理解得透不透】

六、反思总结

师：同学们今天有什么收获？

生13：我们今天学习了电解池的电解原理，学会了运用电解思想来解决生活中的一些问题。

生13：我初步感受到了化学在生活中无处不在，尤其让我感受比较深的是水质检测这个问题。我觉得我们应该学好化学，并将它应用到生活实践中，解决一些自己力所能及的问题。

【学生自己反思、总结、聆听分享、自我反视、完善自我，相较于传统的教师对知识的归纳小结来说，也是小结的一种别开生面的操作方式】

师：两名同学的总结很好，这节课我很开心，我看到大家也很开心！我觉得大家还收获了快乐（大家笑了起来），现在高考注重对同学们化学素养考查，要求同学们关注化学在生产生活中的实际运用，我觉得同学们在这堂课做到了。

七、课后作业与实践

师：展示课后作业与实践的项目，提出：如果将探究实验中的电极反过来接，会有什么现象？如何解释？同学们回去探究吧！

【课后作业中的实践项目，再一次给了学生探究的方向和机会，在探究中学习，在学习中探究，将探究进行到底】

教学反思

2022年11月3日，我有幸参加了朱家彦名师工作室展示课；上课的课题是《电解池》，上课的对象是高二（6）班的学生。上完这节课后我进行了反思。

一、教学过程回顾

导入新课：本节课以学生在生活中的自来水检测新闻视频导入，让学生贴近生活实际，从生活的角度学习化学。

学生活动：接下来是实验探究，学生自己设计实验，并进行验证，然后小组讨论实验的现象得出结论，进一步提炼总结，上升到电解池的解题模型，然后用电解池理论解决新闻的问题，以达到学以致用的教学理念。

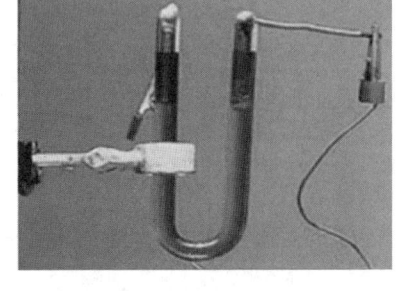

课堂小结：最后以图形的形式展示本节课的主要内容。

二、本课成功之处

（一）注重课本实验的开发

右图是教科书上给出的装置。这个装置需要连接到直流电源上，而我们教室的外接电源都是交流电，所以中间必须借助一个学生电源。我将学生电源用电池组代替，这样方便携带，于是在教室进行了分组实验，改进图如下：

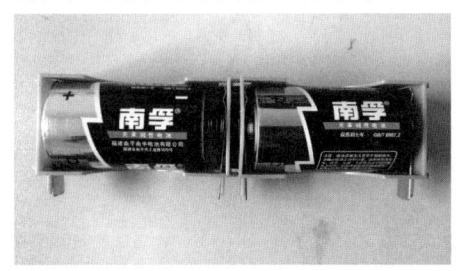

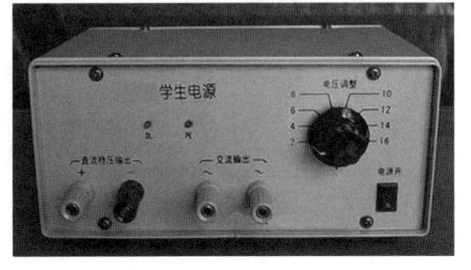

但是这样改进又出现一个问题：电压不是太大，串联太多携带又不方便，于是我

将U形管用医用注射器代替，改进成了微型实验，并且增加了橡胶管和盛有氢氧化钠溶液的烧杯（非常小的微型烧杯，我校实验室有几个，但是不多，所以有一些烧杯用稍微大点烧杯代替）作为尾气处理装置，以铅笔芯代替粗的石墨棒，这样改进后实验的速度较快，现象明显，改进装置如下：

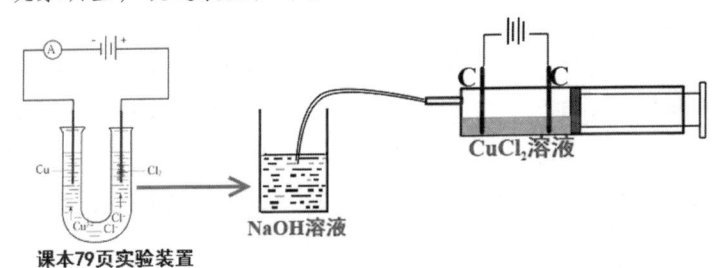

课本79页实验装置

改进后的优点：实验装置简约便携，无污染，节约试剂，易操作，易清洗等。

（二）注重学科育人功能与观念渗透

从新闻"推销净水器的销售人员检验水质"引入，让学生积极参与社会问题、关心社会问题，在问题解决中，学到了一定的化学知识和科学思维，同时也能初步对与化学有关的社会问题作出正确的价值判断，在一定程度上提高了服务社会、追求真善美的人文素养。这样能积极引导学生认识到化学的重要性，因为现在社会有很多负面的化学知识宣传，作为教师，我们有责任和义务宣传化学在生活生产中的积极作用，让学生认识到化学的魅力。

实验改进后，安排学生进行装置优点的讨论，以培养学生节约资源、保护环境的可持续发展意识，从自身做起，形成简约适度、绿色低碳的生活方式。这样处理让化学在育人功能上起到了积极作用。

三、本课不足之处

个人的语言组织能力较为欠缺，在课堂中没有做到语言精练准确，出现了少许口误。在问题处理上，可能在深度上面还差些挖掘。在素材运用上，有的问题可能只是浅尝辄止，没有让学生进行深度思考。尤其是最后环节，解决水质检测器检验的科学性问题，由于时间关系，处理得较为粗糙，没有给学生足够的分析工作原理的时间，对于这点本人深感遗憾。

在多媒体技术这块，可能展示不够，让学生观察演示实验、展示学案时没有达到应有的视觉效果。

总之，每节课都有很多的遗憾，在以后的工作中，还要努力夯实自己的教学基本功，努力学习专业知识和信息技术，让自己的教学慢慢完善。

◆ 点评

伍能老师执教的《电解池》，引导学生在现实中发现，在实验中验证，在探究思考中求知，再用知识解释现象。批判质疑、大胆猜想、小心求证的思想贯穿整个课堂，落实于各项探究实验与活动之中。学生活动一：实验探究，分享实验现象，师生互动好，教师有亲和力，学生参与度高。学生活动二：小组讨论、分享，用动画呈现原理，形象直观，让学生更好地理解了实验现象；将课本实验装置进行改造，不迷信课本，带领学生创造性地学习。课堂学习气氛浓厚，学生学习积极性和主动性强，小组讨论积极热烈，师生互动好，生生互动好，实验效果好。教师的专业知识扎实，重视对学生核心素养宏观辨识和微观探析思想的培养，重视解题方法的培养。课堂结构首尾呼应，活学活用，将化学学科知识与生活有机结合，培养了学生的社会责任感，提升了学生的人文素养。

这是一堂优质的"前置学习、以学定教"示范课，伍能老师的课堂基于也围绕着学生课前自学后产生的四个共性问题，并不直接告知答案，因为这样学生会缺少必要的体验，也不直接让学生回答，因为本节课需要学生在实验中发现、思考、讨论研究，教师再在学生探究的基础上给予适度的引导，从而让学生自行探究出问题答案的同时，体验实验、探究、思考的过程，训练学生实验和探究学习的能力，为下次更好的"前置学习"再次铺平道路。问题的解决先由学生自我思考、展示，然后再由同伴补充完善，教师最后再帮助学生挖掘深度、扫除死角，这便是前置学习以学定教所倡导的师生教学中的出场顺序。教师应尽可能少地占用学生思考、交流和探究的机会。

附录：《电解池》（第 1 课时）前置学案

【学习目标】

1. 通过电解氯化铜溶液的实验设计和分组实验，体验"实验设计改进→实验现象预期→实验验证→实验结论→实验评价"的科学探究的基本过程，提升分析与推测、探究与创新的化学关键能力。发展证据推理与模型认知、科学探究与创新意识、科学态度与社会责任的化学学科核心素养。

2. 分析电解氯化铜溶液的实验现象，采用宏观—微观—符号三重表征形式建立电解池的认知模型，提升归纳与论证的学科关键能力，发展"宏观辨识与微观探析，证据推理与模型认知"的化学学科核心素养。

3. 通过解决"生活大调查"问题，感受化学在生活中的应用，增强社会责任感。

【重点难点】

重点：电解原理；电极反应的分析与表征

难点：电解池思维模型的构建

【前置性作业】

一、知识回顾——铺垫学习基础

1. 回顾 Cl_2 的物理性质、化学性质，怎么检验 Cl_2？

2. 分析 $CuCl_2$ 溶液中有哪些离子？

二、自学梳理——初建知识体系

[自主完成] 阅读课本第 104~105 页的内容，完成下列填空：

1. 电解：使 _____ 通过电解质溶液而在 _____ 引起 _____ 反应的过程叫作电解。

2. 电解池（电解槽）：借助电流引起 _____ 反应，从而把 _____ 能转变成 _____ 能的装置。

3. 电解池电极：电解池中与直流电源的正极相连的电极是 _____ 极，在该电极上发生 _____ 反应；与电源的负极相连的电极是 _____ 极，该电极上发生 _____ 反应。

4. 电解池微粒流向：通电时溶液中阳离子移向 _____，阴离子移向 _____。电子从电源的 _____ 流入电解池 _____，再从电解池的 _____ 流入电源的 _____。

5. 放电：离子在电极上 _____ 或 _____ 电子，发生 _____ 反应的过程叫作放电。

[合作完成]

1. 课本第 104 页实验 4-2 的现象和结论是什么？如何从微观角度解释宏观现象？实验图 4-9 存在什么缺陷？在小组试着进行讨论改进并画出改进后的草图。

2. 电解池的构成条件是什么？小组内讨论。

3. 试着完成 105 页"思考与交流"。

三、学习检测——学然后知不足

1. 下列关于电解池工作原理的说法中，错误的是（　　）。
   A. 电解池是一种将电能转化为化学能的装置
   B. 电解池中发生的反应是非自发的氧化还原反应
   C. 电解池工作时，阳极发生氧化反应，阴极发生还原反应
   D. 电解池工作时，阳离子移向阳极，阴离子移向阴极

2. 图所示是电解 $CuCl_2$ 溶液的装置，其中 c、d 为石墨电极。下列有关判断正确的是（　　）。

A. a 为负极，b 为正极
B. 溶液中 Cu^{2+} 移向 c 电极
C. 电解过程中，d 电极质量不变
D. 该实验可以证明 Cu^{2+} 氧化性强于水中 H^+

四、问题反馈——完成反馈填写

六盘水市第三中学学生自主学习互动反馈卡

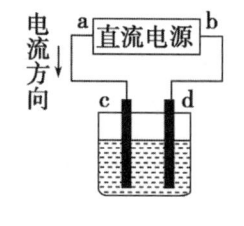

班级		学科		填表人		日期	
组别	前置作业完成情况	自学问题反馈（以题号形式填写具体）				教师批改	
1							
2							
3							
4							
5							
6							
7							
8							
9							
课代表问题汇总归纳（分点列出）							

备注：此表每节课前由课代表填写交到科任教师处，科任老师进行问题处理，每学期收集汇总，交教务处检查。

学科教师签字

生物

《染色体变异》（第1课时）课例评析

授课地点：贵阳市第二中学
授课时间：2022年5月22日
授课教师：吴永迪
点评教师：刘 勃 孙少云

教学设计思路

（一）前置学习任务布置

阅读教材《染色体变异》的相关内容，完成下列任务：

任务一：完成"问题探讨"的表格，并尝试回答马铃薯和香蕉野生祖先种和栽培品种性状差异的原因。找出染色体数目变异的类型，提炼染色体组的概念和特点，通过观察课本第87页图5-5，回答野生马铃薯染色体包含了几个染色体组，巩固染色体组概念和特点的内容。

任务二：结合减数分裂和受精作用的内容，通过自主学习进行模型构建填空，构建二倍体、多倍体的概念。从课本中提炼人工诱导多倍体的方法及其原理，并通过合作学习，尝试绘制三倍体无籽西瓜的育种流程图，进行多倍体育种。找出单倍体的概念，结合单倍体的概念，进行相关判断，通过真实的问题情境，完善单倍体育种的流程，并总结该育种方式的优点。

任务三：记录下你阅读教材以及完成学案的过程中遇到了什么疑惑与困难，并与同伴交流讨论。

（二）前置学习设计理念

生物学的学习是一个逐步形成生命观念、科学思维、科学探究和社会责任等生物学学科核心素养的过程，重视对学生思维的训练和能力的培养，重视知识的生成过程。《普通高中生物学课程标准（2017年版2020年修订）》对应本节内容的要求是"举例说明染色体结构和数量变异都可能导致生物性状的改变甚至死亡"。同时，课标强调应用有关知识分析和解决实践中的问题。教学中要结合具体实例进行教学，并让学生加以应用。

在"问题探讨"的表格中，特增加"每套非同源染色体数"的计算，提升学生数据分析的能力，便于学生分析染色体数目变异的规律及类型，逐步形成染色体数目变异会导致生物性状发生改变的观念。通过自主学习完成模型构建填空，生成二倍体、多倍体的概念及其联系，逐步发展模型与建模的能力。小组合作尝试绘制三倍体无籽西瓜的育种流程图，应用所学知识分析解决实践中的问题，感受科研工作的艰辛和伟大，增强社会责任感，辅助理解有关原理在促进经济与社会发展方面的价值。创设真实情境，完善单倍体育种的流程，学案中提供育种流程中的部分信息，降低设计难度，使学生理解有关原理在促进经济与社会发展方面的重要价值，利于学生关注最新研究动态。两种育种流程图的构建，落实了新课标中"应用有关知识分析和解决实践中的问题"的要求。

教学过程

一、前置学习反馈

师：同学们，下面我们一起来验收大家前置学习的效果。这是"问题探讨"部分，"染色体组的判断""多倍体的育种""单倍体的判断"以及"单倍体的育种"（PPT 分别呈现各部分学案典型图片）。通过统计、分析同学们提交的学案发现，有超过半数的同学不能根据所给条件算出每套非同源染色体数和配子染色体数；部分同学不会数染色体组的数量，多数不会写两种育种的流程；有三分之二的同学对单倍体的判断仍然存在问题。下面这节课，我们将针对同学们在导学案中暴露出的这些问题，有针对性地进行讲授。

【这是一个非常有效的前置学习反馈，教师通过统计、分析，得出同学们的共性问题、少数问题和个性问题，同学们学有所获，教师对学情心中有数，知道本节课要解决的问题是什么，重点问题是什么。这节课将势必成为一节高效课堂】

（学生观看 PPT 中导学案图片）

二、问题情境导入

师：请同学们来猜一猜，这是……（呈现马铃薯野生种图片）
生（异口同声）：马铃薯。
师：这又是什么呢？（呈现香蕉野生种图片）
生（小声猜）：莲藕、马铃薯……
师：同学们注意看它的外观像什么？
生齐：香蕉。
师：这是香蕉的野生祖先种，但值得我们注意的是，它是有种子的。无论是香蕉还是马铃薯，它们的野生祖先种和现在的栽培品种性状都有很大的差异，那么，它们性状差异的原因是什么呢？（展示马铃薯和香蕉栽培品种的实物）

（学生思考、疑惑）

【引导学生发现"野生祖先种和现在的栽培品种性状之间的巨大差异"，并由此激发学生探究"为什么"的欲望，从而提升学生学习本节课的欲望。学生的好奇心和求知欲在此阶段很旺盛，有时候只要激发他们的认知冲突即可，无须过于复杂的设计】

三、染色体数目变异

师：请同学们看着导学案"问题探讨"部分，试着从数据出发，来探究原因。由于该部分的表格仍有半数的同学不会填，所以我们一起来分析探讨。

【教师开始引导探究共性问题】

师：表格中已给出了体细胞染色体的数量，非同源染色体的套数，那么，每套非同源染色体的数量是多少呢？

（学生没反应）

师：给出了体细胞的染色体总数，以及套数，那每套非同源染色体的数量怎么求？

生：拿总数除以套数。

师（满意地笑）：配子是生物体在哪个过程产生的？

生：减数分裂。

师：减数分裂细胞的染色体复制几次，细胞又连续分裂几次呢？

生（自信）：分别是1次、2次。

师：所以，形成的配子染色体数量会怎么变化呢？请大家快速修正自己的答案。

（学生重新计算、修正答案，小声讨论）

【教师点到为止，为学生预留思考探究的机会和时间】

师：哪名同学愿意来给我们分享你的答案呢？

生1：每套非同源染色体数依次是12、12、11、11；配子染色体数分别是12、24、11，最后一个空我不会（有些不好意思）。

师：已经很厉害了，请坐。哪名同学知道这个空的答案呢？

（学生鸦雀无声，满脸迷茫）

师：这个空咱们班绝大多数的同学确实是空着的。下面，我以一对同源染色体为例来讲解（边作图边讲解），在减数第一次分裂前期，同源染色体会两两配对，出现联会行为。而栽培种的香蕉它的染色体数量是33条，每一组的同源染色体数是3条，这样就会使它的同源染色体配对出错，细胞联会发生紊乱，不能产生正常的配子。

（学生恍然大悟）

师：通过数据分析，同学们找到祖先种和栽培种性状差异的原因了吗？

生：染色体数量不同。

师：我们把它称为"染色体数目变异"。

【关于学生的共性问题的课堂处理，吴永迪老师做了一个非常好的示范，能通过引导让学生自行探究，留有足够的时间和空间给学生思考、探究，学生力所难及的共性问题，教师则干脆利落地讲解，高效而不拖拉】

（一）染色体组

师：仔细分析数据，染色体数目变异有没有什么规律呢？哪个同学来说一下？

生2：它是以非同源染色体的套数在增加的。

师：分析得很准确，请坐。以非同源染色体的套数增加，这是染色体数目变异的一种形式。下面，我想邀请一名同学来做一个互动小游戏。我拿来了一些餐具（举起餐具展示），如果一个人就餐需要全套餐具的话，那么我手中的餐具可分给几个人呢？请你来分一分，并告诉大家你是什么分的。（就近走到一名同学的身边，邀请他玩游戏）

（学生迅速将餐具分成两套）

师：大声告诉同学们，你是怎么分的呢？

生3：平均分配。

师：那你手中的每一套餐具有什么特点？

生3：一样的。（不理解老师问的是一套餐具中不同餐具的特点，还是两套餐具相比具有的特点）

师：那你左手拿着的这套餐具有什么特点？

生3：形态不一样，功能也不一样。

师：答得不错，请坐。同学们，如果我们用餐具模拟细胞内的染色体，那么请大家来填空。

【课堂上，教师的提问质量，也是课堂效率的重要影响因素之一。教师在提问时，一定要注意问题的明确性，让学生明了教师的问题，尽量回避不具体的问题。但课堂突发事件较多，需要教师灵活应变，如果问题没问好该如何处理？吴老师就碰到了这样的情况，首先及时发现学生为什么不理解（不理解老师问的是一套餐具中不同餐具的特点，还是两套餐具相比具有的特点），然后及时修正（那你左手拿着的这套餐具有什么特点？）】

生：相同的餐具可看作同源染色体，不同的餐具可看作是非同源染色体，那么一套餐具就是一套非同源染色体，称为一个染色体组。

师：我们用餐具模拟染色体，像一套餐具一样，一个染色体组有什么特点呢？

生：染色体形态、结构不同，是一套非同源染色体。

师：学以致用，请同学们根据图片，判断野生马铃薯包含了几个染色体组？

生（思考，小声回答）：两个……12个……

师：和餐具类比，我们可以将其分成几套非同源染色体？

生（异口同声，铿锵有力）：两套。

【铿锵有力的回答，源于学生对已经掌握知识的自信】

（二）二倍体和多倍体及应用

师：野生品种是如何一步步演化成现在的栽培品种的呢？下面，我们通过模型构建来进行探究。在这里，我们用"N"表示一个染色体组。咱们班同学在该部分几乎都答对了，所以，我直接将答案呈现出来。在这里，我有一个疑惑，细胞经过怎样异常的减数分裂，才会产生染色体数量没有减半的配子呢？

【教师的"疑惑"是完善和深挖知识的开始】

（学生七嘴八舌说原因）

师：（缩小范围）如果异常发生在减数第一次分裂，那具体是出了什么问题？

生4：复制以后，它们没有向两极移动，而是移向了同一个方向，进入到一个细胞里，最后得到的配子染色体数目仍为2N。

师：你在这说的"它们"，指代的是谁？

生4：染色体。

师：什么样的染色体？

生4：非同源染色体，不，应该是同源染色体。（有些紧张，立马改口）

师：思维很敏捷，请坐。所以原因可能是减数第一次分裂同源染色体未分离。当然，减数第二次分裂异常也可能导致产生异常的配子，同学们下来可以继续交流讨论。

师：我还有一个疑惑，同学们是怎么得出个体的名称叫二倍体、三倍体的呢？怎么看？

（学生若有所思，但默不作声）

师：我提示一下同学们，这些个体发育的起点都是什么？

生：受精卵。

师：二倍体个体的细胞中有几个染色体组呢？

生：两个。

师：所以什么是二倍体呢？（引导学生总结）

生：由受精卵发育而来，体细胞中含有两个染色体组的个体，称为"二倍体"。

师：那什么又是三倍体呢？

生5：由3个受精卵发育而来，体细胞中含有3个非同源染色体组的个体。

师：一个个体应该由几个受精卵发育而来呢？

生5：1个。

师：而且一套非同源染色体称作一个染色体组，所以把你的答案更正一下，好吗？

生5：由受精卵发育而来，体细胞中含有3个染色体组的个体，称为"三倍体"。

师：同学们，以此类推，多倍体的概念是什么呢？

生：由受精卵发育而来，体细胞中含有3个及3个以上染色体组的个体，称为"多倍体"。

师：特别提醒大家：二倍体和多倍体的发育起点是受精卵。

师：多倍体植物有许多优良的性状，比如我们常吃的栽培香蕉和马铃薯，结合课本第88页的内容，你能总结出多倍体植株的优势吗？

生6：多倍体植株常常茎秆粗壮，叶片、果实和种子都比较大，糖类和蛋白质等营养物质的含量都有所增加。

师：归纳概括得很全面。既然多倍体有如此大的优势，我们如何人工诱导多倍体的产生，为农业生产助力呢？请大家阅读课本第88页正文第4段的内容，去寻找答案，找到答案后举手分享。

生7：可以用低温或秋水仙素处理，最常用的方法是用秋水仙素处理萌发的种子或幼苗。

师：回答得很准确具体。你们知道处理的对象为什么是萌发的种子或幼苗吗？

生（七嘴八舌）：分裂旺盛……

师：没错，而且是有丝分裂旺盛，通过诱导使它的有丝分裂异常，就可能获得多倍体。那秋水仙素作用的原理是什么呢？可以结合课件上的有丝分裂示意图思考。

生8：秋水仙素可以抑制纺锤体的形成，使得染色体不能移向细胞两极，从而引起细胞内染色体数目的加倍。

师：总结得很精练。我有个疑惑，没有了纺锤体，着丝粒的分裂能正常进行吗？

生：能……不能……（有不同的意见）

师：大家观察课件中异常的有丝分裂示意图，着丝粒能正常分开。而且，如果着丝粒没有正常分开，那么染色体数量应该会怎样呢？

生：不会加倍了。

师：掌握了诱导多倍体产生的方法和原理，有什么意义呢？三倍体无籽西瓜，广受消费者的青睐，你能结合所学知识，帮助瓜农培育三倍体无籽西瓜吗？

生：能！

师：接下来，让我们以小组为单位进行合作探究，利用秋水仙素以及二倍体西瓜来培育三倍体无籽西瓜，用文字和箭头在导学案中尝试写出育种流程图。老师有一个小要求，那就是每个同学都积极加入小组的讨论中，献计献策，完善小组的育种流程。待会儿举手和大家分享交流，时间4分钟，开始。

（学生进入激烈的讨论中，有不会的或有分歧的部分学生会举手询问老师）

师：（巡视、鼓励、指导）绝大多数的同学写上了自己的答案，哪个组的同学愿意到讲台上给同学们分享呢？

生9：（举手）

师：我把你的作品投屏到屏幕上，你再去给大家讲解。（因为网络原因，希沃软件中照片上传不了）这样，你直接到讲台上现场写出来，给大家讲解好吗？

生9：好的。（径直走到讲台上，边写边讲解）二倍体西瓜经过秋水仙素的处理，就会产生含两个染色体组的配子，让其与没有经过处理的二倍体西瓜进行杂交，就会产生三倍体的西瓜。（掌声）

师：这个同学给我们提供了一个很好的思路，用秋水仙素处理，可以使二倍体植株的减数分裂产生异常的配子，再用这样异常的配子和正常的配子结合，就可能得到三倍体的个体了。如果书写再规范些就更好了。那还有没有同学有其他思路呢，给我们分享一下。

生10：（边写边讲解）首先，我利用两个二倍体西瓜植株作为材料，其中作母本的西瓜植株用秋水仙素进行处理，使它的细胞分裂异常，就会得到四倍体的西瓜植株，再用二倍体西瓜与其杂交，就能得到三倍体的西瓜了。

师：这个同学另辟蹊径，给了我们另一种思路，用秋水仙素处理，使得细胞的有丝分裂发生异常来育种，同样，也要注意书写规范。那么，其他同学有没有补充的了？

生11：四倍体西瓜植株与二倍体西瓜植株杂交，得到的是三倍体的西瓜种子，还需要第二年将其再种植下去，并利用二倍体植株对其进行传粉，最终才会得到三倍体的无籽西瓜。

师：这个同学思维开阔，思虑周全，值得我们学习！下面，老师利用流程图给大家展示三倍体西瓜育种最常用的方法。请大家注意书写的规范和语言描述的准确。二倍体西瓜幼苗经过秋水仙素处理后，就有可能得到四倍体西瓜植株，利用二倍体西瓜植株对其进行传粉，就会得到三倍体的西瓜种子。第二年，将该种子种下，长成三倍体的西瓜植株，再用二倍体西瓜植株作为父本对其进行传粉，就会得到三倍体无籽西瓜了。

（学生在导学案中更正、完善）

【教师的"疑惑"启发学生思考，教师继而用一连串的问题链将学生的思维逐步向前推进，而在对话中及时发现学生思考和掌握的情况从而选择下一步是"修正"还是"推进"。问题，是思维的生发器，对话，是思维的修正机与推进器。提问与对话的技巧，是值得每一位教育工作者认真研究的课题之一】

（三）单倍体及应用

师：在自然界中，还有这样一类生物——蜜蜂，其中，蜂王是雌蜂，蜂王和雄蜂无论是形态还是大小，差异都很大，为什么会这样呢？请大家观察它们的染色体组成，试着去寻找原因。

生：蜂王的染色体组有两个，而雄蜂的染色体组只有1个。

师：请同学们猜测，雄蜂可能是由什么发育而来的呢？

（学生有些疑惑）

师：雄蜂的染色体组成只有雌蜂的一半，所以雄蜂可能是什么发育而来的呢？

生：配子。（部分同学回答）

师：没错。科学家经过研究发现，雄蜂是由卵细胞直接发育而来，体细胞中只有一个染色体组，我们把它称作单倍体。所以，咱们一起来构建单倍体的概念吧。

生：体细胞中的染色体数目与本物种配子染色体数目相同的个体。

师：请大家再次来完成这两个判断题。（1分钟后）谁来说说？可以结合黑板上的细胞结构模式图分析。

生12：若一个个体体细胞中有4个染色体组，它减数分裂会产生含两个染色体组的配子，这样的配子直接发育，形成的个体就是单倍体，但它的体细胞含有两个染色体组。

师：这个同学思维很敏捷，观察也很仔细。同学们，结合这个同学的说法，我们要判断一个个体是不是单倍体，关键看什么？

生：是否由配子发育而来。

师：没错，要关注个体发育的起点。所以，"单倍体的体细胞中都只含一个染色体组"的判断是？

生：错的。（看来绝大多数同学已掌握）

师：同学们，我国的科学家在去年研究得到了谷子单倍体，对比单倍体植株和正常植株的图片，同学们能看出单倍体植株有什么特点吗？

生：长得矮，器官也小。

师：没错。单倍体植株长得弱小，而且往往高度不育，但是它们在育种方面有重要作用。请大家结合课本第87页"与生活的联系"内容，完成导学案中单倍体育种的流程。

生13：Rr植株经过花药或花粉离体培养，就会得到单倍体的植株，再经过人工诱导，就能得到正常的RR植株。

师：最常用的诱导方法是什么呢？

生：秋水仙素。

师：这种育种方式的优势是什么呢？

生14：得到的都是纯合子。

师：没错。还有，我们在第几年可以得到符合育种要求的种子呢？

生：第二年。

师：我们一起来分析，在第一年，我们将 Rr 的种子种下，等它产生成熟花粉的时候，就可以利用花药离体培养得到单倍体幼苗，再在同一年，用秋水仙素处理，就可以得到正常的纯合植株了。所以，该育种的优势还有什么呢？

生：明显缩短育种年限。

师：同学们，在社会中，还存在这样一群人，21 三体综合征患者，他们智力低下，发育迟缓，眼距较宽，有一些特殊的面容。是什么导致了他们和正常人的不同呢？结合图片来思考。

生：多了一条 21 号染色体。

师：没错，这也就是由于个别染色体的增加，导致生物性状的改变。

四、课堂小结

师：至此，我们就可以将染色体数目变异分为个别染色体的增减和染色体组成倍地增减两种类型。要判断一个个体是几倍体，首先要看它发育的起点，若是由配子直接发育而来，则为单倍体；若是由受精卵发育而来，则有几个染色体组就是几倍体。同时，还可以利用单倍体育种和多倍体育种的原理和方法，指导生产实践。（利用思维导图，引导学生总结）

【教师的总结，是对一堂课看似散乱的知识的梳理，而学生的总结则是对知识的内化，是学习必不可少的重要步骤，一堂课的小结应该由教师和学生共同完成，一堂课中好的小结，是在教师小结引领下的学生小结内化】

五、作业布置

师：遗传造就生命延续的根基，变异激起进化的层层涟漪。本节课的作业，请同学们查阅资料，从物理、化学、生物等多学科视角，以小组为单位，综合探讨包括染色体变异在内的生物变异对人类的影响，并形成一篇小论文。

【吴老师的作业布置也是值得关注的"前置学习、以学定教"的典型作业。"前置学习、以学定教"的理念在于课前学习新知、课上巩固提升，若再布置巩固练习作业，学生将有前置学习和课后巩固两份作业，学业负担瞬间翻倍。因此，前置作业主要在于新知的探究，就像吴老师布置的这份开放作业，让学生从各个角度去探视新的问题，发现新的知识，完成前置学习，在学习的过程中总结提炼问题，为"以学定教"提供方向与素材】

◆ 教学反思

本节课充分体现老师的主导和学生的主体地位，层层设疑，注重概念的生成。本节课教学设计逻辑思维强，层次分明，详略得当。教学中注重学生思维的训练，巧用数学方法、各种图片和示意图，以及模型构建来生成概念，便于学生分析和理解。教学中结合具体实例进行教学，创设真实的问题情境，应用有关知识分析和解决实践中的问题。但本节课课堂容量较大，对于时间把控要求较高。

在多倍体育种流程中，可以用"2N"表示二倍体等，节约书写时间，同时注意书写规范。同时，在单倍体育种部分，可以强调用秋水仙素处理的是幼苗，而多倍体育种处理的是萌发的种子或幼苗，对比记忆，深化理解。在构建完单倍体概念的基础上，可回归到"二倍体、多倍体的模型图"上，补充完成单倍体模型的建构，强化学生的认识。

◆ 点评

吴老师通过启发式教学，渗透自主学习理念，通过恰当的当堂训练，有效达到教学目标。吴老师通过前置学习模式，充分了解学情，并针对实际学情，改变教学策略，有效突破教学重点和难点。这是值得我们学习的地方。

吴老师的课堂注重价值引领，立德树人，素养导向。吴老师能针对生物学的现象对学生进行提问，引导学生设计方案，并对结果进行交流与讨论，例如三倍体无籽西瓜育种流程的设计与交流等。同时，这部分内容也渗透了社会责任，提升学生尝试解决生产生活问题的担当与能力。

吴老师认真研读课标和教材，充分利用教材来教，而不是在教教材。本节课以图片、模型等为载体，基于生物学事实和证据，运用归纳与概括、模型与建模、批判性思维、创造性思维等方法，使生物学科素养落地生根，培养学生的必备品格和关键能力。吴老师在"问题探讨"部分，增加了"每套非同源染色体数"的计算，有利于突破染色体组的概念，同时，利用餐具类比染色体，很巧妙地总结染色体组的特点。但在染色体组部分，应强调一个染色体组里的染色体功能不同，是因为它们携带的遗传信息不同，一个染色体组包含了生物体生长、发育、遗传和变异所需的全套遗传信息。利用"N""2N"等进行规范建模，突破"二倍体""多倍体"等概念，契合新教材的说法。但在多倍体育种部分，仍可用"2N""4N"等来规范书写育种流程，还可节约时间。多倍体育种利用秋水仙素处理的是萌发的种子或幼苗，在单倍体育种部分，可以给学生强调用秋水仙素处理的是幼苗，两者进行对比记忆，深化学生理解，利于重难点的突破。单倍体育种部分，只采用1对等位基因来创设问题情境进行探究，可在课后增设两对等位基因的情况，增加难度，提升学生的思维品质。吴老师能在课堂上就解决了三倍体育种问题，减轻了学生课下学习负担，积极响应国家"双减"的号召。本堂课课堂小结规范合理，作业布置有新意，注重培养学生跨学科学习的能力。

附录：《染色体变异》（第1课时）前置学案

【学习目标】

1. 阐明染色体组、二倍体、多倍体和单倍体的概念及其联系。
2. 构建多倍体育种和单倍体育种的流程。

【问题探讨】

生物种类		体细胞染色体数/条	体细胞非同源染色体/套	每套非同源染色体数/条	配子染色体数/条
马铃薯	野生祖先种	24	2		
	栽培品种	48	4		
香蕉	野生祖先种	22	2		
	栽培品种	33	3		

完善表格，并尝试回答野生祖先种和栽培品种性状差异的原因？

染色体数目变异

类型：_____和_____。

（一）染色体组

1. 特点：（1）形态、功能_____ （2）是一套_____染色体

思考：课本第87页图5-5所示，野生马铃薯染色体包含了几个染色体组？

（二）二倍体、多倍体

思考：野生品种如何演化成栽培品种的呢？

【自主学习】模型构建：构建二倍体、多倍体的概念（N表示一个染色体组）

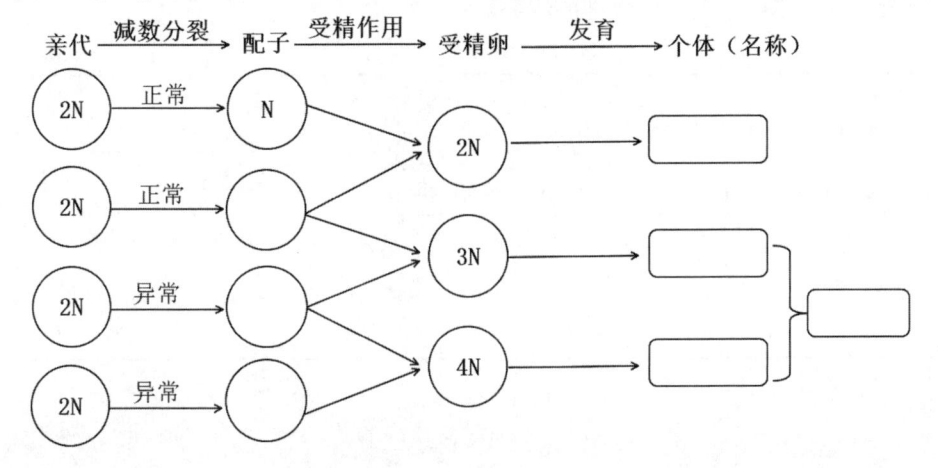

亲代 —减数分裂→ 配子 —受精作用→ 受精卵 —发育→ 个体（名称）

2N —正常→ N ↘
2N —正常→ ○ → 2N → ▭
2N —异常→ ○ ↗
                ↘ 3N → ▭ ┐
2N —异常→ ○ ↗   ├ ▭
                  4N → ▭ ┘

【合作学习】多倍体育种

1. 人工诱导多倍体的方法有哪些？最常用且最有效的方法是什么？作用的原理是什么？

三倍体无籽西瓜，广受消费者的青睐，具有很高的经济效益。你能根据所学知识，利用二倍体西瓜，帮助瓜农培育三倍体无籽西瓜吗？

2. 小组合作探究：在方框中尝试绘制三倍体无籽西瓜的育种流程图（用箭头和文字表示），并上台展示、交流。（时间：4分钟）

（三）单倍体

1. 概念：体细胞中的染色体数目与本物种_____染色体数目相同的个体。
2. 判断正误：
（1）体细胞只含一个染色体组的个体是单倍体。（　　）
（2）单倍体的体细胞中只含一个染色体组。（　　）

【自主学习】单倍体育种

水稻抗稻瘟病（R）对易感瘟病（r）为显性，现有 Rr 的水稻品种，请你完善下面的实验流程，快速获得稳定遗传的抗稻瘟病 RR 的品种。

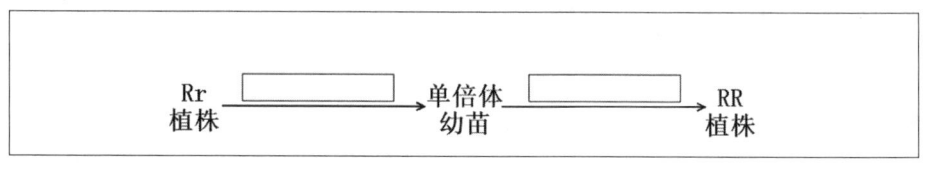

Rr 植株 ──→ ☐ ──→ 单倍体幼苗 ──→ ☐ ──→ RR 植株

与杂交育种相比，单倍体育种的优势是：_____。

反馈卡

前置学习反馈卡		
班级_____	小组_____	姓名_____
请如实记录下你在本节课前置学习中遇到的疑惑与困难。		

《降低化学反应活化能的酶》课例评析

授课地点：六盘水市第三中学
授课时间：2022年11月2日
授课教师：潘怀忠
点评教师：刘　勃

教学设计思路

（一）前置学习任务布置

阅读教材《降低化学反应活化能的酶》的相关内容，并通过相关实验完成下列任务：

任务一： 思考并总结酶在细胞代谢中的作用。

任务二： 比较并记录过氧化氢在不同条件下的分解实验。

任务三： 思考并归纳酶的作用原理。

任务四： 思考并探索、归纳酶的本质。

任务五： 记录下在阅读教材以及完成学案的过程中，你遇到了什么疑惑与困难，并与同伴交流讨论。

（二）前置学习设计理念

1. 创设情境，导入新课：细胞代谢需要酶

以生活产品实例（生物酶牙膏、大宝SOD蜜、加酶洗衣粉、多酶片）导入，简述这些产品中含有的酶及其作用，以此说明酶与我们的日常生活息息相关，从而生活中无"酶"不美。通过这样的前置学习引入，预期学生能感受"酶"与我们的生活息息相关，从而产生疑问：酶是什么物质？酶有什么作用？等等，以此激发学生对有关酶的兴趣和好奇。激励学生质疑，提高学习的主动性。

2. 问题导向，阅读发现：酶化学本质

自主阅读教材第79页中"关于酶本质的探索"资料，完成相关科学史的连线，并归纳总结出酶的化学本质。预期学生通过阅读教材中"关于酶本质的探索"了解我国历史上有关酶的探索资料，完成学案中的连线和归纳总结酶的化学本质绝大多数是蛋白质，少数属于RNA。检验学生前置学习效果，学生养成从阅读中获取信息的学习习惯，了解中国四千年前已掌握酿酒技术，增强民族自豪感，坚定文化自信。

3. 实验探究，分享实验结果

根据提供的实验材料和用具，按照"探究实践"中的方法步骤，小组成员分工协作完成前置实验：比较过氧化氢在不同条件下的分解实验，填写实验结果记录表，交流讨论实验结果。预期学生认真阅读教材，按照实验方法和步骤进行操作；记录实验结果，描述观察到的实验现象，达到巩固基本实验操作技能、增强好奇心和求知欲、提高实践和语言表达能力的教学目标。

4. 分析实验结果，认识酶的作用

在学生前置学习的基础上，引导学生进一步分析：

（1）根据"过氧化氢在不同条件下的分解速率不同"的实验结果，指导分析得出结论。

（2）结合"科学方法"的文字资料引导学生获得自变量、因变量、无关变量的概念。

（3）完成实验中的结论和变量填空。

小组合作讨论"探究实践"中的讨论题，得出实验结论，认识酶在生化反应中的作用。运用三种变量的概念，回顾上述实验，找出对应的变量，填写上表中的自变量、因变量和无关变量。通过实验现象的分析，归纳出酶在细胞中的重要作用。

理解实验设计中的变量和体会对照实验的意义，以此来提升科学探究的实验设计能力。

5. 实验探究，类比突破：酶的作用机理

在学生前置学习、思考、探究的基础上，先引导学生通过分析过氧化氢在加热条件下分解的原因，引出活化能的概念；再引导学生根据学案中各个反应发生所需要的活化能数据，分析总结出酶的作用机理，并根据酶的来源、作用和化学本质，总结酶的定义，使学生养成利用实验数据进行结果分析的思维意识，并养成归纳总结的学习习惯。

教学过程

一、创设生活情境，导入新课

（多媒体展示加酶洗衣粉、生物酶牙膏、多酶片、化妆品、日用品图片）

师：生活中我们很多地方都利用到了酶，如加酶洗衣粉比普通洗衣粉的去污能力强，能把衣物洗得更加洁净光亮；牙缝里的食物残渣是细菌的美食也是导致龋齿的祸首，含酶的牙膏可以分解细菌，使牙齿光洁，口气清新；消化不良时，服用多酶片可以促进消化。同学们还知道其他利用到酶的生活实例吗？

（学生思考）

生1：嫩肉粉。

师：嫩肉粉含有蛋白酶，能将胶原蛋白和弹性蛋白部分水解，使得肉质鲜嫩，风味独特。这名同学很有生活常识，是个懂生活的人，在家做饭吗？

生：做的。

师：你真棒，这也告诉我们知识大多来源于生活实践。

师：酶使我们的生活多姿多彩，那么，酶是一种什么物质？具有这些功能的机理是什么？今天我们一起来学习第五章第一节《降低化学反应活化能的酶》。

二、问题导向，阅读发现：**酶的化学本质**

师：在19世纪以前，人们并不知道酶为何物，19世纪以后，随着对酿酒中发酵过程的深入研究，科学家才逐渐揭开酶的面纱，让我们沿着科学家的足迹，再次体验他们的探索之旅。请同学们自主阅读教材第79~80页中"关于酶本质的探索"资料，完成下列科学史的连线，并归纳总结酶的化学本质。

（学生认真阅读教材内容，动笔记录和连线）

师：现在我们来展示一下同学们的学习成果，在展示之前请同学们注意第一段文字：我国早在4000年前的夏禹时代就掌握了酿酒技术，在1716年的《康熙字典》里就收录了"酶"字，解释为"酶"乃"酒母也"，即今天的酵母。说明我国拥有悠久的历史文明和博大精深的文化，我们要坚定文化自信。

（开始小组展示，学生纷纷举手）

【刚开始使用"前置学习、以学定教"模式的时候，很多同学不清楚前置学习该如何操作，所以，在前置模式实施初期，老师们也可以像潘怀忠老师这样，将前置学习部分放到课堂上完成，观察、指导学生自主学习】

小组1：科学家巴斯德的主要观点是糖类变酒精必须有酵母活细胞参与。

（教师展示结果，小组1连线正确）

小组2：科学家李比希的主要观点是糖类变酒精必须让酵母活细胞死亡并释放其中的物质。

师：（展示结果，小组2连线正确）提问：两位科学家的观点是对立的，请思考说说这两种观点的积极意义和局限性。

（学生思考后，有的回答巴斯德错了，有的回答李比希错了，有的说都有错的地方）

【学生产生认知冲突，可借题发挥，先给学生足够的时间，再相互探讨，在争辩中剖析、提炼问题，教师的引导早了一点】

师：（引导学生分析巴斯德的观点）酿酒需要活的酵母吗？

生：肯定需要。

师：是需要活酵母细胞还是酵母细胞产生的物质？

生：是酵母细胞产生的物质。

师：（引导学生分析李比希的观点）酿酒需要酵母细胞释放的物质，但是否意味着酵母细胞必须死亡？

生：不需要死亡，活酵母细胞产生物质就可以。

师：两位科学家都有积极意义的一面，也存在局限性，科学研究就是在争论中发展起来的，正是他们的争论，让后面科学家的研究集中在争论的焦点上，这才会推动科学理论的发展。那么，是谁来终结这场争论的呢？

【此处如果先让学生争论一番，学生对"真理常常源于争辩"就会有更深的感受

了】

生：毕希纳。

师：请这个小组来说说毕希纳的主要观点或成就。

小组3：毕希纳将酵母细胞磨碎，获得提取液，将提取液和糖液放在一起，糖液变成了酒，毕希纳将提取液中能使糖液变成酒的物质称作酿酶。

师：（展示结果，小组3连线正确）毕希纳知道酿酶具体是哪一种物质吗？谁来证明酿酶的化学本质？请这个小组来说说你们的看法。

小组4：萨姆纳从刀豆种子中提取到了脲酶，并证明脲酶的化学本质是蛋白质。

师：（展示结果，小组4连线正确）酶都是蛋白质吗？

生：不是，说出切赫和奥尔特曼研究发现，少数的RNA也具有催化功能。

师：根据上面科学家的探索结果，请这个小组来回答酶的本质是什么？

小组5：酶的本质是蛋白质。

师：这是你的观点还是小组的观点？

生：我自己的。

师：其他组员有补充的吗？

小组5：还有RNA。

师：这样补充就完善了，合作很重要。大家一起说酶的本质是……

生：酶绝大多数是蛋白质，少数是RNA。

【在发现"酶的本质"的过程中，学生有阅读，有展示，有异议，但缺少必要的讨论和交流机会。教师出于课程进度考虑，给学生思考和探究的空间不够。教师在学生展示后的追问，更像是对正确答案的渴望，教师急于从学生处找到正确答案，缺少了对知识探究方法和过程体验的引导】

三、实验探究，分析实验结果：认识酶的作用

师：细胞每时每刻都在进行各种化学反应，各种化学反应都离不开酶，细胞在代谢过程中会产生一些毒副产品，如H_2O_2。H_2O_2是一种强氧化剂，在细胞中积累会损伤DNA，加速人体衰老。幸运的是我们细胞内有一种物质能将H_2O_2分解为水和氧气，这种物质就是过氧化氢酶。下面，我们就以H_2O_2在不同条件下的分解速率来探究酶的作用。（展示探究实验的材料、器具以及实验步骤）问：为什么用肝脏研磨液？

生：因为肝脏研磨液里有大量的过氧化氢酶。

师：前置学习效果很好，但实验过程中要注意：

【本节课未对前置学习的内容进行完善和答疑解惑，该处前置学习是指课前自行阅读的一段学习经历，但3分钟的学习时间过短】

1. 注意安全，规范操作：H_2O_2是一种强氧化剂，皮肤接触到会有所漂白，有微痛感，实在避免不了触摸到了也不要紧张，过两天就会自然恢复，但实验探究是生物学研究的常用手段，要养成规范操作的好习惯，确保安全。

2. 小组成员分工合作：派一个代表用烧杯到讲台来取热水，小心烫伤，实验过程中准确量取试剂，认真观察和记录实验现象，并对观察的实验现象进行描述和分析。

3. 特别说明：因为卫生香受潮，难以观察到现象，老师用卫生香的细木条代替卫

生香，也就是将卫生香换成带火星的小木条。

（学生按照分工，开始实验探究）

教师巡视学生实验操作，及时纠正不规范操作，常见错误操作：量筒量取液体的时候拿在手里，没有放置在桌面上；读取数值时没有平视；滴加溶液时，胶头滴管未悬空，触摸到试管口壁，造成污染。

学生兴趣高涨，当看见最后滴加肝脏研磨液时产生的大量气泡时，十分兴奋；当用带火星的小木条伸入试管液面上方复燃时最为激动，很多学生重复体验了几次。

教师提醒做完实验的小组整理好实验器材，记录观察到的现象并思考相关问题。多媒体展示需要记录的内容和对结果的分析，全部小组完成实验后开始展示小组实验的记录结果。

小组6代表展示结果：①气泡产生情况：1号试管（常温下）气泡不明显；2号试管（90℃水浴）少量气泡产生；3号试管（滴加$FeCl_3$溶液）产生较多气泡；4号试管（滴加肝脏研磨液）产生大量气泡。

②带火星的木条变化情况：1号试管（常温下）无明显变化；2号试管（90℃水浴）无明显变化；3号试管（滴加$FeCl_3$溶液）带火星的木条变亮了，但未复燃；4号试管（滴加肝脏研磨液）带火星的木条复燃了。

师：这是你一个人的观点，还是小组全部成员的观点？

生：本小组都观察到了。

师：其他小组观察到的现象和他们小组的一样吗，有没有观察到其他现象或者没有看到上述现象的？

生：和他们组观察到的结果一样。

师：你们的动手能力很强，看到的现象是真实准确的，但我们要透过现象看本质，要从观察到的现象中总结出相应的结论：从1、2、3、4号试管的对照中，我们可以得出什么结论？

【引导学生实验，并从实验中观察现象，透过现象看探寻本质——教学生实验、观察与思考】

生：过氧化氢在常温下分解慢、加热快一些，加肝脏研磨液的分解最快。

师：肝脏研磨液可以换另外一种说法。

生：过氧化氢酶。

师：对了，但你们的结论过于冗长，再简化一下。

生：过氧化氢在不同条件下分解速率不同。

师：从1、3号试管的对照中，我们可以得出什么结论？

生：$FeCl_3$溶液具有催化作用。

师：从1、4号试管的对照中，我们又可以得出什么结论？

生：过氧化氢酶溶液具有催化作用。

师：再说一遍，可以得出什么结论？

生：过氧化氢酶具有催化作用。

师：从3、4号试管的对照中，我们又可以得出什么结论？

生：过氧化氢酶的催化作用比$FeCl_3$溶液的强（高）。

师：很好，我们从实验现象中分析总结出相关结论，你们注意到需要在1、2号试管中滴加两滴蒸馏水了吗？为什么要这样操作？

（学生思考片刻，有部分学生回答：控制无关变量）

师：对，我们在实验设计中需要注意的一个事项是控制变量，在实验中，变量是指可被操纵的特定因素或条件。同学们说说有哪些变量？

生：自变量、因变量、无关变量。

师：什么是自变量？

生：实验中人为改变的变量……

师：类似函数表达式中的。在本实验中自变量是？

生："$f(x)$"（有的直接答x），在本实验中自变量是反应条件。

师：数学学得不错，那什么是因变量呢？

生：随自变量的变化而变化的变量。

师：类似函数表达式中的……在本实验中因变量是？

生："y"，在本实验中因变量是气泡产生情况和带火星的木条的变化情况。

师：什么是无关变量？

生：除自变量外，对实验结果会造成影响的变量，类似函数中的a（有的答k、有的答常量）。

师：k和a都可表示常量，展示数学函数表达式：$y=f(x)+a$（标明自变量、因变量、无关变量）。

师：我们在实验设计中需要注意的另一个事项是设计对照实验，只有比较才能看出差异，只有通过对照才能验证我们的推论，且使实验结论更有说服力，同时消除无关变量对实验结果的影响。本实验的实验组和对照组是？

生：1号试管为对照组，其他试管为实验组。

【"认识酶的作用"环节，在实验之后，通过师生对话的方式完成从现象到本质的探究过程，一问一答，是教师的引导，也是逐步深入的思考。该环节要是专门设计成一节实验课，问题可再深一些，为学生留足探究与思考的空间。实验完成后，学生完成学案上的观察记录，在思考、交流和反思总结后，完成深度思考等导学内容，课上展示实验探究成果，集中精力解决课前同学间交流后依然未解决的困惑，是否可以让学生在尝试甚至是失败后对实验内容及实验的步骤有更加深刻的体验与记忆？】

四、数据分析，类比突破：酶的作用机理

师：很好，我们通过探究实验总结酶具有催化作用，那么，酶的作用机理是什么呢？我们知道，反应物分子需要获得足够多的能量转变成激活状态，才容易发生反应。如试管2中通过加热使得H_2O_2分子获得能量，才能分解产生氧气。我们把分子从常态转变为容易发生化学反应的活跃状态所需的能量称为？

生：活化能。

师：前置学习效果很好，那我们来看几组数据，从这些数据中悟出什么结论，PPT展示加热、加$FeCl_3$溶液、过氧化氢酶条件下反应物从初态到活化态需要的活化能数据。

（学生认真观察数据，思考）

师：悟出什么了没有？

生：（部分回答）需要的活化能不同。

师：有什么不同？再讲三组数据，叠加在一起观察。

生：活化能减少了。

师：由此总结出酶的作用机理是……

生：酶的作用机理是降低化学反应所需要的活化能。

师：酶为反应提供能量了吗？

（学生多回答"没有"，有几个同学回答"提供了"。）

（教师展示漫画）

生：没有提供能量。

师：酶的作用机理是降低化学反应所需要的活化能，不提供能量。

师：通过以上的学习，请同学给酶下一个完整的定义。

生1：酶是活细胞产生的具有催化作用的蛋白质。

师：有没有不同的定义？

生2：还有RNA。

师：还有补充的吗？

（学生齐摇头）

师：那一起给酶下一个完整的定义。

生：酶是活细胞产生的具有催化作用的一类有机物（绝大多数是蛋白质，少数是RNA）。

五、当堂检测，检验所学

师：好了，同学们，我们这节课对酶有了一个初步的认识，现在请大家一起做一下当堂检测。

（教师展示当堂检测PPT，并观察学生完成的情况，对个别同学进行了提示、指导。大约过了4分钟，教师观察同学们基本完成了测试题）

师：第一题的答案是？

生：C。

师：C错在哪里？

生：肝脏研磨液和氯化铁的体积是无关变量，自变量是反应条件。

师：第二题的答案是？

生：D。

师：没有其他选项？

生：没有。

师：我们分析一下A选项。刚刚我看到有几个同学选了A。题干说：吸能反应指产物分子的能量高于反应物分子，而题目中反应物的能量少于产物的能量，满足吸能反应的条件，所以A正确，这是考查从题干获取信息的能力，要仔细审题。D选项错在哪里？

生：E_2才是表示有酶条件下反应的活化能。

六、课堂小结，明确学习内容

师：看来同学们对这节课的知识掌握得很好，我们一起来回顾这节课学到了酶的化学本质的探究历程，有哪些科学家对比进行过探索？

生：有巴斯德、李比希、毕希纳、萨姆纳、切赫和奥尔特曼。

师：酶的化学本质是？

生：酶的本质是绝大多数是蛋白质，少数是 RNA。

师：酶的作用是？

生：酶具有催化作用。

师：酶的作用机理是？

生：酶的作用机理是降低化学反应所需的活化能。

师：很好，看到同学们今天有这么多的收获，老师很高兴。学习是一个永无止境的过程，请同学们课后将第 82 页的习题做了，及时巩固。

【最后的反思如果留给学生自行总结，让不同的学生补充完整，让学生在自我反思中搭建起知识框架，就会是一种不错的课堂小结策略】

◆ 教学反思

由于本节课知识抽象，概念较多，学生对具体概念以及概念间的联系很难理解透，本节课采用"前置学习、以学定教"的课堂教学理念，重新整合教材，基于学生已有的生活经验，创设真实情境，通过课前自主学习、小组分工合作探究实验等方法将知识变得浅显易懂，让学生理解抽象、繁杂的知识。从整体上看，脉络结构设计清晰，各个知识点衔接顺畅，环环相扣，转换自然，讲解方法浅显易懂，目标达成度高。

本节课设计的成功之处有：本人利用生活中各种酶的图片，创设真实情境，贴近生活实际，很好地引入主题并激发了学生的学习激情，通过生活实例由浅及深，层层引入，在学生阅读教材内容"酶本质的探索过程"后，让学生讨论相关问题和总结出酶的化学本质，让抽象的概念知识变得直观易懂。采取小组分工合作的方式，动手操作过氧化氢在不同条件下的分解速率实验，锻炼学生的动手能力和科学探究能力，并利用探究实验过程中的现象，引导学生分析相关过程并总结出结论，利用数据分析的方法引导学生归纳出酶的作用机理。结合教材内容，渗透民族自豪感、坚定文化自信，培养学生的爱国情怀和社会责任感等核心素养。

本节课需要改进的有：上课过程中因担心时间不足过早引导学生得出结论，应多给学生思考的时间，这样能更好地培养科学思维。另外，学习小组只按照原来的班级小组进行划分，没有考虑小组之间的差异，没有很好地照顾到每一名学生；课堂上由于时间紧，没有对所有组的成果进行展示和评价。

◆ 点评

前置学习、以学定教，从总体结构上来说，是从"教师先教、学生后练"到"学生先学、教师后导"的教与学的翻转，但前置学习究竟要前置到何时？一定是在上课前学才叫前置学习吗？刚开始，学生课前自学存在不会学习、自觉性不够等问题怎么办？这些问题是"前置学习、以学定教"之前需要优先搞清楚的问题之一。

在本节课例中，潘怀忠老师为我们带来"学生不熟悉前置学习的情况下，'前置'也可以放在课堂上进行"的课例思考。具体操作方式有二：

1. 阅读学习前置

前置学习：课上阅读、思考、交流、完成学案、展示、发现问题。

以学定教：教师引导深入思考、完善知识体系。

课上优势：教会和训练学生如何带着问题自主阅读、如何逐步深入思考、如何自主有效地学习等学习方法。

2. 实验探究前置

实验发现：课上实验操作、观察现象、提出问题、产生疑惑、探寻本质。

以学定教：教师引导深入探究本质，搭建现象与本质之间的逻辑桥梁。

课上优势：学生在教师的引导和监护下完成实验，规范操作和安全系数得以大幅度提升。

课上前置学习的不足：

1. 时间耗费大，课程进度受到一定影响；
2. 教师参与多，不利于学生的各种自主尝试与失败体验后的总结反思。

附录：《降低化学反应活化能的酶》前置学案

【学习目标】

1. 概述酶的作用和本质。
2. 有关酶实验的分析。

【学习重难点】

1. 学习重点：酶的作用。
2. 学习难点：酶的作用机理；科学探究的基本思路和方法。

【知识体系梳理】

一、酶在细胞代谢中的作用

1. 细胞代谢

（1）概念：细胞中每时每刻都进行着许多_____，统称为细胞代谢。

（2）条件：需_____的催化。

（3）意义：细胞代谢是_____的基础。

2. 比较过氧化氢在不同条件下的分解实验

（1）实验原理：

$$2H_2O_2 \xrightarrow[\text{(或 FeCl}_3\text{ 溶液、过氧化氢酶)}]{\text{水浴加热}} 2H_2O+O_2$$

（2）实验过程和现象

试管编号	试剂	处理	现象
1	2mL H_2O_2 溶液	常温	几乎无气泡产生
2	2mL H_2O_2 溶液	90 ℃左右的水浴加热	有气泡
3	2mL H_2O_2 溶液	$FeCl_3$ 溶液 2 滴	有气泡
4	2mL H_2O_2 溶液	新鲜肝脏研磨液 2 滴	有气泡

（3）实验结论：酶具有_____作用，同无机催化剂相比，酶的催化效率_____。

（4）实验中变量的控制：

①自变量：_____的对实验对象进行处理的因素。如本实验中加_____和加_____。

②因变量：因_____改变而变化的变量。如本实验中_____。

③无关变量：除自变量外，实验过程中还存在的一些对实验结果造成影响的_____，如肝脏的新鲜程度等。

（5）对照实验：

①除作为_____的因素外，其余因素（无关变量）都_____，并将_____进行比较的实验。

②对照实验一般要设置对照组和_____组。

3. 酶的作用原理

（1）活化能：分子从_____转变为容易发生化学反应的_____状态所需要的能量。

（2）原理：酶降低_____的作用更显著。

（3）意义：使细胞代谢能在_____条件下快速有序地进行。

二、酶的本质

1. 关于酶本质的探索

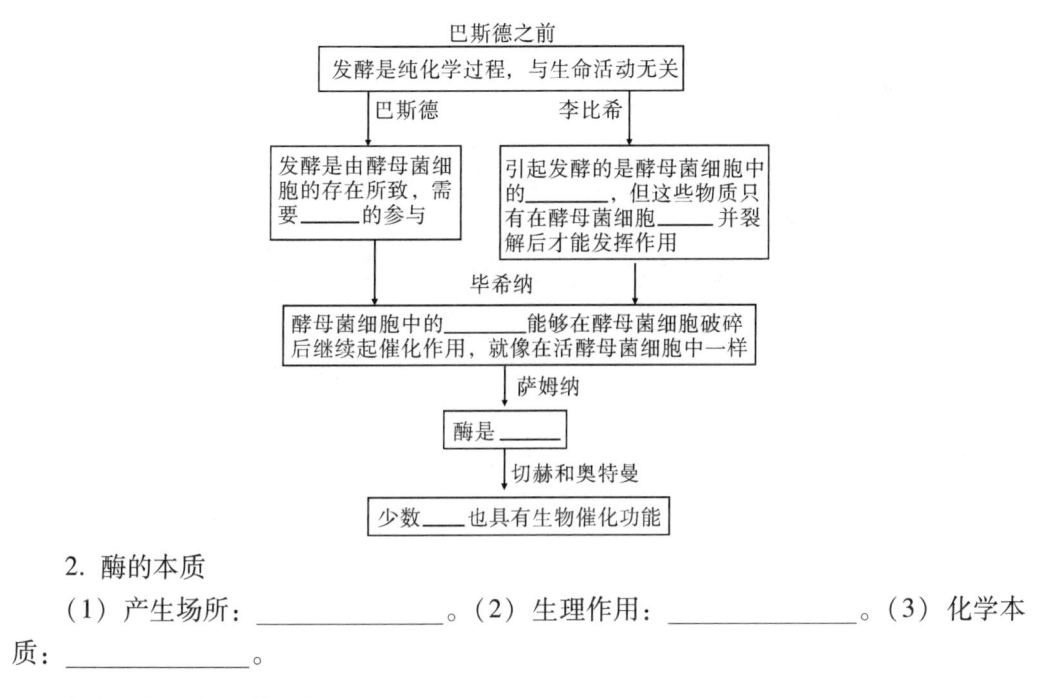

```
              巴斯德之前
        发酵是纯化学过程，与生命活动无关
          巴斯德            李比希
    ┌──────────────┐  ┌──────────────────┐
    │发酵是由酵母菌细│  │引起发酵的是酵母菌细胞中│
    │胞的存在所致，需│  │的_____，但这些物质只│
    │要_____的参与 │  │有在酵母菌细胞_____并│
    │              │  │裂解后才能发挥作用      │
    └──────────────┘  └──────────────────┘
                 毕希纳
        ┌────────────────────┐
        │酵母菌细胞中的_____能够在酵母菌细胞破碎│
        │后继续起催化作用，就像在活酵母菌细胞中一样│
        └────────────────────┘
                 萨姆纳
            ┌──────────┐
            │酶是_____ │
            └──────────┘
                切赫和奥特曼
            ┌──────────────┐
            │少数____也具有生物催化功能│
            └──────────────┘
```

2. 酶的本质

（1）产生场所：_____。（2）生理作用：_____。（3）化学本质：_____。

【前置学习效果检测】

1. 酶具有催化作用，以下对酶的比喻不恰当的是（　　）。

A. 酶的作用像给运动员把跨栏的高度降下来

B. 酶的作用像给翻越高山的汽车加大油门

C. 酶的作用像制取氧气时在氯酸钾中加了二氧化锰

D. 酶的作用像高考时降低了录取的分数线

2. 吸能反应指产物分子的能量高于反应物分子，放能反应是产物分子的能量低于反应物分子。如图为某反应在有酶和无酶催化两种条件下的能量变化，据图分析下列叙述错误的是（　　）。

A. 该反应为吸能反应

B. 曲线 I 表示无酶催化条件

C. E_3 表示酶降低的反应活化能

D. E_4 表示有酶条件下反应的活化能

【前置学习效果反馈卡】

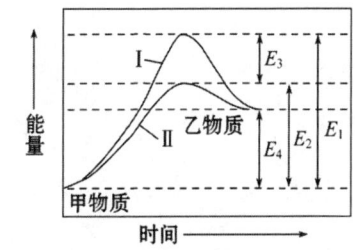

我的收获：   我的疑惑：

历 史

《商鞅变法》课例评析

授课地点：六盘水市第三中学
授课时间：2022 年 6 月 13 日
授课老师：罗　贵
点评教师：王加龙

教学设计思路

（一）前置学习任务布置

设计春秋战国时期的时代特征表格，把春秋战国时期政治、经济、文化发展变化学习内容前置，让学生提前感受商鞅变法是在春秋战国时期的大变革背景下进行的。同时设计商鞅变法措施表格，把商鞅变法内容前置，让学生提前分析商鞅变法措施，并思考这些措施带来的影响。

（二）前置学习设计理念

使用两个表格来突破教学重难点，让学生带着任务学习，提高前置学习的效果，以此来解决商鞅变法的背景和措施。通过学生提前学习课本知识，查找资料，小组同伴互助学习，节省大量的教学时间，提高课堂效率，再充分运用课堂宝贵时间为学生答疑解惑，把课堂教学内容和前置学习紧密结合起来，充分发挥学生在学习中的主体地位。学生提前学习重难点知识，这样可以让学生先接触新知识，熟悉课本的内容。在前置学习的过程中，让学生先搜集有疑问的知识点，寻找可靠的史料进行实证。引导同学们在填写表格的过程中分析和解释史料，揭示商鞅变法和时代大背景有着紧密的因果关系，通过梳理商鞅变法的措施推导商鞅变法的影响，不断深入探究商鞅变法在中国历史上所产生的深远影响，从而培养学生的历史核心素养和独立自主解决历史问题的能力。

教学过程

师：同学们，你们知道中国历史上有哪些变法吗？
生：李悝变法、吴起变法、商鞅变法、王安石变法……
师：同学们提到的商鞅变法有着特殊的历史意义，因为它处在一个王国向帝国转型的时代，商鞅变法建立的体制维持了两千年之久，甚至影响到了今天。让我们一起去听听那个时代发出的回音，去认识、反思商鞅变法的强国之道。接下来我们一起来了解，商鞅变法处在什么时代？

生：春秋战国时期。

师：春秋战国的具体时间是？

生：从公元前770年到公元前221年。

师：哪一个时间是春秋战国的分界点？

生：公元前476年。

师：那商鞅变法是从哪一年开始的呢？

生：公元前356年。

师：非常棒。商鞅变法处在战国时期，同学们明白了商鞅变法所处的时代和时间，那所处的时代大背景又是怎样的呢？请分析课本第9页《春秋列国形势图》和第10页《战国形势图》的不同之处。

【对于学生来说，读图能力是学习历史要具备的基本能力。本课讲"商鞅变法"，首先得了解商鞅变法所处的时代和时间，把商鞅变法放在一定的历史背景中去审视，这是在落实培养学生时空观念的核心素养。在这里，罗老师立足新旧教材的衔接，应用了新教材《春秋列国形势图》和《战国形势图》，让学生找出两幅图不一样的地方，两幅图解决了春秋到战国的时代变化，相比以前可能要运用多段史料才能解决这个问题，运用图形却简单明了，提高了学生的读图能力，也培养了其唯物史观】

生1：我看出国家数量减少了。

师：请你想一想，为什么国家数量减少了呢？

生1：春秋时期处在争霸时期，有许多的国家，而战国时期处于兼并战争时期，许多国家被其他国家兼并了。

师：她提到了最核心的两个关键点，一是春秋时期是奴隶主的争霸战争，而战国是封建统一的兼并战争，分裂中蕴含了统一。

师：还有没有其他同学提出不一样的看法？

生2：战国时期修了很多城墙。

师：为什么要修城墙呢？

生：可能是为了防止被他国兼并。

师：同学看出了修筑长城的作用，能起到防止被兼并的作用，还可以抵御北方少数民族的进攻。

师：再看看，还有什么样的信息？

生3：春秋时期北方有山戎、楼烦、林胡、赤狄等少数民族，而战国时期只看到了匈奴和东胡，少数民族的种类变少了。

师：同学观察得非常仔细，那为什么会变少了呢？

生3：在频繁的战争和经济文化交流过程中，蛮夷戎狄逐渐融入了华夏族。

生4：老师，我还看出了战国时期有些河流改道了，同时修建了一些水利工程。

师：太棒了。可能很多同学都没有看到这个细微的地方。战国时期修建了都江堰、郑国渠等水利工程，促进了战国时期的农业发展，经济上取得了巨大的发展。接下来请同学们归纳春秋战国时期的时代特征。

生：政治、经济出现大变动。

师：一定时期的文化是一定时期政治经济的反映。由于政治经济的大变动引发了文化的大变动，变动具体表现在哪些方面？请同学们看前置学案的表格，仔细核对答案。请同学们分别来说说。

【政治、经济、文化发生了巨大变化，这是商鞅变法所处的时代背景。对于这一唯物史观的认识，罗老师没有直接向学生阐述理论，而是在课前以填写表格的形式，给学生布置了前置学习任务，学生带着任务，提前研习教材，查阅资料，完成表格的填写。通过学生的展示汇报我们可以看出，学生基本上从政治方面、经济方面、思想文化方面对商鞅变法的社会背景进行了概括，实际上，已经完成了部分学习任务，既培养了学生唯物史观核心素养，又提高了学生的动手能力】

生1：政治方面是从封建国家到中央集权，选官制度方面是从世卿世禄到选贤举能，民族关系方面是从区域纷争到民族交融。

生2：经济方面主要是以下几个方面发生了变化，生产方式方面是从石器锄耕到铁犁牛耕，生产关系方面是从土地国有制到封建土地私有制，地租形式方面是从劳役地租到实物地租。

生3：思想形态方面是从百家争鸣到百家融合，教育方面从学在官府到学在民间。

师：同学们看出了各个层面的变动，那再请同学们归纳这个时代的总特征。

生：大变动。

师：对，这是一个社会的转型时期，这是一个从奴隶社会向封建社会转变的时期。

师：除了变还有争，那他们争什么呢？

生：诸侯争霸、百家争鸣……

师：归纳总结一下，这个时期政治上诸侯争霸、大夫争权，经济上人人争利，思想上百家争鸣，军事上各国争强，那"争"与"变"又是什么关系呢？

生："争"引发了"变"。

师："争"和"变"最突出的表现为诸侯国之间的兼并战争和各诸侯国内的变法图强。残酷的兼并战争呼唤着变法，深刻的变法又为激烈的战争提供了条件，两者的和弦共鸣，构成了当时社会大变革的雄浑乐章。商鞅变法就是在这样的时代背景下应运而生的，其实商鞅变法前的秦国落后又弱小，我们来具体看一看。

生：好。

师：我们一起来阅读一则司马迁《史记》里面记载的史料："孝公元年，河山以东强国六，与齐威、楚宣、魏惠、燕悼、韩哀、赵成侯并。淮泗之间小国十余。楚、魏与秦接界。魏筑长城，自郑滨洛以北，有上郡。楚自汉中，南有巴、黔中。周室微，诸侯力政，争相并。秦僻在雍州，不与中国诸侯之会盟，夷翟遇之。"请问"秦僻在雍州，不与中国诸侯之会盟，夷翟遇之。"怎么翻译？

生：秦国处在偏僻的雍州，不和中原的诸侯国会盟，用对待夷狄的方式看待秦国。

师：这么翻译主动权似乎在秦国，是不是意思刚好相反了呢？

生：中原的诸侯国不和秦国会盟。

师：对了，所以说秦国在商鞅变法前处在被动的地位。在春秋战国时期，中原诸侯国把蛮夷戎狄当作未开化的少数民族，秦国被当作未开化的少数民族诸侯国，说明了什么？

生：秦国在诸侯国中的地位低下。

师：也说明了秦国的外交影响力有限，因此秦国更加迫切地需要变法图强。接下来我们一起走进对商鞅变法措施的学习。请同学根据前置学案梳理每一项措施的目的及影响。

【"争"引发"变"，一定思想文化的变化必然反作用于一定的政治、经济，通过前面的铺垫，切入本课重点：商鞅变法的措施及影响。罗老师在课前以填写表格的形式，给学生布置了前置学习任务，让学生主动查阅资料，了解商鞅变法的措施、目的及作用。"定向自学、展示交流"，这是前置学习的重要环节，根据教师安排的学习任务（基于前置问题），学生或分组合作，或讨论交流，或相互补充，教师参与其中，适时点拨引领（基于前置学习），整个课堂体现了民主的理念，充满研究氛围】

生1：按军功授爵打破了世袭贵族的军事垄断特权，秦国军事实力迅速发展，为秦国统一奠定了坚实的军事基础。

生2：废井田，开阡陌封疆，主要体现在以法律形式废除井田制度，确立封建土地私有制。

生3：废"世卿世禄"制度，奖励军功，主要是打破世袭贵族的政治特权，发展了官僚制度。

生4：废分封，行县制，主要作用是实行中央集权，中央对地方加强了管理。

生5：燔诗书而明法令体现了国家加强了对思想的控制。

师：同学们从以上表格内容观察总结商鞅变法的特点。

生：变法的内容比较全面彻底。

师：根据同学们的回答，我们就可以总结商鞅变法的性质了，它是一场较为全面、彻底的封建性质改革。变法结果又如何呢？

生：秦国走向了强大、国富兵强。

师：商鞅变法使秦国从一个边陲小国变成了强大的诸侯国，开启了征伐六国的步伐。下面请同学们观看视频，记住秦统一六国的顺序，并说明视频中让你印象最深刻的信息。

生：韩、赵、魏、楚、燕、齐。

师：那使你们印象最深刻的信息是什么？

生：在整整走完500年之后，终于抵达了辉煌的顶点。

师：我们可以看出，秦国从弱小的诸侯国变成强大的帝国，经历的时间之久，其兴盛之艰难。但从秦始皇前221年统一中国到前207年秦朝灭亡，其灭亡却如此突然。那么，是什么原因导致了秦朝的灭亡？

生：暴政、严刑峻法、农民起义……

师：贾谊在《过秦论》中总结得特别好，还记得他总结的结论是什么吗？

生：仁义不施而攻守之势异也。

师：非常好。意思是秦朝不施行仁政。柳宗元也总结得特别好，他说：周之失在制不在政，秦之失在政不在制。也就是说，周朝灭亡是其分封制存在分裂割据的隐患，而秦朝的灭亡却是因为统治人民的政策失败，而不是制度的失败。

秦朝的灭亡其实也是商鞅变法埋下的伏笔，因为秦选择了不一样的治国理念。商鞅三次觐见秦孝公，在如何处理国家和人民的关系时提出了三种治国理念，分别是帝道、王道、霸道。何为帝道、王道、霸道？你们知道吗？

【三种治国理念"帝道、王道、霸道"，到底哪个好，这是一个值得辨析的问题。罗老师引导学生通过分析史料，对三种治国理念有所掌握，并明确了秦朝的治国理念为"霸道"，进而让学生认识到秦朝走向衰亡的原因。在此，如果采用小组合作、讨论、辨析的方式，让学生深入辨析和对比帝道、王道、霸道的治国之道，更能够激发学生的思维火花，让课堂掀起高潮。"辨析式学习"值得尝试，学生基于一定的情境和问题，综合运用辩证思维、批判性思维等科学的思想方法和思维方式，对情境和问题进行分析与综合、解释与论证、辨析与评价，在观点的冲突和价值观念的碰撞中，思辨能力得到有效培养】

生：不知道。

师：请同学们看史料归纳何为"帝道"？

生：帝道就是黄老之术，官府缩减，军队归田，小国寡民，无为而治。

师：秦孝公什么反应呢？

生：非常生气。

师：孝公对帝道不感兴趣，商鞅再一次觐见讲王道。何为"王道"？也请同学们根据材料概括总结。

生：王道就是孔子所言德治仁政之道，教导人民追求仁爱。

师：秦孝公什么反应呢？

生：昏昏欲睡，非常不耐烦。

师：又过了几天，商鞅第三次见秦孝公，给他讲霸道，何为"霸道"？也请同学们根据材料概括总结。

生：霸道就是重农抑商，鼓励耕战，严刑峻法，变法强国，称霸诸侯之道，此乃春秋五霸的强国之术。

师：秦孝公什么样的反应呢？

生：正中下怀，数日不厌。

师：那我们总结一下：帝道就是黄老之术、无为而治；而王道则是仁爱为基本精神，仁政为基本主张；霸道是用刑治、立峻法、行苛政，推强权。从上面孝公的反应来看，我们可得知秦孝公最终选择了哪一种治国理念？

生：霸道。

师：对，国家和人民的关系就此定下，国家与人民到底是什么关系呢？请同学们归纳《商君书·弱民》这则史料的核心要义。

生：强国弱民。

师：但是陆逊提出了不一样的观点，根据史料，请同学们归纳陆逊对国家与人民之间关系的看法。

生：民富而国强，民贫而国弱，治理国家者，得到民心则国家得治，失去民心则国家有乱。

师：两种截然不同的观点，你更加赞同哪一种呢？

生：第二种。

师：从上面的学习可以看出，秦选择了霸道，推行严刑峻法治理人民，把国家放在了首位。以史为镜是我们学习历史的一个重要出发点，在如何处理国家和人民的关系时，我们应当把人民放在首位。所以，中国共产党的执政宗旨是全心全意为人民服务，习近平总书记也提出了"不忘初心、牢记使命"。"初心"是什么？"使命"又是什么？

【以史为镜，可以知兴替，学史可以明智，知古可以鉴今，这是本课的落脚点。罗老师通过"处理国家和人民的关系"问题，启发学生对中国共产党执政的思考，对执政者如何处理好与人民关系的思考，实现情感的升华和价值观培养，与本课主题相呼应】

师：那让我们一起来朗读并感受中国共产党人的初心与使命。

生：不忘初心，方得始终。中国共产党人的初心和使命，就是为中国人民谋幸福，为中华民族谋复兴。这个初心和使命是激励中国共产党人不断前进的根本动力。全党同志一定要永远与人民同呼吸、共命运、心连心，永远把人民对美好生活的向往作为奋斗目标，以永不懈怠的精神状态和一往无前的奋斗姿态，继续朝着实现中华民族伟大复兴的宏伟目标奋勇前进。

师：同学们正处在风华正茂的时候，要时刻牢记心中要有人民，要为中华民族伟大复兴贡献自己的智慧和力量。

◈ 教学反思

在教学设计上，本节课主要采用了"以学定教"的前置学习方法。把课程的重难点放在了课前让学生学习，在课堂中突出了学生的主体地位。课堂教学实践效果是非常好的，节省了大量的时间，课堂内容丰富，教学环节环环相扣。但本节课仍存在一定的缺陷，在设计本课时有很多的想法因为时间有限没能很好地发挥出来，比如在导入环节只是讲了社会的转型，其实更想描述秦国发展历史的来龙去脉，把商鞅变法放在长时空里去导入，但最后没有成型。同时，在课堂中可以使学生的视野更加开阔，思维水平更上一层，但在具体实施过程之中没有达到理想水平。

◈ 点评

首先，本节课充分体现了前置学习的优势。百家争鸣的时代变化和商鞅变法的内容特别多，量特别大。罗贵老师以表格的形式让学生在课前完成，为这一节课节约出了宝贵的时间。通过课前学习，再加上罗老师课堂的梳理，使得冗杂的知识变得条理化、清晰化。通过他的前置学习设计，我们看到了这一教学方式的高效性和可操作性。

其次，这节课的亮点是以核心素养为引领。在讲解商鞅变法前先讲分期，注重新旧教材的衔接，应用了新教材《春秋列国形势图》和《战国形势图》，两幅图的读图分析，解决了春秋战国的时代变化，相比以前，可能要运用多段史料才能解决这个问题。由此可以看出，罗老师关注了学生读图能力和唯物史观的培养。在讲解商鞅变法前的秦国时，带着学生一起重点翻译：秦僻在雍州，不与中国诸侯之会盟，夷翟遇之。

使学生透过史料感受到了秦国的弱小，也感受到了通过史料去认识历史的魅力，着重培养了学生的史料实证素养。在教授百家争鸣的变化和商鞅变法的内容时，注重对前后变化的考查，突出体现了培养学生历史解释素养的意识。在最后治国理念的讲解中，让学生理解了这些概念，同时也让学生明白心中要有人民，要为人民谋福利，渗透了为国为民的家国情怀。

最后，本节课体现了大单元主题设计的理念。本节课的内容冗杂，知识点重要，但是罗老师在应用前置学习的同时，始终围绕商鞅变法前的秦国，经过变法后的秦国的"兴"与"衰"，以及背后治国理念的选择的主题设计，把教学内容始终紧紧围绕这一主线慢慢展开，历史叙事娓娓道来，使得课堂更加紧凑、连贯、灵动。

需要指出的是，这节课涉及的概念需要进一步向学生仔细讲解，让学生明白概念的内涵，更加容易弄懂知识。同时，在教师和学生的互动过程中，师生问答形式略显单薄，辨析的思维需要加强，教师的点评应及时跟进和更加深透。

附录：《商鞅变法》导学案

【课程标准】

1. 知道春秋战国时期各国改革的基本史实，认识春秋战国时期的时代特征；
2. 理解商鞅变法的具体措施和内容，认识其特点，探讨变法的历史作用。

【时空坐标】

先秦时期（远古时代—公元前221年）：秦朝统一中国前的漫长历史时期

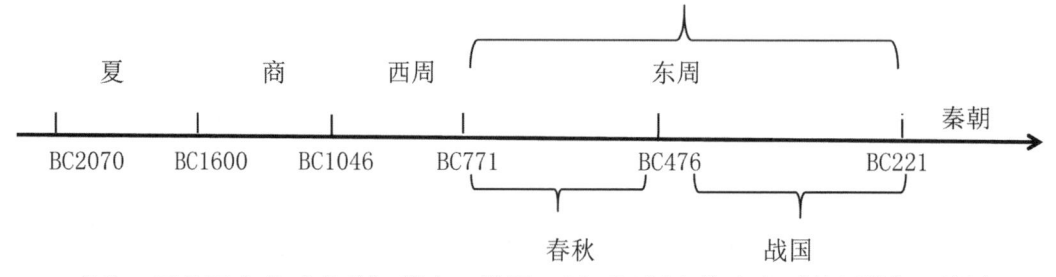

夏　　商　　西周　　　东周

BC2070　BC1600　BC1046　BC771　　BC476　　BC221　秦朝

春秋　　战国

春秋：因鲁国史书《春秋》得名；战国：因西汉刘向作史书《战国策》而得名。

【学法指导】

1. 引发改革的原因：①旧的生产关系阻碍了社会生产力的发展；②顺应历史发展潮流或社会发展趋势；③为缓解统治危机，实现富国强兵；④旧制度、习俗、思想文化阻碍社会的发展；⑤民族危机。
2. 评价改革应坚持的原则：①把各种改革放在它所属的特定历史环境中去加以评价；②一场改革的成功与否，不能看改革者个人的结局如何，而要看这一改革所产生的积极作用是否得到维持；③一分为二，看到改革的进步性与局限性。
3. 与必修教材的联系：宗法制与分封制；秦朝的中央集权制；春秋战国时期经济；

百家争鸣。

【基础梳理】

1. 春秋战国时期的时代特征（结合必修一、二、三归纳要点）

特点	表现	争与变的关系
争		
变		
政治		
经济		
文化		

2. 秦国的商鞅变法（归纳要点）

	除旧	布新	目的及作用
军事			
经济			
政治			
文化			

【高考链接】

1. 战国后期，秦国建造了一批大型水利工程，如郑国渠、都江堰等，一些至今仍在发挥作用。这些工程能够在秦国完成，主要是因为（　　）
   A. 公田制度逐渐完善　　　　　B. 铁制生产工具普及
   C. 交通运输网络通畅　　　　　D. 国家组织能力强大

2. 春秋时期，五霸争长需要得到周天子的认可，赐予"伯"的称号方可为诸侯之长。三家分晋、田氏代齐这样的重大事件也需要得到周天子的正式认可。这说明（　　）
   A. 分封制得到诸侯严格遵守　　B. 周王室对地方控制加强
   C. 天下一家的观念成为共识　　D. 诸侯争霸强化了宗法制

3. 《读通鉴论》曰："两端争胜，而徒为无益之论者，辨封建者是也。……，□□□□垂二千年而弗能改矣。"句中省略处应填入（　　）
   A. 分封之制　　B. 郡县之制　　C. 郡国并行　　D. 行省制度

【自主构建本课思维导图】

地理

《喀斯特地貌》课例评析

授课地点：六盘水市第三中学
授课时间：2022 年 11 月 1 日
授课教师：孔祥印
点评教师：王加龙

教学设计思路

（一）前置学习任务布置

1. 初步识别喀斯特地貌类型

（1）知识铺垫——完成下列化学方程式。

$CaCO_3+CO_2+H_2O$ _____ = _____；$Ca(HCO_3)_2$ = _____ +CO_2 _____ +H_2O

（2）根据景观图识别地貌——自主阅读课本第 66~68 页，将下列喀斯特地貌类型填在图中（图略）适当位置。（提示：石芽是突出于溶沟之间的石脊，形态丰富多样，伴生溶沟，高度较低；多个石芽组成石林）

①石笋，②石芽、石林，③峰林，④石柱，⑤孤峰，⑥溶沟，⑦石幔，⑧石钟乳，⑨峰丛，⑩残丘。

2. 我国喀斯特地貌主要分布地区及形成的条件

材料 研究表明，岩石的可溶性越大，水的溶蚀能力越大，喀斯特作用越强烈；同时，岩石透水性强，水体流动性强，喀斯特作用越深入。

下图分别为我国喀斯特地貌分布图、中国温度带示意图、中国年降水量图。（图略）

（1）据图指出我国喀斯特地貌主要分布在哪些省区？

（2）结合喀斯特地貌形成的条件，解释以上地区喀斯特地貌分布广泛的原因。（从岩石、温度、降水等方面分析）

（二）前置学习设计理念

1. 依据本节课课标"通过野外观察或运用视频、图像，识别 3~4 种地貌，说明其景观的主要特点"的要求，基于学生学情，按照"跳起来，能摸得到"的原则，设计了前置学习任务。

2. 前置学习任务一"初步识别喀斯特地貌类型"旨在让学生通过复习回顾初中化

学知识，理解喀斯特地貌形成过程中流水溶蚀和流水淀积两个最重要的地质作用，并通过识别图片中喀斯特地貌类型进而检测学生对课标中"说明其景观的主要特点"的认知情况，以结合学情设计本堂课的重难点。

3. 前置学习任务二"我国喀斯特地貌主要分布地区及形成的条件"是为深度理解喀斯特地貌景观特点打基础和做铺垫而设计的，旨在培养学生运用区域认知和综合思维认识地理环境的思维方式。

教学过程

一、课堂引入

师：（课件展示贵州省区域图）课件上展示的是我们所在的贵州省，这是一片溶蚀的大地，一片我们与之朝夕相处，却可能并未认真了解过的土地。大自然在这里创造了超级风景，人类在这里创造了超级工程。本节课老师将带领大家领略两道超级风景，认识一个超级工程。风景与工程将共同开启，作为我们认识这片土地的两扇窗口。

大家知道吗？我们贵州省的地质地貌自然风光是以哪一种地貌类型为主的？

生：喀斯特地貌。

师：回答正确，今天让我们一起学习有关喀斯特地貌的知识。

【利用情境、问题导入教学，是教学的重要环节。这节课一开始，孔老师没有唐突地进入新课，而是在传授知识前，利用视频展示了"贵州省区域自然景观、人文景观"，震撼的视频为学生带来视觉冲击，使之产生高昂的学习情绪，带着对"贵州喀斯特地貌"的好奇心，进入课堂状态。一个好的课堂引入设计，可以有机联结新旧知识，迅速集中学生注意力，激发学生的学习兴趣，启发学生的思维。课堂导入的功能不可小觑，课堂导入能起到培养学生学科核心素养的重要作用】

二、教学过程

接下来的一段视频将带领大家领略两道超级风景，观看视频时，请同学们思考两个问题：1. 从空间分布来看，喀斯特地貌可以怎样分类？2. 在喀斯特地貌的形成过程中，哪一种要素和岩石一起参与了地表形态的塑造？（播放视频，学生带着问题观看）

师：贵州是岩溶王国，喀斯特地貌又叫岩溶地貌。接下来我们来回答这两个问题。一是从空间分布来看，喀斯特地貌可以怎样分类？

生：地表喀斯特地貌和地下喀斯特地貌。（教师板书）

师：二是在喀斯特地貌形成过程中，哪一种要素和岩石一起参与了地表形态的塑造？

生：水。

师：是水参与了地表形态的塑造。是雨水，是河水，是水滴。喀斯特地貌是流水的杰作。

至此，我们可以给喀斯特地貌下这样的定义：在适当条件下，可溶性岩石的物质溶于水并被带走，或重新沉淀，从而在地表和地下形成形态各异的地貌。

我们可以清晰地看出，喀斯特地貌形成的过程包括了两种地质作用。"溶于水并被带走"对应流水溶蚀作用，化学方程式为：$CaCO_3+CO_2+H_2O=Ca(HCO_3)_2$，是碳酸钙溶解的过程；"重新沉淀"，对应流水淀积作用，化学方程式为：$Ca(HCO_3)_2=CaCO_3\downarrow+CO_2\uparrow+H_2O$，是碳酸钙析出的过程。溶蚀作用和淀积作用共同塑造了地表和地下喀斯特地貌。（此间板书）

　　师：岩石的可溶性和水体流动性决定了喀斯特地貌的发育程度。接下来我们对大家课前自主学习做一个反馈。

　　（课件展示学生导学案）

　　师：第一题基本没问题，主要分布地区是云南、贵州和广西。

　　第二题主要问题在于答题语言随意，这也是在以后的学习中大家应该多注意的，是我们训练的方向。

　　（课件展示导学案地貌景观的识别部分并与学生一起核对正确的地貌景观名称）

　　【孔老师在课前做足了功课，把"喀斯特地形的分布及特点、地形地貌的识别及景观描述"作为前置学习任务，让学生带着对问题的思考进入课堂，始终保持一种思考的状态。前置学习为学生的自主学习提供了一个良好的平台，学生在没有老师指导的情况下自己探索、实践、学习新知识，充分激起求知欲，锻炼了学习的独立性、自主性，充分体现了学生的主体地位】

　　师：通过批改大家的导学案，我发现地貌的识别与地貌景观的描述这两个知识点难度较大。鉴于此，我们将进行"课中合作探究——喀斯特地貌的识别与地貌景观描述"。接下来给大家5分钟时间，完成合作探究的三个问题。思考、讨论、组内达成共识并展示发言，计时开始。

　　（学生活动：思考、讨论、组织语言、做好展示发言的准备。其间教师走到小组间询问并与学生交流，抽空板书）

　　师：时间到了，接下来我们一起来展示成果。哪个小组先来给我们展示第一小题的讨论成果？

　　（学生积极举手，其中一名学生代表小组发言。回答期间，教师引导、纠正，让全体同学参与，第二、三个问题亦如此）

　　师：地表崎岖的喀斯特地貌，使我们贵州成为全国唯一一个没有平原支撑的省份。在过去的传统农业时代，地表崎岖、土壤贫瘠、地表水缺乏，使我们贫穷落后，喀斯特地貌把我们困在大山之中。

　　但社会是发展变化的，在今天，秀丽的峰林、魔幻的溶洞，以其奇异和神秘吸引着世界的目光。在党和国家的关怀下，一个个超级工程展现在世人面前，而对喀斯特地貌运用最巧妙的超级工程，当属近年声名大噪的中国天眼。

　　【在前置学习理念下，课堂教学的一个重要功能就是解决问题，教师的教学就是奔着解决问题而来的，把预设的问题和生成的问题解决了，目标就达成了。解决问题的方式很多，这里，孔老师通过设置"三个问题"，采用合作探究的方式，组织学生分组讨论，教师行走巡视，参与其中，进行必要的点拨与提示，了解学情，最大限度地暴露了学生自主学习中的疑难问题、带有倾向性的问题，为"后教"做好准备】

　　接下来我们观看一段关于中国天眼的视频。观看视频的同时，思考教材活动探究的三个问题：

1. 简述大窝凼的气候和地貌特点。
2. 分析大窝凼在基建工程方面的优势。
3. 简述大窝凼在排水方面的优势。

【孔老师采用了"中国天眼超级工程"作为案例，引导学生用所学知识解决实际问题：中国天眼望远镜基建工程选址原理是什么，地形优势在哪里？地理学科教学素材的选择充分关注时政，结合社会生活实际。《普通高中课程方案（2017年版2020年修订）》对各学科课程实施提出要求，要"关注学生学习过程，创设与生活关联的、任务导向的真实情境，促进学生自主、合作、探究地学习"，普通高中课程改革的显著特点，就是强调学生要善于运用所学知识解决复杂情境下的实际问题。学科教学情境设置凸显时政性，教学资源取材来源于国家重大方针政策和重大战略部署，彰显课程思政育人功能】

（学生观看视频结束）

师：现在给大家3分钟时间组织语言，回答三个问题。

（学生回答，教师引导、纠正错误或不当之处）

三、课堂小结与当堂练习

带着学生一起小结练习。

教学反思

本节内容前置学习、课中探究和课后巩固各环节设计环环相扣，不拖泥带水，教学推进和教学效果达到个人预期，学生上课积极参与，回答问题主动，很好地达成了课前教学目标。

当然，没有完美的课，就像凡事总会有缺憾。在小组展示发言环节，喀斯特地貌景观排序的问题，有一名同学有很不一样的意见。这是课前没有预料到的，当时的处理不够完美，应该"推波助澜"，让学生"斗"起来。另外，教学各个环节之间语言的承转略显着急，还要提炼。语言也要更加抑扬顿挫，才能富有吸引力。

点评

孔祥印老师执教的《喀斯特地貌》主要呈现以下特点：一是有效的导入。以万峰林和织金洞视频导入，让学生带着任务观看视频，从而得出喀斯特地貌的概念。二是前置学习，先学后教，以学定教。利用前置学习导学案任务，解决"喀斯特地貌形成过程、喀斯特地貌形成的主要因素"等教学重点。三是通过探究活动，组织讨论与教师讲授相结合，突破"地貌的识别与地貌景观的描述"的教学难点。四是通过对"中国天眼超级工程"的选址原理及地形优势分析，达到知识的深化理解和迁移运用，课堂目标达成效果好。

本节课"先学"而"后教"的作用发挥明显。值得指出的是，由于学生现有知识水平和理解能力，不能只靠学生"先学"来解决全部问题。所以，教师的教学是重要的，但是，教师一定要针对学生前置学习中提出和发现的问题进行教学。这就是教学的针对性。没有针对性的教学就是一般化的教学，一般化的教学是无效和低效的教学，如传统的以教师为中心的教学，往往不分轻重主次，教师几乎忽略了学生的差异而按照自己设好的套路讲授，其教学效果是不理想的。值得强调的是，在针对学生独立学习中存在的问题进行教学的时候，教师不能包办代替，要继续注重发挥学生的学习潜能，并发挥学生的集体智慧。先学后教强调的是学生独立学习在先，教师课堂教学在后，超前性使教与学的关系发生了根本性的变化，即变"学跟着教走"为"教为学服务"。

《我国区域发展战略》课例评析

授课地点：贵阳市第二中学
授课时间：2022年5月21日
授课教师：赵庆菊（六盘水市第三中学）
点评教师：王加龙（六盘水市第三中学）

教学设计思路

（一）前置学习任务布置

阅读课本第91~94页，完成下列任务：

任务一：归纳我国的区域发展战略的时间演变历程。

任务二：读第92页图4-13思考：随着时间的推移，我国改革开放在空间布局上有什么特点？尝试说出其地理原因。

_____

_____

任务三：找出西部地区发展方向的内容，想一想，贵州可以发展哪些特色产业？

_____

_____

任务四：列举你知道的我国区域发展战略。

_____

我的疑惑（通过独立学习，存在学习困难的任务，请在对应编号上打×）

任务	1	2	3	4
疑惑				

除了以上内容，在独立学习过程中，你还存在什么疑惑吗？请写下来吧。

（二）前置学习设计理念

前置学习与预习有着本质不同。首先，在前置学习中，学生需要带着任务学习，这就要求教师首先要结合课标和教材内容，明确学习任务。学习任务不是简单的知识填空，因为高中学生虽然能参照课本填写知识，但并不代表能够理解其中含义，所以，任务的设置要结合课标要求，以任务驱动的方式引导学生有效地进行前置学习。任务要有明确的指向，同时不能过于简单，要有一定的深度，但是难度又不能过大，否则会加重学生的学习负担。其次，教师需要通过前置学习了解学生学情，结合课标要求（理论上的教学重点），并针对学情（实际教学中的重难点），确立上课的侧重点，有的放矢，实施有效教学。

结合对前置学习的理解，在任务一到任务二中，采用任务难度逐级提升的形式驱动学生学习，任务一属于教材中能够直接找到答案的简单问题，而任务二考查学生的读图能力和地理现象分析能力，这样做也有利于帮助教师了解学生学情，更利于课堂有效教学的进行。

本节内容涉及的国家发展战略，是《普通高中地理课程标准（2017年版2020年修订）》新增加的发展角度的内容之一。目的在于通过对我国国家发展战略地理背景的学习，让学生学会关心国家大事，体会地理学科与社会发展相关联，增强对地理学科实践性的认识。同时，学生有了国家发展战略这方面的知识储备，能帮助他们更好地看懂新闻和时事，也利于树立学习生活中"地理有用"的理念。为了了解学生对本节内容已有的生活知识储备，同时引导学生关注家乡发展，所以设置了任务三和任务四。为了加强与学生的交流，末尾设置了两个互动的开放式问题，一是针对教师布置的学习任务进行了反馈调查；二是给学生一个主动提出学习问题的空间，尝试让课堂教学更有效。

教学过程

（课前1分钟，教师在教室黑板右侧手绘中国轮廓图）

师：同学们，如果我们要告诉远在俄罗斯的朋友我们现在在哪里，可以怎么说？

生：亚洲、中国、贵州、贵阳。

师：（在中国轮廓图上大致标出贵阳）我们大致在这里，同学们知道贵阳还有什么别称吗？

生：林城……

师：中国数谷。

生：大数据！

师：对，因发展大数据产业，贵阳被称为"中国数谷"。发展大数据产业，给贵阳乃至整个贵州带来了怎样的积极影响？请同学们带着这个疑问观看视频，然后回答问题。

生：推动经济的发展，吸引企业进驻贵州，促进贵州科技发展，提高了贵州的知名度……

师：发展大数据中心促进了贵州社会经济的发展，除了以上同学提到的经济、社会效益，还有什么呢？我们贵州煤矿等资源也很丰富，与发展重工业相比，发展大数据产业还会取得什么效益？

生：利于环境保护……

师：是的，这属于生态效益。

师：发展大数据产业让我们贵州取得了经济、社会、生态方面的综合效益。贵阳作为我国西南内陆城市，既无雄厚的经济实力，又远离北上广深等一线城市，何以成为中国的大数据之都呢？带着这个问题，我们开启今天的学习之旅——我国区域发展战略。

师：贵州发展大数据，除了自身条件以外，主要得益于我国西部大开发的区域发展战略，那么，什么叫作区域发展战略呢？

师：区域发展战略是指对一个区域社会经济发展、生态环境保护作出的整体谋划，因此它具有战略性、长期性、稳定性和可持续性。

现在，我们就走出贵州，放眼全国，看看我国区域发展战略的宏观发展格局是怎样的。

师：通过前置学习，同学们已经知道了我国区域发展战略时间演变历程（展示学生前置学习情境）。哪位同学来说说演变历程？

【课前一分钟完成一幅手绘中国轮廓图，锁定贵州贵阳地理位置，有效创设学习情境，既有利于增强的区域认知，又有利于拉进与学生的距离，也为教学中学生活动提供了素材准备……赵老师在上课前，充分备教材、备课标，对贵州区域地理位置及发展情况做了充分了解，为教学的开启做了充分准备。更为重要的是，课前布置了学生前置学习任务，让学生先行了解我国区域发展战略时间演变历程，这样，为后续的教学做了很好的铺垫】

生：均衡发展战略—非均衡发展战略—区域协调发展战略。

师：很好！预习效果不错哈！

师：低水平的均衡、区域之间差异变大的非均衡发展、缩小区域差异的区域协调发展。

师：我国宏观发展格局在空间上又有什么特点呢？我们来看看大家预学的情况（展示图片：学生前置学习中存在的典型问题）。

【前置学习任务布置以后，对任务完成情况的检查是必不可少的环节。赵老师通过展示图片，让学生分享交流，一是可以了解学生前置学习暴露出的问题，让教学有的放矢，二是学生可以实现互助互动互学，了解自己与同学的差距，展示交流也是一种学习方式。这里值得提出的是，前置学习与传统的预习有本质的差别，传统的预习在老师讲授新课之前，要求学生先看书熟悉一遍教材，上课时老师依然全面讲解知识点，学生不完成任务老师也会讲，导致预习就成了一种形式。前置学习则是带着任务学，奔着目标学，有布置，有检查，有评价。教师不需要全讲，根据前置学习情况，确定讲的轻重主次】

师：这里，我们注意，随时间的推移，我国改革开放在空间上有什么变化特点？

师：看图要注意图名，并找出图中与空间有关的词（在图中圈出"沿海、沿长江、沿边境"这几个关键词）。

生：沿海—沿长江—沿边境……

（师再圈出"西部""中部""东北"这几个词）

生：全国。

师：沿海—沿长江（沿陇海—兰新线）—沿边境的全方位开放开发战略。

师：如果从方位上来说，可以怎么说？

生：东部向中西部、沿海到内陆。

师：改革开放为什么是从东部沿海地区开始的呢？

生：靠海、交通便利、基础设施建设、工业基础好。

师：同学们回答得很好。其实，这还跟地域文化有关系，沿海地区人们的竞争意识比较强烈。

由此可见，由于自然、经济、文化等方面的原因，我国改革开放从东部沿海地区开始。

知道了我国区域发展战略的时间和空间上的特点，那我国宏观发展格局的地理背景又是什么呢？

（展示学生课前学习中存在问题）这个答案怎么修改会更好？

生：幅员辽阔、人口众多，东部条件好，西部条件差。

师：我国东西差异明显，同时，我国南北跨度接近50个纬度，因此我国不仅有东西差异，也存在南北差异，所以，表述成"区域差异大"会更好。除了自然条件，我们经济发展水平一样吗？

生：不一样。

师：我们可以这样表达：区域发展不平衡。

师：我们追求共同富裕，但是由于我国幅员辽阔、人口众多，我国区域之间差异大，区域发展不平衡。针对我国这样的地理背景，在不同时期区域发展战略有所不同，但实际上，我国很多区域发展战略都是一脉相承的。我国都有哪些区域发展战略呢？

师：通过课前学习统计，我发现同学们在这里存在疑惑。那我们现在来看一部微纪录片，然后再试试，看看能不能说出我国区域发展战略。

【前置学习结果的展示，让教师有一个清晰的方向，教学重点直指问题，前置学习的展示过程，既是问题的呈现过程，也是问题的解决过程，同时也渗透了学习的过程性评价。赵老师在评价学生学习的过程中，采用了"表述成……会更好""我们可以这样表达……"，对于学生的观点表达，教师不仅尊重、欣赏学生的见解，还给予学生肯定、鼓励和表扬，以热切的关注、殷切的期待、友好的感受去激励并唤醒学生，使其体验到主体参与的满足感以及学习活动的获得感】

（学生观看微纪录片《百年求索——区域协调发展》）

师：你能说出我国有哪些区域发展战略吗？

生：（借助中国轮廓图上台展示，列举我国区域发展战略）西部大开发、中部崛起、东北振兴、长江经济带协同发展、京津冀协同发展……

师：除此之外，我国还注重革命老区的发展。了解我国区域发展战略后，接下来，我们重点来了解新时期一个重大发展战略：我国四大地区协调发展战略。

师：新时期，我国提出了东北振兴、东部率先、中部崛起、西部开发的四大地区协调发展战略，我们划分四大地区的依据是什么？

生：地理位置、自然资源、经济基础、对外开放程度、经济发展水平……

师：这些方面具体有什么不同呢？接下来，我们以小组合作学习的方式，一起来了解四大地区的地理背景。

【小组合作是有效学习的一种常用方式，在这里，赵老师预先设置了小组合作学习任务，利用任务驱动，将学生的思维聚焦到学习任务上，基于任务的探究式教学，有效激发学生学习自觉性、主动性。学生对课堂的兴趣是内驱力，也是探究活动的起点。

在这一环节，教师的主要任务是做好关于四大地区的地理背景知识的铺垫，通过设置合理问题和任务，引导学生探究，充分体现了"基于情境、问题导向的互动式、启发式、探究式、体验式等课堂教学"理念】

（小组合作完成学习任务一和任务二）

生：（小组代表展示学习成果）东部地区大多数以平原为主，地势低平；中部多高原山地；西部地区以山地为主，东北地区以平原为主。

师：针对刚才这个小组代表的表述，其他同学有补充的吗？

师：东部地区的南部（也就是我国长江以南地区）也是平原为主吗？（在中国地形图中指示）

生：有丘陵……

师：所以，东部地区以平原、丘陵为主，这样表述会更准确；那东北地区呢？除了平原还有什么地形类型？

生：山地（大小兴安岭、长白山）。

师：东北地区地形以平原、山地为主，山环水绕。

师：同理，中部地区怎么描述更好？

生：中部以高原、盆地、山地为主。

师：那西部地区呢？

生：西部地区以高原、山地、盆地为主。

师：中部和西部地区的地形类型比较多样、复杂，以此可见，四大地区地形差异……

生：差异大。

师：是的，四大地区在地形方面差异明显。那么，气候又有什么差异呢？

生：东部地区以亚热带季风气候和温带季风气候为主，还有一小部分热带季风气候；东北地区以温带季风气候为主；中部地区有温带大陆性气候、亚热带季风气候；西部地区以高山高原气候、温带大陆性气候为主。

师：这位同学回答问题声音响亮，很不错！其他同学有补充吗？

师：中部地区再补充上温带季风气候会更完整（在中国气候图中相应位置指示）。

师：以上同学的展示，我们在表格中这样罗列出来会更好。

（学生参照表格纠正和补充）

【有放有收，张弛有度，赵老师在组织学生展示的过程中充分参与其中，适时点拨引领，关键知识采用表格形式罗列，并组织学生进行纠正补充。在这一探究阶段，教师是答疑解惑者，教师在学生进行互动探究之后，及时对之前提出的问题情境进行归纳和总结，对学生在交流探究过程中遇到新问题进行针对性解惑，对学生思考问题的角度和深度作出中肯的评价，赞扬学生全面深刻地解答问题，对学生总结不全面、认识不深刻的点进行必要的补充，充分展示了教师在课堂上的主导作用】

师：自然要素间是相互联系、相互影响和相互制约的，气候和地形的不同，会导致植被、土壤、水文等其他自然要素的不同，从而导致区域之间自然环境的明显差异。除了自然、地理、环境不同，在社会经济方面，四大地区又有着怎样的差异呢？有请小组代表为我们展示。

生：四个地区中，东部地区人口最多，东北地区最少，西部地区较少，中部地区较多……

师：刚才这名女同学的表述，有没有人有不同的意见？

师：我提示一下，这幅图的图名是《中国人口密度分布图》，人口总量不仅与人口密度有关，还与面积有关，而这个图只能看出人口密度。人口密度的描述，用什么词会更好？

生：稠密、稀疏。

师：对，那怎么说更合理？

生：东部地区人口最稠密，中部地区较稠密，西部地区最稀疏，东北地区较稀疏。

师：根据《中国铁路运营线路图》，四大地区交通又有什么差异？

生：东部地区铁路线路稠密，西部地区稀疏，中部稠密，东北地区较稠密。

师：描述密度的词用得好！从这幅图还能看出其他交通运输方式吗？（手指中国海岸线提示）

生：海运。

师：对，所以说，东部地区不仅铁路网密集，而且交通运输方式也比较多样化。

师：综合以上，四大地区不仅存在自然环境的差异，社会经济方面也存在巨大差异。这些方面不同，也会影响工业、农业、产业结构、城市化水平等的不同，所以，我国四大地区地理背景差异明显。

师：在面对四大地区不同地理背景的情况下，我国对四大地区提出了不同发展方向。我们贵州属于……

生：西部地区。

师：国家关于西部地区的发展是怎么谋划的呢？

我国西部地区幅员辽阔，资源丰富，需要加大开放开发力度，加强内外通道和交通枢纽建设，完善基础设施，培育优势产业、新兴产业和特色产业，更要加强生态环境保护力度。

我们贵州在国家的指引下，结合自身地理背景，培育了什么优势产业和新型产业？

生：大数据产业。

师：是的！我们贵州发展大数据产业，有哪些优势和限制性条件？请大家阅读材料，完成探究学习任务。

（学生阅读材料，完成学习任务）

（教师观察学生学习状况，个别指导）

【贵州发展大数据产业，有哪些优势和限制性条件？这是一个有辨析价值的问题，在这里，赵老师采用了探究性教学方式，以问题的形式展开对知识的探究。教师通过问题情境的创设来引起学生求知欲，为学生主动参与探究创造环境，师生互动、生生互动交流信息，从而分析和解决问题】

师：首先，有请一名同学说一说，在大数据中心建设方面，我们贵州有哪些优势和限制性条件？

生：气温变化小，气候凉爽，气温适宜；安全系数高；水火电资源丰富，能源丰富……

师：谁接着来补充？

生：国家政策支持。

师：还有没有？

生：地价低，电力价格低，人口素质较低，人才和技术比较缺乏。

师：还有补充吗？

生：自然灾害少，地处非地震带，安全系数高，利于国家储存数据。

生：实体经济薄弱。

师：同学们说了很多，很不错！集体的智慧就是不一样。我们在整理答案时，把优势和限制性条件分开来答会更好。

师：刚才同学们没有提到生态环境好，大数据中心大型服务器的运营，对环境有一定要求，生态环境好更有利于大数据中心的建设。

师：贵阳身处我国西南内陆，既没有雄厚的经济实力，又远离北上广深等一线城市，凭什么成为我国大数据之都，现在你知道原因了吗？

生（连连点头）：知道了！

【在基于情境、基于问题的探讨中，展示了一幅师生互动、生生互动的生动场面。我们发现，这不是简单的一问一答，而是教师通过问题的设置，任务的驱动，解答和设疑，适时引导，学生思维被紧紧抓住，始终处于深度学习状态。层层推进，抽丝剥茧，环环相扣，于无形中达到学习目标，实现情感升华】

师：贵州被评为我国南方最适宜建大数据中心的地区。我国东部地区人口稠密、经济发达、产业集聚，数据的生产和运用量大，而我们贵州地处西部地区，适宜建设大数据中心，具有强大的运算能力，东部有数、西部算数，东数西算不仅仅跑出了经济发展的加速度，更是达到东西部协调发展的新高度……区域之间优势互补，协调发展，有利于建设全国统一大市场。当我们在面对世界这个更大范围的国际市场时，我们中国市场具有更强的吸引力。这有利于提高我们在世界经济格局中的话语权，最终利于我们实现中华民族的复兴！同学们，为了中华民族的复兴，我们的国家一直在谋划，我们的贵州一直在努力，国家富强和家乡建设需要你的参与……

师：结合贵州发展大数据的地理条件，为了家乡更好地发展，请你帮忙献言献策……

生：发展教育，提高人口素质，用政策吸引人才。

生：好好学习，建设祖国，建设贵州！

生：吸引投资，注重实体经济发展，加强实体经济和大数据产业融合……

师：大家都说得很好！为大家点赞！请结合本堂课的学习，谈一谈区域发展战略制定要遵循什么原则？

生：因地制宜，发挥优势；因时制宜，扬长避短……

师：看来，大家都能理解区域发展战略了。我们贵州地处西部地区，同时，我们还属于长江经济带，长江经济带协调发展又是怎样的呢？我们下节课再说。

◇ 教学反思

本节内容是《普通高中地理课程标准（2017年版2020年修订）》新增的一个发展角度的内容。教师要用发展的眼光看待学生，看待知识，因为教育是为未来培养建设者。培养胸怀祖国、放眼世界、拥有格局意识的人才是现代教师的职责。基于对课标和教材内容的理解，为了增强学生的区域认知水平和树立正确的人地协调观，结合教师本身绘制版图特长，本堂课从一幅手绘中国地图简图入手，从学生家乡发展大数据产业带来的好处出发，到放眼全国，理解我国区域发展战略，再回到西部大开发战略背景下，家乡贵州发展大数据产业的地理条件，从而让学生真正理解我国区域发展战略制定的地理背景，有效与课程标准要求相结合，达成学习目标。本课程设计遵循课标提倡的知识问题化、问题情境化、情境真实化的要求，给学生创设了良好的学习探究氛围。但是，在课堂教学中，也出现了由于对学情的把握不够充分，教师语速较快，课堂前半段学生学习状态不是很好的现象。好在经过教师积极调整，生生互动和教师积极鼓励后，后半段课堂氛围融洽，学生自主思考和积极探究意识提高，学生学习主体地位得到了充分体现。这是一堂真实的课堂，它充分体现了教学中以学生为主体，教师为主导的作用。在面对陌生学生来上公开课时，教师与学生的开场互动尤为重要，因为学生也是面对陌生的教师在公开场合表现和表达自我，要做到自然流畅和积极主动，这需要教师的积极引导，才能让学生如沐春风般畅享课堂的乐趣。所以，作为一名教师，在今后课堂中，一方面要加强自身语言的感染力，另一方面要加强对青少年心理的了解和把握，增加共情能力，实现师生有效互动，营造融洽的课堂氛围，提高课堂学习效率。

◆ 点评

这是一节体现新课改理念的代表课，说它具有代表性，是因为它完全颠覆了传统意义的课堂模式，跳出了单边教授的思维，采用了课前任务驱动学习，课中问题引领启发学习，体现先学后教、以学定教、以教导学的课改理念，代表了当前新课改背景下的教学主流思想。本课设置了"我国区域发展战略时间演变历程"前置学习任务，学生课前了解有关区域发展的背景知识，作为课堂学习的铺垫；本课还通过课堂探究任务，通过任务驱动和小组合作探究，逐一解决突破了"宏观发展格局在空间上的特点""我国区域发展战略""四大地区协调发展的地理背景""贵州发展大数据产业的地理条件分析"等关键知识点。区域发展战略对于高中生来说，是一个宏观的概念，不易理解。本堂课立足学情和省情，以贵州发展大数据中心为情境导入，运用知识问题化、问题情境化、情境生活化的问题式教学理念，让学生从贵州的发展大数据带来好处的感性认识到理解贵州为什么能发展大数据的理性分析。教学过程中，学生不仅学会了家乡经济发展的地理背景分析，而且进一步理解了国家区域发展战略制定的地理背景。在情感态度价值观方面，激发学生对建设贵州的责任担当和家国情怀，突出了新课程标准对新增加的"发展"一词的有效解读，从而达到本节课的学习目标——学生能看懂新闻，能理解国家区域发展战略。通过这节课，新课程标准提倡的地理学科素养中的"人地协调、综合思维、区域认知"三个方面的学科素养得到了凸显。

本节课的突出特点是：前置学习、以学定教。只有当"学"走在"教"前面的时候，才是好的教学。只有建立在学生独立学习和思考的基础上，才有可能助推学生发展。先学后教的依据在于：不论学生处于什么样的学习阶段，也不论学生是怎样地依靠教师，每个学生都具有独立性。只有承认、尊重、深刻认识、正确对待并积极引导和发挥学生的独立性，才能使课堂充满生机和活力。

附　录

高中生的个性化学习模式——前置学习、以学定教

刘 勃（六盘水市第三中学）

"前置学习、以学定教"是一种新型的教学模式。笔者所在的教研组团队对这种教学模式进行了深入、系统的实践与研究，也取得了一些喜人成果。

一、模式产生的背景

（一）高中育人方式的改革，对教育教学提出了新要求

国务院办公厅印发《关于新时代推进普通高中育人方式改革的指导意见》中指出：2022年将全面实施新课程、使用新教材，新教材强化了育人功能，对于学习过程和结果的考核评价，不仅仅关注知识的理解和掌握，还要更多地关注学生素养的养成，关注学生问题解决能力的形成。同时从优化考试内容、创新试题形式、科学设置试题难度三个方面提高命题水平，而这样做的目的是促进教考有效衔接，防止"考什么就教什么学什么"的片面教育学习观，坚决克服这种倾向，这也是为了从应试教育模式向全面育人教育方式转变。

（二）教师教学实际的困惑，对教学工作提出了新反思

或许很多教师在教学中有过这样的困惑：这道题我已经讲了那么多遍，为什么学生在考场上还是不会？甚至面对教师的这种困惑，学生也一无所知。

除此以外，在与学生的交流中还发现了这样一个典型的问题：大多数成绩不理想的学生会有畏难和依赖的心理，当遇到自己不能轻松解决的问题时，就会习惯给自己找一个退缩的理由，也会在学不懂时把问题归咎到教师身上。很明显，教师在教学过程中的认真态度让学生逐渐产生了依赖感，丧失了自主探究的能力。而在这种教育方式下培养出来的学生，能够成长为建设社会主义现代化国家的创新型人才吗？

（三）"学习金字塔"理论

"学习金字塔"理论是美国缅因州的国家训练实验室研究成果，是一种现代化学习方式的理论。该理论提供了运用不同的学习方式，两周后知识保存率的数据：通过听讲方式学习，两周后知识保存率为5%；通过阅读方式学习，两周后知识保存率为10%；通过声音+图片的方式学习，两周后知识保存率为20%；通过示范演示方式学习，两周后知识保存率为30%；通过小组讨论方式学习，两周后知识保存率为50%；通过"做中学"或"实际演练"方式学习，两周后知识保存率可达75%；最后一种在金字塔基座位置的学习方式，是"教别人"或"马上应用"，可以记住90%的学习内容。

该理论提出，学习效果在 30% 以下的几种传统方式，都是个人学习或被动学习；而学习效果在 50% 以上的，都是团队学习、主动学习和参与式学习。

二、"前置学习、以学定教"教学模式的流程

（一）前置学习，自主研修

第一步：学生自行阅读，查看资料学习

学生需要学习的知识，编写教材的专家学者已经在课本中描述得非常清楚。另外，高中生已具备了自我阅读学习的能力，学生可从课本中直接获取所需的一手知识，而无须教师自我消化理解后转授给学生的二手知识。

鉴于此，"前置学习、以学定教"的教学模式提倡学生课前阅读自学课本（含完成课本所附练习题），如有必要也可以借助参考书、微课、网络资源等信息渠道加深对所学知识的理解。记录学习过程中不理解的知识和困惑。（不问则不教，表面上看似教师不尽责，实质上却是在告诉学生，学习是自己的事情，培养学生的责任感，自主学习能力和会提问、会表达的能力）

第二步：独立完成学案，记录疑惑问题

学生自学之后，本节课的知识究竟掌握得怎么样了？目标是否已经达成？此时需要一个"前置学案"帮助学生检测自学效果。前置学案应包含以下内容：

1. 学习目标：结合课程标准教材、教师用书中对本节课设计意图的描述，以知识目标与技能目标为主，编号梳理。

2. 知识小结：用学生自己的语言描述本节课的主要内容，然后再与课本上的严谨描述做对比，找出差异以及差异的必要性。鼓励引导学生用思维导图等多种形式对本节课的内容做一个自我小结（教师也可提前设计填空式思维导图）。

3. 学后自测：建议从易至难由 3~5 题构成，主要用于检测学生知识运用的掌握程度，检测学生是否已经达到了课标要求的结果。

4. 巩固训练：由 3~5 道精选典型题型构成，中易档题型帮助学生巩固新知，偏难题进一步提升训练学生的思维品质。

学生独立限时（30 分钟左右）完成学案后，进一步借助课本、网络资源等方式（教师不是解决问题唯一的途径）解决学案上的遗留问题，最后记录依然未解决的问题与困惑。

第三步：小组交流讨论，解决力所能及

小组长组织同学们对个性问题（少数同学不会的问题）进行讨论和互助交流，解决小组内能够解决的问题。此环节旨在培养学生倾听、表达、合作交流的能力。落实"三教"（教思考、教体验、教表达）。

第四步：小组反思小结，填交问题反馈

小组长记录小组内仍未解决的问题，填写问题反馈单，问题反馈单包含以下内容：1. 年级、班级、小组名称；2. 课题名称；3. 未达成的目标及其编号；4. 具体问题；5. 对教师教学的建议；6. 教师评价与打分（教师查看反馈单后填写）及确认签字。

（二）以学定教，课堂解惑

第五步：教师梳理问题，落实以学定教

教师认真梳理学生上交的问题反馈单，根据学生的具体问题进行备课，主要准备以下内容：

1. 学生所提问题清单。
2. 梳理出共性问题与个性问题。
3. 将共性问题以及有价值的问题梳理成问题清单，以备上课讨论交流之用。
4. 根据问题反馈单确定学生解决问题过程中的难点，并提前准备好适当的引导方式（PPT、几何画板、实验器材、微课、教具等），以便给予学生适时深入的提示与点拨，加深课堂理解。
5. 根据学生的共性问题设置当堂检测题，检测学生是否已经解决课前存在的问题以及是否还存在易错知识点和知识死角。

第六步：激发思维潜能，扫除知识死角

1. 组织探究问题清单。解决问题的同时，重点激发学生思考与体验

当堂展示准备好的共性问题清单，鼓励学生互帮互助、思想碰撞、提升自我，教师在学生思考、讨论可能陷入僵局时进行适时恰当的引导，点到即止，激发学生思考，不提倡教师越俎代庖，抢占学生思考的机会。

有些教师认为，生教生可能会出现知识局限的问题，但是相对于思维品质的提升，知识学习是相对简单的事情，生教生恰恰是在实战中提升思维品质的绝佳方式。

2. 帮助扫除知识死角，扫除死角的同时，重点建立知识体系

由于时间的局限和经验的不足，学生自学中会产生一些知识盲区，这些知识对于解决日后的问题和搭建牢固的知识体系至关重要，这些知识教师要在学生解决问题清单的同时给予及时的补充。

3. 当堂检测学习成果，检测成果的同时，重点关注个体困惑

及时了解学生的知识掌握情况，是学生学习质量的保障。经过有针对性的问题探究、答疑解惑，相信绝大多数学生基本已经构建了本节课的完整知识体系。此时，教师应将注意力集中在还未建构完善知识体系的少数同学身上，关注、跟进这些学生的知识建构情况，不让任何一名学生在某些知识与技能上掉队。

三、注意事项

（一）预习与前置学习的区别

预习是学习的预热，是为了提前熟悉上课的内容而做的准备，并未改变准备接受知识的被动实质，所有知识将在课堂上得以重现。有了预习上课会轻松些，没有预习也不会影响知识的建构与形成，预习是课堂的优化剂而非必需品。

前置学习是学习的主体，是为了建构新知识而做的有效的学习活动，是学生履行主体学习角色的必然表现，是"以学定教"课堂的前提。学生自学掌握的知识，课堂将不再重现。没有前置学习，就不可能有前置学习的课堂。

（二）练习题与前置学案的区别

练习题设置的目的是，是帮助学生巩固已知知识。而前置学案设置的目的是，除了巩固知识以外，也是学生了解学习目标以及知识掌握程度的验金石，在此基础上帮助学生提炼自己的问题，提升学生小结与提问的能力。

（三）时间与进度问题

小组讨论课堂以小节为单位，同样的内容，由于学生表述、讨论等能力的欠缺，耗时至少是教师讲解的两倍。而前置学习内容可以以章节学习为单位，集中处理学生课前积攒的问题，学生的耗时由课上转移到课前，确保教学时间充沛。

四、关于实践中教师对前置学习的疑虑的思考与回答

（一）极少数学生极大地提升了学习效率，但这会不会以大多数未参与展示讲解的学生的低效学习为代价？

由学生的讲授取代教师的讲授，是前置学习的一个重要期望，讲授是信息输出的重要手段，也是课堂交流的必然之举。学生的讲授分为小组私下里的"小讲授"和当堂表述的"大讲授"两类。相对来说"大讲授"参与人数较少，但"小讲授"参与人数较多，甚至可以普及所有学生。以"小讲授"为基础，为"大讲授"做准备的过程也不弱于讲授本身。

（二）前置学习模式学习进度缓慢，不能按时完成任务怎么办？

人的可塑性很强，从出生时的一无所知到逐渐成长为独当一面的人才，正是靠着不断的学习、创造完成的。可以说，学习是人类的强大能力。学生之所以不适应使用前置学习方法进行学习，是因为长期受到单一学习方式的影响，对其他学习方式感到陌生。实践证明，只要学生开始使用前置学习，感受到前置学习带来的效率和愉悦感，学习能力与速度就会随之逐渐提升。前置学习是一种前紧后松的节奏，刚开始处于适应期时，教师应给予学生充足的时间去适应与熟悉。

（三）学生既要前置学习，又要课后巩固，会不会让学生的负担变得更重了？

前置学习将学习的过程从课堂提到了课前，学生在课前学习，课堂解决疑惑，课前的学习既包含了学习新知，也包含对新知的巩固与及时复习。所以课前有前置学习任务，课后就不建议再留课后作业了，必要时也可以让学生在课堂上练习巩固。

（四）学生自己都可以学了，还要教师有什么用？

俗话说"授人以鱼不如授人以渔"，教师的终极目的是帮助学生成长，从长远来看，教会学生学习比教会学生知识更重要、更具可持续性。新时代背景下，教师应做到由"教师"到"教练"的转型，也就是做习近平总书记所讲的"指路人"。

（五）有些知识书上没有，学生也没想到，高考可能会考到，教师要不要补充？

传统教学的优势在于经验的传授，但其不足也在于此。经验的传授更适用于较为

固定的环境，在现在这个知识大爆炸的年代，固定知识的传授已经无法满足现代人的需求，不断根据需求调整自己的学习方向与节奏，才是当代人最需要的发展技能。知识的学习并不是一蹴而就的，学生借助课本学到一定的知识，再在日后的学习巩固中不断深入、完善。所以，必要的知识教师可及时提出学习方向（例如提出知识点让学生上网查找资料学习），必要时学生也可主动向教师请教等。对不必要的知识，不必急于补充，可等待学生在知识完善过程中主动发现问题、提出问题。

五、"前置学习、以学定教"与"小组合作共同体"模式的对比

课堂形式对比角度	小组合作共同体	前置学习以学定教	教师的感慨
学习内容	未学的新知识	未解决的问题	小组探讨进度太慢。（研讨内容的选择）
培养能力	思考、讨论、倾听、表述	自学、阅读、思考、讨论、倾听、提问、表述、反思、小结等	学生行不行？好学生可以尝试，学困生绝对不行。（信任与放手、为自己负责）
教学过程	教师指引方向学生顺势讨论	学生提出方向教师整理补充	学生知识有限，不能像老师那样确保方向无误怎么办？（顺势指点与培养问题意识）
学生自主性	中等	强	以学生现在的状态，能放心他自学吗？（长期被动与适时刹车）
记忆时长	中等	长	做过的题目还会错！（知识印象深度）
课堂效率与教师的专业水平关系	中（引导学习）	强（加深理解）	学生都能自学了，还要老师做什么？（教学成了教师的事）
课堂效率与教师的组织能力关系	中等	强	学生交流讨论不说不动，常常造成冷场！（知识组织>课堂组织）
问题的提出者	教师	学生	这么简单的问题都不会？小学、初中没学好！（教师对学情进行预设）
思维培养方式	为解决问题寻找解决方案，主动改变思维模式（建立在自我原有思维模式之上）	在互助中提升自我的知识与技能储备（建立在取长补短思维模式之上）	人家行，你为什么不行？（思维攀比与思维共赢）

补充说明：小组合作制通过解决教师预设问题而主动对思维方式及知识进行加工，从而让知识与能力在原有基础上再上一个台阶。前置学习通过学生多渠道自学、互助式探讨在思维上形成取长补短式链接，从而让学生在多个大脑的共同协作中成长。

总之，与小组合作模式相比，前置学习需要教师给予学生更多的耐心与信任，帮助学生自由成长，而非拔苗助长。帮助学生成就更美好的自己，而非成为更优秀的"他人"。

参考文献：

［1］国务院办公厅.国务院办公厅关于新时代推进普通高中育人方式改革的指导意见［Z］.2019－06－19.

［2］曲莉梅.倡导小组合作学习，构建高效课堂教学："学习金字塔"理论的启示［J］.职业时空，2014（7）.

［3］臧青.运用学习金字塔理论 改进高中数学教学［J］.数学教学，2011（5）.

［4］张溢溪.学习金字塔盛宴［J］.初中生辅导，2016（8）.

［5］章青.根据学习金字塔理论优化课堂教学行为［J］.生物学教学，2016（2）.

［6］索何夫.金字塔：我和"外星人"无关（下）［J］.课堂内外（科学Fans），2020（12）.

教会学生学习：基于"前置学习、以学定教"模式的教学实践

——以《平面向量基本定理》教学为例

刘 勃（六盘水市第三中学）

经历了传统教学与小组合作探究之争，从凸显学生主体到学生主体、教师主导的探索与变革，很多新理念、新思想无法在教育中顺利扎根的根本原因在于学生学习能力的丧失。阅读能力的丧失导致学生看不懂教材；提问能力的丧失导致学生一肚子的疑惑问不出来；表达与倾听能力的丧失致使言不及义、交流效率变低；学习兴趣的丧失使得学习越来越被动，分数成了越来越多学生学习的唯一目标。而阅读、提问、倾听、表达、交流研讨、兴趣的丧失均显示着学生学习能力的退化。

从"双基"（基础知识、基本技能）到"三维"（知识与技能、过程与方法、情感态度价值观）再到"核心素养"（学科核心素养、中国学生发展核心素养）的教学目标变革；从应试教育到素质教育再到核心素养育人的育人模式变革，归根结底都是为了培养德智体美劳全面发展的社会主义建设者和接班人，培养可以担当民族复兴大任的时代新人。这就要求学生必须具有不断更新知识技能、提升自我的能力，也就是学习能力。中国学生发展六大核心素养中排在第二的便是科学精神，具体包括"理性思维、批判质疑、勇于探究"；第三是"学会学习"，具体包括"乐学善学、勤于反思、信息意识"，这两者互相影响又多有相得益彰之妙。本文所涉及的"学习能力"主要基于这两个学生发展核心素养的培养。显然，课堂是让学生"学会学习"、孕育"科学精神"的主战场。

美国缅因州国家训练实验室提出"学习金字塔"理论，该理论认为知识保存率因学习方式的不同而不同。48小时知识保存率从低到高的学习方式依次为：听讲（Lecture）5%，阅读（Reading）10%，视听（Audiovisual）20%，演示（Demonstration）30%，讨论（Discussion）50%，实践（Practice Doing）75%，教授他人（Teach Others）90%。这给我们带来的启示便是：在教学中尽可能多地穿插学生讲授、实践应用、讨论交流环节。每个学生的基础与思考方式都不尽相同，但要使个学生都得到自己需要的教育，单靠教师个人真的是分身乏术。基于此，我们有必要进行一定的教学改进与革新，"前置学习、以学定教"模式便应运而生。该模式主要分为课前和课堂两块：

课前：自学→收获知识与技能，完成学案→发现问题→提出问题，交流讨论→完成力所能及的问题，填写问题反馈单→反馈未解决的共性问题，教师梳理问题反馈单→准备课堂教学内容；

课上：展示共性问题→教师引导，学生互助→解决共性问题，教师引导→深度课

堂、扫除死角，当堂检测→巩固反馈，小结反思→巩固提升。

为了更好地说明问题，以下结合高中数学人教 A 版必修四第二章第三节《平面向量基本定理》一课的教学，具体阐述借助"前置学习、以学定教"模式引导学生学会学习的实践与思考。

本节课依据"学习金字塔"理论，采用"前置学习、以学定教"的理念，从以下课前五步和课上五环节组织开展对本节课的学习。

一、前置学习，培养学生多元学习能力

（一）阅读能力的培养

前置学习的第一步，便是学生阅读教材学习《平面向量基本定理》一课，并完成本课的思考题。阅读，不光是文字的浏览，也是与编者的互动，是学生脱离旁人的解读，与编者直接对话与互动。本节课学生的阅读将从思考题"给定平面内任意两个向量$\overrightarrow{e_1}$、$\overrightarrow{e_2}$，请你作出 $3\overrightarrow{e_1}+2\overrightarrow{e_2}$，$\overrightarrow{e_1}-2\overrightarrow{e_2}$。平面内的任一向量是否都可以用形如 $\lambda_1\overrightarrow{e_1}-\lambda_2\overrightarrow{e_2}$ 的向量表示呢？"开始，虽然下文很快便以作图的形式给出答案，但是笔者还是要求学生在读完上述思考题后，不要急着进一步阅读，而是真正有所思考、有所尝试。完成思考后，不同学生可能会有不同的体验，若有所思、疑惑不解……带着这样的体验再继续阅读下文，才是真正的直接与编者互动，而不是匆匆一瞥无所获。在之后的阅读中，不光是解除了心中困惑、收获了知识，而且也会获得阅读的愉悦感。本课最后的思考题"（对于例一）还有其他做法吗？"又将学生从刚刚的豁然开朗拉回到面对问题，思考、尝试、解决，如此反复数次，知识被巩固，思维在提升，一种克服困难、解决问题的愉悦感也会油然而生。

这种沉浸式阅读，旨在培养学生与编者（作者）直接对话的能力，让学生直接从编者（作者）处获得信息、知识与技能，而不用借助于第三者的辅助。这种阅读能力的培养，不仅让学生有所收获，而且会让学生爱上阅读，即便是数学书，也会读出乐趣、读出味道，形成"阅读—提升"的良性循环。

（二）信息搜集能力的培养

前置学习，鼓励学生自己学会知识和技能，因此提倡和鼓励学生除阅读课本外，也可借助网络、参考书等方式进行学习。想想我们离开学校之后的学习，很大一部分其实是这样的方式——买书、买网课……可见，这种信息收集式的学习方式才是真正朴实无华的学习方式。本节课，学生除了从课本中获取关于"平面向量基本定理"的相关知识和技能外，如有必要，也可以借助参考书和网络加深对本节课的理解，解除自己的一部分疑惑。

学生从网络或者参考书上搜集信息的目的可能是出于对本节课的深层次学习与理解，也可能是查找本节课的历史背景，甚至是查找本节课的发展前景。这些都有利于学生学习的深入、兴趣的提升，从而提高学生的学习能力。

（三）提问能力的培养

学生在自学与交流中一定会存在很多疑惑或不解，将这些困惑精准明了地表达出

来是需要一定能力的，教师在教学活动中应注意引导学生将问题精准化、清晰化。例如，有一个学生有这样的问题描述："一个向量是终点减去起点，相当于是平移到原点时那个点在坐标系中的位置那么两个不成倍坐标可以得任意数在二维中坐标是相互制约的，这个可以任意表示的数学原理是什么？"这样的问题描述是很难让听者了解到他所表达的意思的（而且在中间很长的描述中缺少必要的断句），笔者耐心观察，发现他表达的意思前半句实际上是在描述向量坐标表示的定义，后半部分所谓"不成倍坐标"应该是指"不共线的向量"，"二维"指"平面"，据此理解他要表达的意思实质上就是："为什么平面内任一向量都可以被不共线的两个向量表示？"再进一步理解就是："平面向量基本定理的存在性如何证明？"当笔者将这样的问题再次返还给学生时，学生脸上立刻露出满意的笑容，并表示就是这个意思，这样的教学事件可以有效帮助学生精准、简洁地表达自己的问题，提升学生的问题意识。前置学习模式除了给学生多次提问的机会外，还利用问题反馈单为学生提供了一个书面表达问题的机会。

另外，本节课除了展示共性问题，还破例展示了一个个性问题："直线有方向，可以用方向向量来表示。那么平面和三维几何体有方向吗？存不存在'向面'或'向体'？"提问者可以举一反三、类比推理，这是一种很好的思维品质下的问题，所以笔者也将它保留在课堂问题展示环节，并提示有方向平面和方向几何体的概念，为感兴趣的同学指明方向，激发更多学生发散思维、类比推理和提问能力。

提问是交流的开始，好的问题表达可以显著提升交流效率，好的问题可以助力完善学识与技能，甚至推进社会与时代的发展，就像哥德巴赫猜想引领数学发展一样。所以有必要在学生学习生活中培养他们发现问题和表达问题的问题意识，这有助于学生准确表达自己的困惑。

（四）倾听与表达能力的培养

前置学习中的小组交流讨论环节，是学生解决困惑的重要途径之一，这个环节学习知识的同时，重在培养学生的倾听与表达能力。课前小组内研讨互助，在一次次的讲解与提问中，提升求助者的问题表达能力和讲解者的问题表达能力，以及彼此的倾听能力。在课堂共性问题的组间交流研讨中，对当堂展示的同学提出了更高的表达要求，因为他的展示可能接受来自全班任何一个同学的提问或质疑。在本节课共性问题探究展示环节中，针对平面向量基本定理的存在性：如果 $\vec{e_1}$，$\vec{e_2}$ 是同一平面内的两个不共线的向量，那么对于这一平面内的任意向量 $\vec{a}$，总有一对实数 λ_1，λ_2，使得：$\vec{a} = \lambda_1 \vec{e_1} + \lambda_2 \vec{e_2}$。首先上台的同学提到三个向量的终点不共线，第二名学生在第一名学生的发言基础上提出可作平行四边形，第三名学生提到作出平行四边形后 $\vec{a}$ 分解到两个基底 $\vec{e_1}$，$\vec{e_2}$ 上的向量长度分别为原来的 λ_1，λ_2 倍。就这样，在认真倾听和完善中思维与表达得以进化，问题得以解决，理解得以提升。

倾听是信息输入，表达是信息输出。良好的倾听和表达能力可以使思维得到更加有效的碰撞，让每一个倾听者和讲述者都可以从看似乏味的交流中有所收获。在平时的教学中注重对学生倾听和表达能力的培养，是一个注重学习效率的教师应该特别注意的问题，因为这是高效交流学习的基础。

(五)交流研讨能力的培养

自主学习和多元求助是"前置学习、以学定教"模式所倡导的两大学习理念,同伴互助便是多元求助中的重要组成部分,每个人都有不同的思维品质与知识技能基础。一个人看问题难免会有片面性与局限性,多一些人来研究问题,就可以实现资源共享、优势互补,从而达到完善自身知识体系的学习效果。

本节课,通过课前的组内研讨交流,学生解决了能自行解决的大多数个性问题,使得问题反馈单上的问题量大大减少,而且多为共性问题,即平面向量基本定理的证明。又通过课堂上的组间交流,探究共性问题,学生通过小组交流对定理的存在性有了新的理解与看法,针对该问题,有 3 名学生相继上台展示,第一名学生用两种方法证明:一是不共线的三点可以确定一个三角形的几何法,二是坐标法。接着发言的女学生在这名男同学的基础之上,进一步完善几何法,将比较抽象的三角形法则进化为平行四边形法则。最后展示的第三名学生在前两位的基础之上,引入 λ_1,λ_2,使得平面向量基本定理的存在性证明出具模型,而这个问题,本该是课前不会的问题,但就是靠着同学间的相互交流与补充完整而得以突破与解决的。

借助"前置学习、以学定教"模式,给学生创造交流讨论的机会,提升学生交流研讨能力,让学生"人人是老师,人人在思考"。在学生交流研讨的过程中,教师要随时引导、小结,确保研讨的高效与不跑题,帮助学生提升交流研讨能力,让学生的问题可以随时得到解决而不至于积压至等待教师处理,从而达到提升学习效率的效果。

(六)小结反思能力的培养

"前置学习、以学定教"模式的最后一个环节设置有一个 5 分钟左右的小结反思环节,该环节引导学生从知识收获、学法提升、能力提升、情感体验等方面进行自我小结反思,学生借此对本节课所学知识技能进行系统整理,对学习方法、能力提升、学习过程的情感体验做一个反思与改进设想。之后小结反思的交流,让同学们相互学习、借鉴,提升自己小结反思的能力。例如,从本节课的反思分享中可以看到,有知识技能方面的反思:"利用数形结合和坐标法都可以证明存在性,利用假设有两对数据 λ_1,λ_2 与 μ_1,μ_2 使得 $\vec{a}=\lambda_1\vec{e_1}+\lambda_2\vec{e_2}$,$\vec{a}=\mu_1\vec{e_1}+\mu_2\vec{e_2}$,继而说明 $\lambda_1=\mu_1$,$\lambda_2=\mu_2$ 即可证唯一性。这也为证明其他的唯一性提供了一条新思路";有学法、能力方面的反思:"××同学教会了我前置学案上的两道题,我觉得感触挺多的,就是只要想要搞懂一个问题,旁边很多同学都可以成为我的老师。"有情感体验方面的:"××同学今天上台去讲题了,其实我当时也想去的,但怕自己讲不好,没敢举手,以后我也要勇敢地走上台,展示自己的想法,跟同学们交流。"

之所以在宝贵的课堂时间里专门抽出这么一个相对比较长的时间段来反思小结,是因为小结是对课堂所学知识的系统整理,反思是对课堂效率的回顾与改进,巩固知识技能、改进不足,从而有效促进学习效率的提升。

二、以学定教,提高学生潜在学习效率

按照常规的学习模式,本节课的重难点均为平面向量基本定理。课堂目标为了解

并掌握平面向量基本定理,并能进行简单运用。课堂流程可设计为:由思考题引入→学生发现并探究出平面向量基本定理→介绍基底、夹角和垂直的相关概念→用例一来展示定理的简单运用→教师课堂小结。

整堂课的所有内容都是学生容易通过自学了解掌握的,而教师带领学生过一遍,学生被动地接受着本应主动探究的内容。根据学习金字塔理论,48小时后的知识留存率在30%以内。而且课堂上教师疲于讲授新知,难以分出更多的时间精力深挖本节课的内容。

按照"前置学习、以学定教"模式,以上内容学生在课前通过自主学习和同伴互助的方式基本掌握。根据学生前置学习反馈单的反馈,本节课课堂的重难点变成了"平面向量基本定理的证明",课堂目标转变为探究体验平面向量基本定理的证明。课堂内容明显减少,课堂深度得到有效加深,学生探究体验时间也得以增加,效率大幅度提升。

"前置学习、以学定教"学习模式,一改以往教师预设学生课堂需求而设计课堂的局面,专门针对学生通过前置学习后难以解决的遗留问题,更具针对性,使得学生将整堂课的时间花在自己不会、不懂、不理解的问题上,减少了时间精力的浪费,提升了课堂效率。

三、前置学习实施表

时段	环节	设计意图	具体方案
（课前）前置学习	学生自行阅读查看资料学习	知识与技能:自学能学会的知识与技能。 能力:训练学生的阅读能力,鼓励学生通过网络等方式辅助学习。 素养:乐学善学,信息意识	学生阅读教材学习《平面向量基本定理》一课,并完成课后练习和思考探究题
	独立完成学案记录疑惑问题	知识与技能:发现并能简单明了的记录没学会的、看不懂的地方。 能力:训练学生发现和提出问题的能力,以及学以致用的能力。 素养:乐学善学,问题解决和技术运用	阅读前置学案学习目标,反思自学过程中是否达成了这样的目标,如未达成,可回看课本,重新学习。之后独立完成前置学案,并核对学案答案,记录在学习中碰到的无法自行解决的问题
	小组交流讨论解决力所能及	知识与技能:小组成员互助,相互解决彼此力所能及的问题。 能力:训练学生表达、质疑、提问能力。 素养:乐学善学,理性思维,批判质疑,勇于探究,问题解决,技术运用	将自己的问题有逻辑地表述给同组成员,并寻求帮助,组员之间积极互助发表看法,尽量高品质地解决一些力所能及的问题

续表

时段	环节	设计意图	具体方案
（课上）以学定教	小组小结反思填写问题反馈	知识与技能：小组梳理所学知识，归纳并理性表述未解决问题，填写问题反馈单提交给教师。 能力：训练学生归纳总结能力，提问与表达能力。 素养：乐学善学，勤于反思，理性思维	小组长收集整理本组研讨后依然未解决的问题，并填写问题反馈单交给教师
	教师梳理问题落实以学定教	教师根据问题反馈提炼共性问题，为课堂探究做准备。分辨个性问题，并及时给予解决建议	教师查看问题反馈单并梳理共性与个性问题，个性问题在教师评价栏给予解决建议，共性问题准备各种教学手段帮助学生理解。例如，借助几何画板和动画帮助学生理解"平面向量基本定理"等
	展示共性问题学生再度思考	知识与技能：小组对共性问题进行再思考，直面困难，寻找卡点。 能力：知难而进，勇于探究。 素养：勇于探究，问题解决，技术运用，理性思维	学生提出的一个共性问题是"平面向量基本定理"如何证明？ 鉴于本问题学生直接探究难度较大，于是笔者便将该问题分解为如下两个小问题： 如果$\overrightarrow{e_1}$，$\overrightarrow{e_2}$是同一平面内的两个不共线的向量，那么对于这一平面内的任意向量$\overrightarrow{a}$。 (1) 求证：总有一对实数 λ_1，λ_2，使得：$\overrightarrow{a}=\lambda_1\overrightarrow{e_1}+\lambda_2\overrightarrow{e_2}$。 （存在性） (2) 求证：仅有一对实数 λ_1，λ_2，使得：$\overrightarrow{a}=\lambda_1\overrightarrow{e_1}+\lambda_2\overrightarrow{e_2}$。 （唯一性） 1. 这样有效地将难度降低到学生可以接受的程度，再次激发学生探究学习的兴趣，提升学生解决问题的可能性。 2. 特色个性问题"平面与三维几何体有方向吗？"本问题虽然只有一位同学提出，属于典型的个性问题，但能举一反三、类比推理，是一种很好的思维，所以笔者也将它保留在课堂问题展示环节，以期借此激发更多学生发散思维、类比推理和提问

续表

时段	环节	设计意图	具体方案
（课上）以学定教	学生交流讨论鼓励上台展示	知识与技能：小组对共性问题提出自己的困惑与见解，在交流中进一步解决遗留问题。 能力：提问与表达能力，交流合作能力。 素养：问题解决，技术运用，理性思维，批判质疑，勇于探究	各小组在阅读教师展示的问题清单后，先自行思考，发现自己的问题、困惑及见解，简单明了地表达给同伴听，寻求同伴的帮助和完善。当对一个问题有了较为简单、明了、理性的答案后，由小组代表上台展示，其他小组认真聆听，汲取有用的知识、技能与见解，发现并指出发言同学的逻辑漏洞、表述不清等问题，补充或给出不同的见解
	教师引导完善深挖课堂内容	知识与技能：扫除知识与技能死角，打造深度课堂。 能力：知识理解能力与灵活解题能力。 素养：问题解决，技术运用，理性思维	在学生没有任何进展时，教师适时适度进行点拨与引导，以便学生可以进一步思考。 对于学生尚未发现的深层知识与技能，教师给予补充完善
	当堂巩固检测以备教师决策	知识与技能：检测学习成果，巩固所学内容。 能力：活学活用能力，发现问题能力。 素养：乐学善学，勤于反思，问题解决，技术运用，理性思维	针对共性问题设计"当堂巩固检测案"，学生用10分钟左右完成，并当场核对答案
	课堂反思小结回顾巩固提升	知识与技能：构建知识技能体系，破除知识技能"卡点"。 能力：反思小结，自我完善能力。 素养：乐学善学，勤于反思，信息意识，自我管理，问题解决，技术运用，审美情趣，理性思维，批判质疑	学生先用2分钟左右从知识收获、学法提升、能力提升、情感体验等方面进行自我反思，再用3分钟进行分享

总之，"前置学习、以学定教"教学模式的实施，对培养学生阅读、信息收集、提问、倾听与表达、交流研讨、反思小结等能力的培养，有着事到功成的效果，通过改善学生的学习能力而激发学生潜在学习效率，值得进一步研究和推广。

基于前置学习下微课介入地理知识建构的时效性

庄 玉（六盘水市第三中学）

前置学习是一种将固定的课堂时间和范围加以延展的学习模式，教师通过课前对知识的梳理，设置合理情境，布设阶梯式难度递进问题，将课程基础知识让学生课前自行或小组解决，并通过质疑对知识进行发散和链接，最终实现基础知识前置化、实践活动小组化、重点知识精准化，不仅增加了学生的时间灵活性，而且提高了课堂效率。

为了更好地深入师生"教—学"的无缝对接，在前置学习的基础上我们撇开单纯的文字、图表模式，引入新技术教育的理念，增设微课的辅助学习环节，引导学生协调行动和思维的体验，把思维和预见、预见和成就结合起来。为了实现更好的教学效果，微课在整个教育教学环节中的使用要注重时效性。

一、微课及其特点

微课是以视频为主要载体，记录教师在课堂内外教育教学过程中围绕某个知识点（重点难点疑点）或技能等单一教学任务而开展的精彩的教学活动全过程。微课主要由微课件、微教案、微习题、微测试和微反思组成，具备时间短（5~10分钟）、目标小（短期目标）、内容精（知识点少）、表现悍（极富表现力）的特点。微课虽微，五脏俱全，因此用"短、小、精、悍"来呈现微课的灵魂，并灵活地应用于实际教学和自主学习中，对教师和学生提出了备课和自学的新要求。

二、地理学科特性与学习专注度

地理学科主要研究地理要素或者地理综合体空间分布规律、时间演变过程和区域特征等，知识体系兼顾了自然科学与人文科学，具有综合性、交叉性和区域性的特点。当下的高中课程体系中，地理划归在文科课程体系中，但地理知识的建构和应用不仅需要较强的逻辑思维去识记地理区位、梳理区域之间的联系，而且需要协调形象思维和抽象思维，快速准确地建构地理模型、分析地理图表等。这往往让学生产生"地理很难"的错觉，甚至拒绝学习，这就要求地理微课的制作在兼顾学科特点和知识要求的前提下，融入更多生活元素，强化地理知识迁移的实效性，帮助学生消除抗拒，主动将地理知识与生活建构联系，从而主动学习。

根据相关研究表明，小学生的平均专注长度15~25分钟，初中生为25~35分钟，高中生为35~60分钟。学习者在学习过程中受病理、饮食、环境、心理状况等原因的干扰，对专注度的时长也会出现不同程度的偏差。同时，学生的专注度也会受知识的难易度的影响。面对抽象的地理现象，很多学生的专注度难以长时间维持。除此之外，学生主动学习和被动获取知识的形式也会在很大程度上影响微课知识传达的实效性。综合各类因素的影响，教师要注重微课在地理学习中介入的时效性。

三、微课程介入的时效性

（一）课前主动学习

主动学习是学习者的自主适应，并不需外力维持的行为，学习者会将获取知识定义为"自己的事"，全心全意地完成学习内容，学习的效率会很高。

如图所示，主动学习的过程，好奇是学习者学习的触发点，微课设计要求教师将地理知识拆分重组，并结合时事热点快速将学生带入学习情境。例如，讲解地球运动的相关知识的时候，我们可以将卫星发射过程以科普的形式融入知识，或者设计太空之旅层层推进，这样利于学习者结合自身尝试建立学习信心，从而能较好地完成主动学习，达到微课介入的可行性和实施效果的目的性。

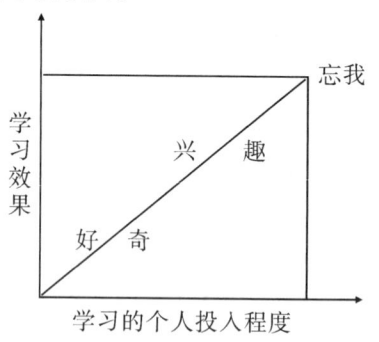

（二）课中合作学习

中学课堂时长规定为 40~45 分钟，微课以其"短小精悍"的优势能够很好地协助学习者突破重难点。地理知识多以户外景观和大千文化现象为背景构建，这使得课堂教学存在较大的局限性，学习者难以通过想象来完成客观事物的界定和分析。尤其在自然地理《营造地表形态的力量》一课中，普通图片和视频难以实现对内外力作用的分析，这就需要微课制作者通过微课呈现明确的探究问题和要求。较有难度的地理知识仅靠个人的力量是难以完成的，这就需要师生、生生间的互相合作，依靠集体的智慧去实施和完成。同时，合作过程中的"看、听、问、答、算、画"等方式利于重难点的突破及知识体系的建构。

（三）课后自由学习

中学生对新鲜事物充满好奇和渴望，学习热情具有跳跃性和间断性。从人本主义理论的角度考虑，学生对新知识进行探究、完成学习后，需要自我创造和自我实现，从而建立个人内心和群体内部的价值。因此，微课的课后介入应该是自由且自主的，让知识在课后与学生共同"行走"。中学地理课程中多以"既定事实"呈现，缺少了让学生"找寻事实"的过程，课后微课的介入正好能弥补这种缺失。诸如自然实验的设计、人文现象的调查……不仅让学生体会地理知识的生活性、实用性，更能激发学生"提出问题—发现问题—解决问题"的能力。

四、结语

微课介入地理前置学习主要是帮助学生形成更清晰、更轻松的学习体验，教师应该在微课的选材、设计和制作上呈现新的教学思想，将知识大纲以新的教学要求、教学理念拆分重建，并注重微课在不同时段的介入效果。微课在中学地理教学中的运用还存在很多问题，但随着新技术和新媒体的普及，智能化的个性学习必将得到推广。

参考文献：

［1］怀特海. 教育的目的［M］. 庄莲平，王立中，译. 北京：文汇出版社，2016.

［2］Shieh, D. These Lectures are gone in 60 seconds［J］. Chronicle of Higher Education，2009，55（26）：A1，A13.

我的前置学习教学主张

刘 勃（六盘水市第三中学）

自从教以来，就一直有两个困惑：一是高中数学学习的目的真的仅仅是高考吗？二是为什么发达国家会有那么多业余数学家在数学领域创造了超越数学专业人才的成就，甚至引领数学发展？

关于问题一，各种理解不尽相同。有人说，数学学习可以改善思维品质，让人更理性、更聪明；也有人说，数学是客观世界的代言人，是探索世界与宇宙奥秘的根本工具；还有一种说法是，全民数学是为选拔数学天才的一种广撒网策略。无论如何，数学已成为一种时代需求，基于此，如何化被动为主动，让学习数学成为一件让人欣喜愉悦的事情，成为广大中小学教师需要认真思考的问题。

关于问题二，大量调查和统计资料显示，国内的数学学习无论从深度还是广度上都远超国外的同层次数学学习，这导致国内学生，尤其是中小学生，花费更多的时间在学习、理解和灵活运用知识上，缺少更多的时间、精力和机会对数学知识本身的美好进行体验、感悟和沉淀。

关于这两个问题，我从教学观念上进行了思考和实践，提炼出以下三点教学主张：

一、不同学生需要不同的教育

先来看一个小故事的两个版本吧。

版本一：

兔子、猴子、老鹰和鱼拜师学艺。第一天，兔子、猴子和老鹰被批评了，因为老师费尽口舌，他们却怎么都学不会游泳，老师说："想想你们的未来，不好好学习到时候落水无法自救时，你后悔都来不及。"

第二天，兔子、猴子和鱼被批评了，因为老师尽心指导，他们却怎么都学不会飞翔，老师说："你们要是再不努力怎么去圆梦？"

第三天、第四天……每天都有几个小动物因为学不会老师教授的内容而受到了批评……

第五天，小动物开始努力地复习游泳、爬树、飞翔、跳跃。

第六天，老师小结："本次学习，我教了大家游泳、爬树、飞翔和跳跃四大生活必备技能，大家一定要继续努力，查补短板，希望大家能够成长得像老师这么厉害！"

版本二：

兔子、猴子、老鹰和鱼拜师学艺。第一天，老师宣布："明天是才艺大比拼的日子，大家好好准备，明天看你们的哦！"

第二天，兔子带领大家游览了自己又深又长的洞穴。猴子在树上蹦来跳去，跳得又高又远。老鹰振翅飞翔，优雅盘旋。鱼儿在水中欢快地游泳。美好的一天在赞美与歆美中过去。

第三天，小动物们自由活动，大家还在对昨天的才艺念念不忘，在互相倾慕与讨论中，他们互相学习、互相鼓励。鱼儿学会了在水中打洞和跳跃；老鹰学会了在水中寻找食物，在山林中寻找窝巢；猴子学会了水中嬉戏，空中舞蹈；兔子则找到了哪里有青青野草，哪里可以洗澡。

第四天，老师终于开始教授知识了，但是他没有主动讲授，而是让小动物们准备好问题自己来向他求教，老师根据小动物们的需求对它们的行为一一进行不同的指导——教兔子如何躲避自保，教猴子如何优雅美妙，教老鹰如何振翅发力，教鱼儿如何潜行漂浮。

第五天，汇报展示活动，兔子表演的是狡兔三窟，猴子表演的是空中舞蹈，老鹰的表演是振翅飞天，鱼儿表演的是水中欢跳。

第六天，老师小结："本次学习，我们结合自己的实际，一起互助学习了游泳、爬树、飞翔和跳跃四大生活必备技能，大家结合自己的实际，活学活用，成就了最好的自己，你们超越了老师，恭喜你们！"

这，就是我的教师观和梦想：让兔子帮助自己成就更好的兔子，让猴子帮助自己成就更好的猴子，让教育成为学生成就自己的教育。人人都不一样，但是人人都在成长……

二、教育是自内而外的

海明威说："鸡蛋，从外打破，是食物。从内打破，是生命。"这句话很多时候被用来描述压力转化为动力的重要性，教育又何尝不是呢？

教师可能都有一个直观感受，当一个学生想要学一样东西的时候，即使没有人教，他也会想尽各种办法、通过各种渠道进行学习，过程是愉悦的，效果是显著的。但，如果他不想学，再好的教师去教，他都是很被动地接受，效果也往往不尽如人意。这其实就是主动学习与被动学习的区别。"主动学习"一词来源于20世纪初美国心理学家托尔曼闻名于世的认知学习实验，这一理论要求学习者作为一个积极的参与者出现，学习不是机械地记忆信息，而是理解信息的过程。"被动学习"出自20世纪初美国心理学家桑代克根据其动物实验建立的S-R（刺激—反应）教育心理学理论，以这一理论为基础的教学与学习过程认为，学习是机械的过程，学习者是被动的接受者。

"被动学习"与"主动学习"两者都是学习的方法，但显然，"主动学习"更为越来越多的教育工作者所追捧，但理念更新快而行动跟进慢不得不成为我们逐渐要审视的问题。

三、坏的教育会成为成长的拖累

这里的"坏"不仅仅是指教育内容的坏，还包括教育方式的坏。教育内容的坏会使一个人在方向上产生偏差，而教育方式的坏，会让学生厌恶学习从而导致学习由天生的主动变成后天的被动，造成学习效率直线下滑，更有甚者，自此一蹶不振。一味记忆、重复、题海，或许提升了成绩，但破坏的是学习的兴趣与效率。

坏的教育，破坏了一个人与生俱来的可塑需求，习惯了索取，忘却了探究。

四、关于让教育回归本体，打造学生个性成长方案的具体实施策略例谈

鉴于此，笔者提倡改革课堂模式，让课堂走向多元化的方向，例如可以采用"前置学习、以学定教"的模式设计课堂。笔者从教学实践中初设了"前置学习、以学定教"的"5+1"的学习模式。

（一）课前五步

第一步：学生自行阅读、查看资料学习
第二步：独立完成学案，记录疑惑问题
第三步：小组交流讨论，解决力所能及
第四步：小组反思小结，填交问题反馈
第五步：教师梳理问题，落实以学定教

（二）课上一步

激发思维潜能，扫除知识死角。

（三）"前置学习、以学定教"应厘清下几个问题

1. 前置学习不同于预习

预习：在老师讲授新课之前，要求学生先看书熟悉一遍教材，上课时老师依然全面讲解知识点。预习的功能就是让学生对要学的知识先有基本认知，听课时能够觉得"似曾相识"。存在的问题是，学生的预习目标不具体、任务不具体，上课时老师依然全讲一遍，学生会的教师也讲，教师的讲授没有针对性，导致预习就成了一种形式，容易导致课堂低效。

前置学习：学生带着任务学。有布置、有检查、有评价。教师不需要全讲，根据先学情况确定"三讲三不讲"，三讲：讲重点、讲难点、讲易混易错易漏点。

三不讲：从学生自主学习能力方面：学生不学不讲，学生不议不讲或没问题不讲，学生不练不讲或学生不研究之前不讲。从学生知识能力方面：学生已会的不讲，学生自己能学会的不讲，基于现阶段学生的思维能力和特点，教师讲了学生也不会的，暂时不讲。显然这种教授法更有针对性和有效性。

2. 前置学习的导学案不等同于练习题

从时间上看，导学案是课前布置，练习题是课后布置；从功能来看，前置学习导学案的功能是引导功能，主要目的在于引导学生"先学"，练习题的功能是检测功能，目的在于检测所学知识的掌握情况。

3. 前置学习不会加重教学负担

有老师质疑采用"前置学习"是否会加重老师和学生负担，这是因为没有全面地来看待"前置学习"教学法。"前置学习"的实质是对课堂进行重构，优化课堂要素，变传统讲授为双主体互动。把原来教师单边讲授的一部分知识改变为学生自主探究或合作学习获得知识，培养和提高学生自主学习能力，更利于学生牢固掌握知识和运用知识。教师的职能从"讲授"转变为"指导"。教师从大量的讲授时间中解放出来，

节约课堂时间，提高课堂实效。从总体上讲，是将学习重心前移，通过"前置学习"来锻炼学生学习自主性，通过精简课后练习或作业的优化设计来提高教学的效度。

　　总之，与小组合作共同体模式相对比，前置学习需要教师给予学生更多的耐心与信任，帮助学生自由成长，而非拔苗助长。帮助学生成就更美好的自己，而非成为更优秀的"他人"。

　　以同伴互助、教师辅助引导的方式开展学习。每个学生寻找属于自己的专属问题的答案，每个学生是自己学习知识的老师，自己也可能成为每个同学的老师。